● 吉林财经大学资助出版

国家社会科学基金重大项目(11&ZD146)阶段性研究成果

二元经济转型国际比较研究

An International Comparative Study on Dual-Economic Transition

孙亚南 ◎ 著

中国社会科学出版社

图书在版编目（CIP）数据

二元经济转型国际比较研究/孙亚南著．—北京：中国社会科学出版社，2016.10
ISBN 978 - 7 - 5161 - 9197 - 2

Ⅰ.①二… Ⅱ.①孙… Ⅲ.①二元经济—转型经济—研究—世界 Ⅳ.①F113.1

中国版本图书馆CIP数据核字（2016）第261150号

出 版 人	赵剑英	
选题策划	卢小生	
责任编辑	车文娇	
责任校对	周晓东	
责任印制	王　超	
出　　版	中国社会科学出版社	
社　　址	北京鼓楼西大街甲158号	
邮　　编	100720	
网　　址	http://www.csspw.cn	
发 行 部	010 - 84083685	
门 市 部	010 - 84029450	
经　　销	新华书店及其他书店	
印　　刷	北京明恒达印务有限公司	
装　　订	廊坊市广阳区广增装订厂	
版　　次	2016年10月第1版	
印　　次	2016年10月第1次印刷	
开　　本	710×1000　1/16	
印　　张	17.25	
插　　页	2	
字　　数	287千字	
定　　价	70.00元	

凡购买中国社会科学出版社图书，如有质量问题请与本社营销中心联系调换
电话：010 - 84083683
版权所有　侵权必究

摘　　要

二元经济转型是发展中国家普遍面临的重大战略性问题，更是我国迫切需要研究和解决的实际问题。经过改革开放30多年的转型发展，我国取得了举世瞩目的成就，到2010年我国国内生产总值超过日本，成为仅次于美国的世界第二大经济体；按照世界银行对人均GNI的核算，我国已由低收入国家进入中高收入国家行列；第一产业产值占比从1978年的27.9%下降到2014年的9.2%，非农产业产值占比已高达90.8%，我国已从农业经济大国转变为工业经济大国。然而，受传统经济体制与渐进式制度变迁中城乡二元体制变革滞后的影响，中国二元经济转型进程远落后于工业化进程：中国已从总体上进入了工业化中后期发展阶段，但农业劳动力比重仍高达30%左右，农村人口仍占总人口的45%以上。由此可见，我国二元经济转型面临的挑战依然严峻，党的十八届三中全会的决议指出："城乡二元结构是制约城乡发展一体化的主要障碍。"推进二元经济结构转型，对于促进发展方式转变，跨越"中等收入陷阱"，实现"中国梦"具有重大现实意义。目前，我国已进入劳动力成本上升的刘易斯转折阶段，原有推进二元经济转型的发展方式已不再适用，而基于体制转轨的制度条件、人口大国的资源禀赋和知识经济与全球化的外部环境等特殊国情与历史背景，需要重新进行政策选择与制度安排的供给侧改革以适应新的转型发展阶段。

纵观人类社会发展史，从传统农业社会向现代工业社会的转型发展呈现出三次大的浪潮。在18世纪后期到19世纪中叶的第一次浪潮中，率先开始工业化的英国基本完成了二元经济转型，最早进入现代发展阶段；在发生于19世纪下半叶至20世纪中叶的第二次浪潮中，法国、德国、美国等欧美国家完成了二元经济转型，成为发达经济体；在起始于20世纪下半叶的第三次大浪潮中，众多发展中国家和地区进入了工业化发展进程，但只有日本、"亚洲四小龙"先后完成了二元经济转型，进入高收入经济体的行列，而绝大多数发展中国家或是滞留在二元经济转型发展初期，或是陷入"中等收入陷阱"。比较世界主要国家的二元经济转型进程，最为特殊的是巴西、墨西哥等拉美国家，这些国家早在20世纪30年代就开始了工业化进程，并于70年代中期进入中等收入阶段，却至今未能完成二元经济转型，进入21世纪以来拉美国家吸取自身发展教训，注重均衡发展和社会建设，二元经济转型取得巨大成绩。总体来看，世界各地二元经济转型发展呈现多元性，但同时又具有规律性，可从其历史演变与现实发展中吸取诸多经验和教训。

国内外对二元经济转型国际比较的研究多局限于区域国别研究，缺乏全局性与系统性，更难以为我国二元经济转型提供理论指导和参考借鉴。鉴于此，本书以先行工业化国家、后起工业化国家和地区、拉美国家为视域范围进行研究，先行工业化国家以英国、法国、德国为代表，后起工业化国家和地区以日本、韩国和中国台湾为代表，拉美国家以巴西、墨西哥为代表。在二元经济转型理论框架的基础上，研究三类国家和地区二元经济转型的历史进程，进而做出差异性的国际比较分析，总结二元经济转型的一般规律，得出对我国的启示与借鉴。具体而言，本书的主要研究内容和研究结论包括：

第一，在经典二元经济理论的基础上，从生产力与生产关系辩证关系的角度概括出二元经济转型为技术与制度二元性双重转换的统一，根据"刘易斯—费景汉—拉尼斯模型"考察了二元经济转型的核心问题，并对二元经济转型发展阶段进行重新划分。

第二，在理论分析框架的基础上，研究了三类国家和地区二元经济转型的历史进程，并对典型国家和地区的二元经济转型进行历史与现实考察，不仅对转型阶段进行判断、厘清，而且对转型历程进行梳理，提出拉美国家成功完成转型所面临的挑战。

第三，对三类国家和地区二元经济转型进行差异性与规律性的国际比较分析。差异性分析主要从初始条件、资本积累方式、工业化道路三个角度进行比较研究。根据三类国家和地区转型过程中的经验与教训，总结概括出二元经济转型的三大规律，即工农业与城乡协调发展规律、技术创新驱动规律和制度创新及其作用规律。虽然各地二元经济转型具有较大的差异，但无论是完成转型的先行工业化国家、后起工业化国家和地区，还是正在转型的拉美国家，其二元经济转型的历史进程与现实困境都充分说明只有满足下列条件,才能突破贫穷的恶性循环,跨越"中等收入陷阱",成功实现二元经济转型:促进农业与非农业、城市与乡村协调发展;以技术创新为动力,在二元经济转型的不同阶段选择合适的技术创新路线,遵循技术创新与产业结构演进的一般规律;根据二元经济转型不同阶段的生产力水平和经济社会发展所面临的主要问题,选择合适的制度安排与政策导向,以制度创新为保障。

第四,分析二元经济转型国际比较对中国的启示与借鉴。在对中国转型阶段进行实证判断、转型特征进行现实考察的基础上,根据二元经济转型一般规律,从农业现代化、以人为核心的城镇化、技术创新、政府与市场良性互动、制度创新五个方面得出对我国的借鉴。

关键词:二元经济转型 刘易斯转折阶段 先行工业化国家 后起工业化国家和地区 拉美国家

目　录

第一章　绪论 ········· 1
第一节　选题背景与研究意义 ········· 1
第二节　典型国家和地区选择说明 ········· 4
第三节　相关文献综述 ········· 7
第四节　主要研究方法 ········· 17
第五节　架构与主要内容 ········· 18
第六节　创新与不足 ········· 21

第二章　二元经济转型：理论分析框架 ········· 23
第一节　二元经济转型是技术与制度二元性
　　　　双重转换的统一 ········· 23
第二节　二元经济转型的核心问题 ········· 27
第三节　二元经济转型的阶段划分 ········· 30

第三章　二元经济转型国际比较：历史进程 ········· 33
第一节　先行工业化国家二元经济转型的历史考察 ········· 33
第二节　后起工业化国家和地区二元经济转型的历史考察 ········· 65
第三节　拉美国家二元经济转型的历史与现实考察 ········· 90

第四章　二元经济转型国际比较：差异性分析 ········· 112
第一节　初始条件差异 ········· 112
第二节　二元经济转型中资本积累方式差异 ········· 129
第三节　二元经济转型中工业化道路差异 ········· 140

第五章　二元经济转型国际比较：规律性总结 ……… 155

　第一节　二元经济转型中的工农业与城乡协调发展 ……… 155

　第二节　二元经济转型中的技术创新驱动 ……………… 181

　第三节　二元经济转型中的制度创新 …………………… 197

第六章　二元经济转型国际比较对中国的启示 …………… 219

　第一节　二元经济转型的中国进程判断及现实考察 …… 219

　第二节　二元经济转型的国际比较镜鉴 ………………… 224

参考文献 ……………………………………………………… 240

后记 …………………………………………………………… 267

第一章 绪论

第一节 选题背景与研究意义

一 选题背景

欠发达国家由传统农业经济向现代工业经济演进的过程中都经历了一个二元经济发展阶段,发展中国家工业化阶段的主要任务就是对这种相对落后的国民经济结构进行改造,使异质的二元经济转型为同质的现代化一元经济。因此,发展中国家经济发展的核心问题就是二元经济转型。

纵观人类社会发展史,从传统农业社会向现代工业社会转型大致出现过三次大浪潮[①]:第一次浪潮始于18世纪后期到19世纪中叶,是以英国工业革命为开端,向西欧扩散的早期工业化—现代化进程,在这一进程中,英国基本完成了二元经济转型,最早进入现代发展阶段;第二次浪潮发生于19世纪下半叶至20世纪中叶,是工业化向整个欧洲、北美扩散并取得胜利的过程,在这一过程中,法国、德国、美国等欧美国家完成了二元经济转型,成为发达经济体;第三次浪潮出现在20世纪下半叶,表现为发达国家向高度工业化升级与大批发展中国家卷入工业化进程,在这一过程中,先是日本,然后是"亚洲四小龙"完成了二元经济转型,进入发达经济体行列。而绝大多数卷入工业化进程的发展中国家至今仍在转型的路上努力跋涉,或是滞留在二元经济转型发展初期,或是陷入"中等收入陷阱"。拉美国家于20世纪70年代中期进入

---

① 罗荣渠:《现代化新论——中国的现代化进程》,华东师范大学出版社2013年版,第110—115页。

中等收入阶段，成为世界上滞留时间较长的典型地区，21世纪以来吸取自身发展教训，注重社会建设，转型取得巨大成绩。

从新中国成立算起，中国工业化起步时间与"亚洲四小龙"及大多数发展中国家大致相同。但是，改革开放之前中国实行城乡二元经济体制，人为地割裂了工业与农业、工业化与城市化的内在联系，工业化推进非但没能带动二元经济转型，反而使民经济二元性更加突出。1978年年底开始的大规模制度变迁，逐步破除了城乡二元经济体制，促进了农业劳动力的非农化转移，在推进新一轮工业化的同时，也启动了二元经济转型进程。经过30余年的转型发展，到2010年我国国内生产总值超过日本，成为仅次于美国的世界第二大经济体；人均国内生产总值由1978年的385元上升至2014年的47203元，按照世界银行的划分标准，我国已由低收入国家跃升至中高收入国家行列。第一产业产值比重从1978年的27.9%，下降到2014年的9.2%，第二、第三产业产值比重合计已高达90.8%，中国已从一个农业经济大国转变为工业经济大国。然而，受传统经济体制与渐进式制度变迁中城乡二元体制变革滞后的影响，中国二元经济转型进程远落后于工业化进程，中国已从总体上进入了工业化中后期发展阶段，但农业劳动力比重仍在30%左右，农村人口仍占总人口的45%以上，因此，我国二元经济转型面临的挑战依然严峻。

党的十八届三中全会的决议指出："城乡二元结构是制约城乡发展一体化的主要障碍。必须健全体制机制，形成以工促农、以城带乡、工农互惠、城乡一体的新型工农城乡关系，让广大农民平等参与现代化进程、共同分享现代化成果。"[①] 目前，中国已进入刘易斯转折阶段，新的发展阶段面临新的经济环境：宏观上，转型升级的主要任务是防止陷入"中等收入陷阱"，当前正经历着要素成本上升、内外市场双重夹击的多重挑战，经济进入中高速增长的新常态，"用工荒"和失业现象并存；微观上，产业和企业层面转型升级的任务是以创新有效对冲和化解要素价格上升的态势。这表明，原有推进二元经济转型的发展方式已不再适用，而基于体制转轨的制度条件、人口大国的资源禀赋和知识经济

---

① 《中共中央关于全面深化改革若干重大问题的决定》，人民出版社2013年版，第22页。

与全球化的外部环境等特殊国情与历史背景，需要重新进行政策选择与制度安排以适应新的转型发展阶段。正是基于这样的考虑，本书形成了以下分析思路：以世界上三次现代化浪潮中成功完成二元经济转型的先行工业化国家与后起工业化国家和地区、转型滞留时间较长发展较慢的拉美国家的历史发展脉络为依托，通过对转型过程进行"恒长"的动态演化过程的审视，对三大类型国家和地区二元经济转型进行对比研究，进行差异性分析与规律性总结，为我国二元经济转型提供借鉴。

二 研究意义

（一）弥补现有理论研究不足，促进二元经济理论创新和发展

受数据可得性与文献资料不足的制约，长期以来，二元经济转型国际比较问题一直是二元经济理论研究的薄弱环节。从目前的学术文献来看，这方面的研究仅仅局限于区域国别研究，国际比较研究的学术成果非常少见，大多为资料罗列和简单对比，对于二元经济转型的路径、成败的原因等问题还缺乏深入研究，更缺乏深入细致的理论分析。从国际比较的视角研究二元经济转型，不仅可以深入分析典型国家和地区二元经济转型问题，还可以从其发展历程中总结二元经济转型的规律与发展经验，有助于弥补现有理论研究的不足，促进二元经济理论的创新和发展。

（二）有助于揭示二元经济转型一般规律，为促进中国二元经济转型提供理论指导和参考借鉴

根据马克思主义政治经济学的基本理论，任何社会再生产都是物质资料再生产与生产关系再生产的统一。以生产力与生产关系的辩证关系为基础，从传统农业社会向现代工业社会转型的二元经济具有生产技术与组织制度双重二元性的特点。因此，无论是单纯研究生产技术二元性转换，还是孤立探讨组织制度二元性变革，都不能把握二元经济转型的全貌和实质。迄今为止的二元经济理论研究，或是局限于以某一流派理论为基础进行单纯的理论推演，或是局限于以验证某一理论观点为目的的个案分析。少数具有区域国别比较色彩的文献资料，没有把生产技术与组织制度二元性结合起来分析，而是多侧重于生产技术二元性的转换，使这种区域国别比较研究只具有经验实证的作用，却难以通过二元经济转型的国际比较深入揭示二元经济转型的一般规律。本书以马克思主义政治经济学理论为指导，将二元经济作为生产技术与组织制度二

性的统一，通过总结先行工业化国家、后起工业化国家和地区、拉美国家二元经济转型的成功经验，剖析其转型失败的教训，探讨二元经济转型的一般规律，为促进中国二元经济转型提供理论指导和参考借鉴。

（三）有助于我国实现二元经济转型，跨越"中等收入陷阱"

刘易斯转折阶段的到来，说明我国已摆脱贫穷的恶性循环，跨越了低等收入阶段，成功地实现了经济起飞。但这一阶段劳动力成本的提高，资源、环境与市场约束的加强，使我国重视物质资本而忽视人力资本、依靠要素投入而忽视技术进步与要素生产率提高的经济发展方式难以为继。因此，本书将在世界典型国家和地区的二元经济转型历史与现实考察的基础上，对三大类型国家和地区的二元经济转型进行差异性分析与规律性总结，立足于我国转型进程，探讨如何跨越二元经济转型最为艰难的刘易斯转折阶段。这对有效推进二元经济转型，跨越"中等收入陷阱"，实现"中国梦"具有重大现实意义。

第二节　典型国家和地区选择说明

二元经济理论的最初提出主要是针对发展中国家的经济发展，但基于历史的视角考察，今天的发达国家也曾经历过不发达时期，发展中国家的今天也显现着发达国家昨天的痕迹。因此，将发达国家的早期发展过程纳入二元经济转型的理论研究，有着重要的参考和借鉴意义。金德尔伯格（Kindleberger，1967）指出，刘易斯的理论本来是以发展中国家为对象展开的，但对欧洲大陆的发达国家更具有适用性。因此，本书不仅把发展中国家和地区作为国际比较的典型，也将发达国家的早期发展纳入考察范围。根据著名历史学家斯塔夫里阿诺斯（1992）的观点，研究世界史应从1500年开始，工业革命作为迄今为止人类社会发展的最高"分水岭"，它的到来改变了历史的方向，促使人类社会从农业文明时代进入崭新的工业文明时代，也标志着世界二元经济转型进程的开始。

伴随着世界上出现的三次现代化大浪潮（罗荣渠，2013），世界各地二元经济转型的进程呈梯级升进次序。本书选取典型国家和地区的原则是尽量与我国在转型上具有相似性。根据初始条件，将二元经济转型分为土地过剩的二元经济转型和劳动力过剩的二元经济转型两类。① 根据国情，新中国成立后，我国选择了以重工业优先发展为特征的赶超型发展战略，由于主要以牺牲农业为代价，我国二元经济结构特征非常突出。1978年，我国开始调整经济发展战略，进行经济体制改革，这才正式启动二元经济转型。同年，我国农村人口占总人口比例高达82%，农业就业劳动力占比为71%，而改革开放之初的人口自然增长率高达12%。② 1980年我国耕地面积为97万平方千米，占总面积的10.4%，众多的人口使我国人均耕地较少，人均耕地面积仅为0.1公顷。③ 农业生产长期低速增长，积累了大量农业剩余劳动力，农村中农业就业劳动力占农村劳动力的比重高达92.9%④，农村隐蔽性失业非常严重。综上所述，我国属于劳动力过剩的二元经济转型国家。因此，根据本书的研究思路，将土地过剩的二元经济国家剔除，例如美国、阿根廷；在劳动力过剩二元经济转型国家的基础上，按照世界二元经济转型梯级升进次序，分为先行工业化国家、后起工业化国家和地区、拉美国家。

先行工业化国家为第一批完成二元经济转型的国家，工业革命开启了转型进程，作为转型先验者，为后起国家和地区提供了诸多经验、教训与启示。英国作为世界上第一个开始二元经济转型的国家，转型过程充满了艰辛与困苦，是建立在血与泪基础上的转型之路；法国紧随其后，作为西欧人口最多、面积最大的国家，小农经济根深蒂固，被称为"欧洲的中国"；德国⑤借鉴英法经验，转型中障碍较少，同时实现了工业化、城镇化、市场化的良性互动。先行工业化国家选取英国、法国、德国作为代表。这三个国家也是目前世界上发展程度较高的国家，根据《经济学人》的排行榜，2014年德国位居世界第四，英国位居第五，法

---

① 判断一个二元经济国家和地区的劳动力是否过剩主要有三个条件：绝大部分人口在农村从事农业生产，开始转向现代经济增长时通常会遇到人口爆炸，在给定土地上持续的人口压力导致劳动力供给极为丰富。二元经济转型国家和地区的土地过剩主要是相对劳动力而言，土地是一个国家和地区相对丰盛的生产要素。参见［美］费景汉、古斯塔夫·拉尼斯《增长和发展：演进观点》，洪银兴等译，商务印书馆2004年版，第6页。
② 根据国家统计局数据库计算整理得到。
③ 根据世界银行WDI数据库整理得到。
④ 根据张桂文《中国二元经济结构转换的政治经济学分析》（经济科学出版社2011年版）第98页整理得到。
⑤ 本书若没有特别提及和强调，1834年之前的德国指普鲁士，1949年之后的德国指联邦德国，不包含民主德国，其余时间段均指统一的德国。

国位居第六位。[①]

后起工业化国家和地区主要选择"亚洲四小龙"中的韩国和中国台湾地区,再加上日本。20世纪50—70年代,日本、韩国和中国台湾等东亚地区的经济发展创造了持续20多年的高速增长奇迹,实现了普惠分享式增长。虽然日本在现代化浪潮中属于起步最晚的发达国家,但与其他发达国家相比,后进性优势更为明显,第二次世界大战后不久就跨越艰难的刘易斯转折阶段。将日本和"亚洲四小龙"纳入同一类型,更是出于和我国地缘与文化价值取向等因素相似性的考虑。后起工业化国家和地区是继先行工业化国家之后第二批实现二元经济转型的国家和地区,它们都曾是典型的劳动力过剩的二元经济国家,自然资源匮乏、人口密度大、转型发展速度快是其典型特征,为后来者留下了宝贵的经验财富。

拉美地区是最密集的发展中国家聚集区,由于地缘的相对独立,该区域发展既与亚洲发展中国家和地区呈现出不同的模式,又在其地区内部存在强烈的一致性。鉴于我国的大国特征,本书选取拉美地区两个最大经济体作为典型国家来考察。巴西和墨西哥的人口数量分别位居拉美地区的第一位和第二位,2013年巴西约有2亿人,占拉美地区人口总数的33%,墨西哥约有1.2亿人,占该地区人口总数的20%,两国人口合计约占该地区人口总数的53%。它们目前是拉美实力最强,且极富发展潜力的两个大国,也是发展中国家中极具潜力的新兴工业国。巴西是拉丁美洲主权国家中的"头号大国",不仅国土面积最大,而且自然资源最富集、经济规模最大(GDP占拉美地区的40%),近年来成为"金砖国家"之一,2014年被《经济学人》列为世界第七大经济体。巴西伟大思想家、社会学家、东方学家基尔贝托·弗莱雷(Gilberto Freyre)曾提出,"巴西是美洲的中国"。由此可见,巴西发展的经验教训对我国更具适用性。墨西哥是"富国俱乐部"经济合作与发展组织的成员之一,有学者称该国与"金砖国家"经济周期具有协动性,建议"金砖国家"应当扩容、吸纳墨西哥加入[②],这充分证明了其发展的

[①]《巴西GDP总量今年或被印度超越跌至全球第八》,http://news.sina.com.cn/w/2015-01-04/053031356257.shtml,2015年1月4日。

[②] 张兵、李翠莲:《墨西哥加入"金砖国家"合作机制研究》,《亚太经济》2011年第5期。

实力与潜力。按照世界银行的统计，巴西与墨西哥均已被列入了中高等收入国家行列，我国也于2010年达到了这一水平，因此，在发展阶段上这两个国家与我国也具有相似性。从拉美国家独立以来的经济社会历史来考察，它们转型速度快，发展绩效不佳，但21世纪以来取得了显著成就，其经验教训为我们提供了有益的启示。

世界二元经济转型的多层分类与典型国家和地区选择参见图1-1。

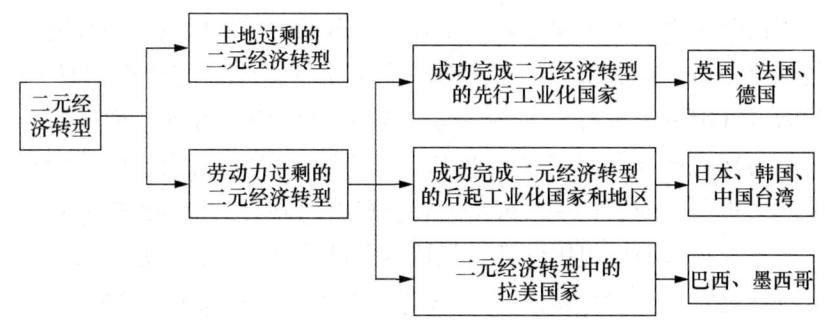

图1-1 世界二元经济转型多层分类与典型国家和地区选择

第三节 相关文献综述

一 二元经济转型国际比较的综合研究

从目前学术界来看，将世界各地的二元经济转型进行综合研究的文献并不多见，研究主要集中于劳动力转移和国际经验借鉴两大视角。

国外对农业劳动力转移流动的研究开始于19世纪下半叶，韦伯（Weber，1899）较早论述了世界各大洲主要国家的农村人口流向城市的过程以及当时的城市发展情况，其著作以大量的数据及统计资料为基础，涵盖面广，为后来者进行研究奠定了基础。第二次世界大战之后，欧美各国出现人口流动研究热，学者们从历史学、经济学、人口学、社会学、历史地理学等多个学科进行探讨，广度和深度前所未有，统计资料得到极大补充。① 戎殿新、司马军（1989）的《各国农业劳动力转移问题研究》是国内第一部系统研究世界各种类型国家农业劳动力转移的著作，该书考察了世界各国农业劳动力转移的历史进程、现状和问题，并作具体评述，指出了各国不同的特点及经验教训。王章辉、黄柯可（1999）的《欧美农村劳动力的转移与城市化》对两个多世纪以来的英国、法国、德国、美国四国农村劳动力转移的历程、条件、特点、对社会发展的积极作用以及带来的社会问题等作了较为全面、系统的论述。这两部著作较为全面地考察了各国的劳动力转移情况，但没有进行系统性比较研究，后来一些学者进行了尝试性探索。李瑞芬、何美丽、郭爱云（2006）在著作《农村劳动力转移：形势与对策》中对国外农村劳动力转移的模式进行了对比研究，总结了发达国家、中等发达国家、发展中国家的农村剩余劳动力转移模式及转移的成功经验：世界各国政府不仅提供相应组织管理、创造转移就业条件，而且投入大量财政资金以促进农村劳动力顺利转移就业。李仙娥、王春艳（2004）全面地比较了英国、美国、日本、韩国、中国台湾、巴西这六种类型的农村剩余劳动力转移模式，分析了不同转移模式的影响因素及相关经济绩效，为中国农村剩余劳动力转移提供了可资借鉴的依据。楼旭明等（2006）在比较分析英国、日本、韩国、中国台湾、巴西农业剩余劳动力转移的基础上，提出了对我国陕西省农业剩余劳动力转移的启示。史保金（2006），张俊霞、索志林（2012）以发达国家为经验对象进行分析，认为英国劳动力转移为政府主导型模式、美国为自由迁徙模式、日本为战略发展模式，并总结了对我国的启示。黄国华（2011）深入分析美国、日本、韩国、印度的农村劳动力转移模式，并总结了它们成功的经验与失败的教训。

从经验借鉴与启示的视角综合研究二元经济转型的文献大都以日本、韩国、中国台湾为对象。王德文、任吉（2008）总结了日本、韩国和中国台湾的发展经验，指出这些地区多是通过产业政策调整、加强教育与培训和农业保护等措施以应对刘易斯转折点变化。金三林（2012）总结了日本、韩国两国在进入刘易斯转折阶段所采取的一系列

---

① 王章辉、黄柯可：《欧美农村劳动力的转移与城市化》，社会科学文献出版社1999年版，第2页。

针对性的措施,以适应和应对劳动力成本的持续较快上升:加快产业结构升级;大力发展教育和培训,努力提高产业劳动力素质,加快人力资本形成;采取一系列宏观经济措施治理通货膨胀;健全劳动力市场制度。王裕雄、张正河(2012)同样是从日本、韩国和中国台湾的经验出发,从农业发展的角度研究如何应对刘易斯转折点,认为刘易斯转折点恰好是其农业由第二阶段(低资本技术农业发展阶段)向第三阶段(高资本技术农业发展阶段)转变的转折点,这些区域的经济社会发展历程与上述农业阶段理论高度吻合;他们还详细分析了日本、韩国、中国台湾在刘易斯转折点之后,国家农业政策支持体系的重大调整及对我国的借鉴。刘志成(2014)也以日本、韩国、中国台湾为研究对象分析刘易斯转折期的通胀及其治理问题,国际经验总结为以下几点:采取有效的货币政策、完善的法律法规和行之有效的行政管理体系、合理的供给管理政策,有效利用对外经济政策和特定领域的经济管理政策。李少元(2005)以英国、美国、日本为对象,总结了国外农村劳动力转移中教育培训的制度安排,通过比较分析为我国提供借鉴和启示。

二 二元经济转型国际比较的区域国别研究

学术界关于二元经济转型的区域国别研究,集中于日本、韩国、中国台湾等亚洲国家和地区,较少文献涉及先行工业化国家和拉美国家。

(一)英国二元经济转型研究

英国是世界上二元经济开始最早、农村人口向城镇流动速度最快、二元经济转型完成最早的国家。关于英国二元经济转型的研究主要有以下内容。

1. 关于英国刘易斯转折点的判定

拉尼斯和费景汉(Ranis and Fei,2004)认为,英国的转型期为1780—1820年;林德特和威廉姆森(Lindert and Williamson,1982,1983)的研究显示,产业革命的40多年间(1780—1820年)英格兰传统部门真实工资几乎保持不变,而现代部门的工资比传统部门工资高出两倍,"圈地运动"后农业部门边际生产率大幅度上升,但真实工资却没有增长,这个事实很好地支持了拉尼斯和费景汉的观点;南亮进(Minami,1989)认为英国在1860年达到了刘易斯转折点。

2. 关于英国劳动力转移的研究

雷德福(Redford,1926)是较早研究英国农村劳工流动的英国学者，他的著作中详尽叙述了英国农村劳工流动的原因、流动方式、国际移民等问题。萨维尔（Saville，1957）论述了英国城市社会的发展、农村手工业的衰落对农村人口外流的影响，其中既有宏观论述，也有个别地区的范例研究，同时还有对人口流动的地区差异的分析。贝恩斯（Baines，1985）则从定量角度研究了19世纪下半叶英格兰和威尔士农村的人口流向、海外移民及城市人口外流。从国内学者来看，李世安（2005）分四个阶段对英国农村剩余劳动力转移问题进行历史考察，总结出英国从惩罚、济民、移民，到"济身"、创造就业机会和福利国家的一整套做法。高德步（1995）总结了英国加快农业劳动力转移的主要方式，即大力发展劳动密集型工业的同时，加速推进技术进步，在扩大工业品出口的同时，大量向海外殖民地移民。高德步（2003）认为，在英国工业革命和工业化过程中，存在一个由工场手工业和家庭工业构成的"中间部门"，发挥着培养工业劳动力、吸收过剩人口、缓解就业压力等方面的作用，使英国避免了"二元结构"的困扰。

3. 关于英国"城市病"的表现和整治

沃尔文（Walvin，1984）论述了城市化所带来的文化、住房、卫生状况、犯罪问题，揭示了城市社会的积极和消极方面。刘金源（2006）从城市环境角度阐明"城市病"的表现，具体包括极其恶劣的居住环境、不容忽视的大气污染、日益严峻的河流污染，这些对英国社会造成持久而深远的危害；他同时分析了造成这种状况的原因，认为除受工业化时期的技术制约以外，还与当时人们对环境污染的漠视态度以及"自由放任"的工业化模式有关，这为后发展国家提供了前车之鉴。李冈原（2003）概括了英国人口迅速从农业区向工业区迁移导致人口急剧膨胀，引发住房、就业、卫生、环境等"城市病"的过程，认为英国实行渐进式、多管齐下的改革，探索出了极具特色的治理"城市病"的模式。吴铁稳、余艳莉（2012）专门从犯罪方面阐明"城市病"。高德步（2001）认为，英国政府治理"城市病"的效果不理想，强调治理"城市病"要"防"重于"治"。许志强（2011）分析了英国政府在扩大住房供给、改善城市环境、加强社会治安等方面采取的诸多措施，其认为治理成效明显。

（二）法国二元经济转型研究

关于法国二元经济转型研究，从目前搜集到的文献来看，大多数学者均从法国劳动力转移的角度来考察。法国学者让·皮梯埃（Jean Pitié, 1971）在其著作中用极其详尽的统计资料论述了法国一个半世纪的省际人口流动，并分阶段式地分析原因及结果；让·弗朗索瓦·格拉维埃（Gravier Jean-Francoi, 1972）和帕拉西德·朗勃（Placide Rambaud, 1974）均专门论述了法国人口流动和城市化的关系；乔治·杜比（Georges Duby, 1976）在著作《法国乡村史》部分章节讨论了农村人口外流的问题；雅克·杜帕奇埃（Jacques Dupaquier, 1988）则将法国人口的外流与城市化联系起来进行讨论。从国内研究来看，许平（1992）分析了法国近代历史上的农业人口流动，认为 19 世纪前期法国人口流动以季节性移民为主，从 19 世纪后期至 20 世纪初，农业人口流动规模加大，以永久性移民为主；戴成钧（2004）则以第二次世界大战后法国农村人口流动为基础，概括其主要特点，并分析原因，认为以工业化为基础的农业现代化是加速人口外流的动力，同时法国政府通过领土整治和工业疏散政策鼓励农村劳动力流动，城市与农村居民生活和收入的差距是农村人口外流的深层次原因。

（三）德国二元经济转型研究

对德国劳动力转移方面的研究较有影响力的学者是沃尔夫冈·克尔曼（Wolfgang Köllmann, 1974），其在著作《工业化时期的人口》中论述了德国工业化过程中的农村人口迁移，并高度评价了这种流动对经济和社会发展的作用；巴德（Bade, 1983）分析了 19 世纪德国的劳动力市场、工业化和农村劳动力转移，对农村人口转移与产业结构变化、国内经济和社会发展进行了关联研究；巴德（1994）还从德国波浪式人口流动中分析国内人口流动与海外移民的作用，使德国在较短的时间内实现了从农业国向工业国的转变。国内学者萧辉英（1997，1998）论证了德国城市化发展、农业劳动力转移特点以及人口流动对经济均衡发展产生的重要作用；蒋尉（2007）在分析德国工业化进程中农村劳动力流动机理及特征的基础上，进一步论述了流动过程中引发的问题及采取的对策，最后得出值得我国借鉴的战略；邢来顺（2005）分析了德国工业化时期城市化的特点，后来于 2014 年又从人口流向城市的过程中引发的各种社会问题出发，总结了德国治理之道；徐继承（2013）专门阐述 1871—1910 年德国城市化的过程，并分析了当时城市人口的增长问题。

(四) 日本二元经济转型研究

日本被认为是成功实现二元经济转型的典型国家，在国际二元经济转型的研究中，研究日本的文献颇多，可从以下两个方面加以总结。

1. 关于日本刘易斯转折点的判定

对于日本经济的刘易斯转折点处于何处，不同的学者看法差别很大。刘易斯（Lewis，1958）在其论文中，根据日本出生率的快速下降预测10年内的日本会迎来转折点；费景汉和拉尼斯（Fei and Ranis，1963，1964）根据日本非第一产业资本劳动比率在1916年之前是先下降而后出现上升，以及工业工人实际工资加速上升等事实，认为日本的转折点出现在1916—1919年；鲁本斯（Reubens，1964）对费景汉和拉尼斯二人的判断做出了批评，认为资本劳动比率与劳动供给的变动之间不存在必然的关系，且其资本存量估计方面存在问题，否定了费景汉和拉尼斯的结论；乔根森（Jorgenson，1966）通过建立古典派和非古典派模型，利用1917年的数据统计资料，否定了费景汉和拉尼斯关于日本刘易斯转折点为1916—1919年的判断；大川（Ohkawa，1965）认为，日本的刘易斯转折点发生在第二次世界大战之后的经济高速发展阶段；最具有说服力的是南亮进（2008）的研究，他通过转折点理论提出判断刘易斯转折点的五大标准，根据日本经济长期的结构变化，通过对农业部门边际劳动生产力和工资的分析，确定日本在1960年前后通过转折点，认为拉尼斯和费景汉所判断的工业工人的工资在1916—1919年上升只是战后经济景气时期的暂时现象，而后的经济不景气又导致了劳动力过剩；后来，南亮进和大野（Minami and Ono，1981）通过劳动收入份额的变化，也得出了相同的结论。目前，国内多数学者（蔡昉，2011；郭金兴，2012；黎煦，2007）认同南亮进关于日本刘易斯转折点发生在1960年前后的判断。

2. 关于日本二元经济转型的经验与教训借鉴

其一，工业对二元经济转型的作用。南亮进（1973）指出，日本二元经济转型时期的经济增长主要依赖于工业，尤其是制造业，通过促进就业率的大幅度提高，为跨越转折点发挥了重要作用。关权（2010）指出，日本的经验表明第二产业必须是大量吸收劳动力型的，而这种类型的发展主要在于中小企业。周健（2008）分析了日本工业化道路对二元经济结构转换的作用。同时，日本在刘易斯转折点之后加快发展资本密集型产业促进产业结构升级。金三林（2012）总结了日本加快产业结构升级、用机器替代劳动力的经验。王德文、任吉（2008）总结了日本、韩国、中国台湾应对刘易斯转折的经验，认为日本主要通过制定政策大力加强扶植高科技产业、信息产业和中小企业。王成仁等（2013）指出，日本政府通过研修生制度变相引进国外廉价劳动力，同时采取财政支持等手段鼓励劳动密集型企业转移到劳动力低廉地区。任吉（2008）指出，20世纪60年代，日本政府通过提出以促进生产集中和产业改组为核心的"新产业体制论"等一系列政策对重化工业进行调整和支持。

其二，大力发展教育和培训。王德文、任吉（2008）总结了日本在刘易斯转折点之后发展教育的举措：规范教育和培训体制，提高劳动者技能，发展职业教育；企业通过终身雇佣制度，加强内部员工培训。金三林（2012）认为，日本十分重视对先进科学技术的引进，注重加强对产业技术工人的职业培训。

其三，注重资本节约型技术的应用以促进劳动力转移。拉尼斯、费景汉（Ranis and Fei, 2004）对比分析了日本和印度劳动力再配置的过程，认为日本通过资本节约型的技术创新使其丰富的非技术劳动力得到了最大限度的应用，同时避免了工资的大幅度上升，达到了经济发展的关键性最低努力，实现了二元经济的平衡增长；并强调要想脱离劳动力过剩陷阱就不应忽视劳动力使用倾向的创新可能性。

其四，注重劳动者保护。金三林（2012）认为，日本工资集体协商制度的谈判平台避免了在工厂和街头的激烈冲突；岳希明（2005）肯定1961年之后确定的"春斗"，即一年一度的春季劳资薪酬谈判机制，认为其促使日本的收入分配逐步得到了改善；孙秀艳（2013）指出，日本推行亲密劳资关系的企业管理经营体制来缓和劳资矛盾，应对刘易斯转折点。

其五，采取措施应对通胀。在经济体越过刘易斯拐点之后，伴随着较长时间的工资上涨和劳动力成本上升，服务价格、农产品和食品价格随之快速上涨。沈建光（2010）考察了日本刘易斯转折点之后出现的成本推动型通货膨胀，即高通胀与高工资螺旋上升的情况，并指出，面对通胀压力的加大，日本1967—1971年采取了适度从紧的货币政策；金三林（2012）认为，在刘易斯转折点之后，日本通过提高存款准备金率等紧缩性货币政策以应对物价的持续上涨。

其六，刘易斯转折点之后农业发展出现问题。王裕雄、张正河（2012）通过考察东亚国家和地区的刘易斯转折点后的农业政策发现，日本在1961年通过转折点之后，农业目标和政策措施均发生重大调整，粮食安全的忽视导致日本的粮食生产出现严重问题，粮食自给率不断下降；王德文、任吉（2008）认为，日本在这个时期通过国际上的贸易扭曲及在国内主要采取价格支持和生产者补贴等方式，增加农产品供给，为农业保护付出了巨大的财政支出和代价。

（五）韩国二元经济转型研究

1. 关于韩国刘易斯转折点的判定

费景汉和拉尼斯（1975）认为，韩国的刘易斯转折点发生在1966—1967年；梅森（Mason，1980）则认为，20世纪60年代中期，韩国不再是劳动力过剩的经济了；白暮凯（Bai，2010）认识到城市非正规经济中存在剩余劳动和非充分就业的问题，认为韩国的农业转折点在20世纪60年代后半期，而整个经济转折点在1975年前后；宋丙洛（1994）认为，韩国经济的转折点是在1977年；刘建进（2007）、沈建光等（2010）认为，韩国刘易斯转折点发生在1980年。

2. 韩国二元经济转型的主要经验

韩国在刘易斯转折点之后，主要采取以下制度安排：其一，注重发展教育，以劳动力质量代替劳动力数量。金三林（2012）发现韩国在刘易斯转折点之后，致力于"教育立国，科技兴邦"，注重提高义务教育的质量；王德文、任吉（2008）认为，韩国的主要经验之一为重视职业教育的发展，加大对人力资源的开发力度。其二，注重产业结构调整。王德文、任吉（2008）认为，韩国的主要经验表现为产业结构调整，20世纪70年代初该国的产业政策转为重化工业扶植政策，80年代初从劳动—资本密集型产业转向以高科技产业为主；孙占芳（2012）认为，韩国的新都市计划等产业扩散和城市扩散政策促进了城市化的发展，进而促进了二元经济转型，而实施的自主技术创新推动了技术进步；孙秀艳（2013）指出，为了应对刘易斯转折点，韩国政府于20世纪80年代通过实施R&D计划，鼓励企业建立科研机构，从事国家科研计划和科技创新活动，提高本国的自主创新能力。其三，采取措施应对通货膨胀。金三林（2012）论述了韩国在刘易斯转折点之后通过调节货币供应量以稳定物价，特别是控制货币供应量的超经济发行；沈建光（2010）总结了韩国在1981—1988年采取适度从紧的货币政策以应对成本推动型通胀的经验。

3. 韩国二元经济转型中的不足

韩国在转型过程中也存在不足。一方面，韩国没有及时注重劳动力保护，忽视了劳资关系的处理。弗里曼（Freeman，1993）在其论文中运用李廷雨（Joung - Woo Lee）和林道尔（Lindauer）报道的韩国工人工作的满意度调查，介绍了韩国缺乏劳动力市场制度所造成的后果；蔡昉（2011）认为，韩国在20世纪70年代达到刘易斯转折点之后，缺乏对劳动力的保护，没有处理好劳资关系，政府继续严格限制工会，对劳资纠纷采取高压政策，收入分配改善滞后；金三林（2012）也持同样观点，认为韩国政府在刘易斯转折点之后一直压制工会，没有推行工资集体协商制度，造成大规模罢工抗议运动，直到20世纪80年代后期才开始建立劳动力市场制度。另一方面，对农业重视不够。修春萍（1991）认为，韩国在转型初期以牺牲农业来换取工业的高速发展，后来又过分强调保护农业；宋丙洛（1994）指出，这种过分保护致使韩国农业生产得不到发展，导致农产品价格远高于国际市场价格，同时过分保护农业用地的土地政策还导致城市用地严重短缺和城市地价、房价的暴涨；拉尼斯和费景汉（1975）通过对比中国台湾和韩国在开放的二元经济转型中的农业状况，认为相对于中国台湾，韩国的农业发展在此期间是停滞的。

（六）中国台湾二元经济转型研究

1. 关于中国台湾刘易斯转折点的判定

拉尼斯和费景汉（1975）认为，中国台湾的刘易斯转折点出现在1965—1966年。而二人在2004年研究中国台湾收入分配的均等化时又隐晦地谈到，中国台湾的商业化时点是1968年。李月（2008）根据中国台湾1952—1976年的工资变动情况和劳动力市场供求变动情况，运用边际劳动产量与实际工资关系是否相关、劳动力从农村向城镇的转移、收入差距等方法判断中国台湾的刘易斯转折点出现在20世纪60年代后半期。

2. 中国台湾二元经济转型的启示

拉尼斯和费景汉（2004）指出了很多学者忽略的问题，即中国台湾出口导向是从农业部门开始的，这区别于其他地区一般从工业部门优先出口的情况，表明中国台湾非常重视农业的发展。王裕雄、张正河（2012）认为，中国台湾在刘易斯转折点之后更强调提升农产品竞争力，表现为：1970年通过《现阶段农村经济建设纲领》，提出"实现农业现代化、提高农业经营效益和增加农民福利"三项目标；1980年颁布第二阶段农地改革方案；20世纪80年代中后期实施《加速农业升级重要措施》。同时，中国台湾当局及时采取措施应对通胀，在刘易斯转折点之后实施了"稳定当前经济措施方案"，采取了以调整利率为中心的反通胀措施。拉尼斯和费景汉（2004）也指出了中国台湾的货币经验，一个是货币保守主义，另一个是1975年之后重视制度建设，金融逐渐非政治化，走向自由化。李月（2008）指出，中国台湾在20世纪60年代后半期到达刘易斯转折点之后，采取经济战略转换、产业升级、注重技术创新以及发展教育和培训等措施促进二元经济转型。王成仁等（2013）指出，中国台湾为促进经济战略转换，开展十大建设计划，通过提高机械设备的自给率和生产原料的自给率，推进产业结构升级。

（七）拉美国家二元经济转型研究

目前，关于拉美国家经济转型与发展的文献一般是从"中等收入陷阱"的角度进行研究的，关于二元经济转型方面的研究较为分散，仅有零星文献。何中正（2010）概述了巴西的二元经济结构的特征，主要表现为农业二元、地区二元、城市二元，并对其演进过程进行了历史考察，从工业化战略、土地占有不均和社会保障体系覆盖不均衡三个方面分析了巴西二元经济结构形成的原因。吕洋、孟奎（2014）总结了墨西哥城镇化过程中农村劳动力转移的特点：一是大批农村劳动力转移导致农业生产力不足；二是转移劳动力向大城市迅速集中造成诸多社会问题。

三 对相关研究文献的简要评论

国内外学者对二元经济转型国际比较的综合及区域国别的前期研究，为本书提供了翔实的文献资料，丰富了笔者对二元经济转型问题的理解，在汲取他们学术思想的同时，笔者也在不断思考和寻找当下二元经济转型问题研究的不足和欠缺。通过大量的文献阅读，本书认为，对二元经济转型国际比较的研究还存在一些薄弱环节，需要进一步的研究加以强化和充实，主要体现在以下两个方面。

（1）二元经济转型区域国别研究集中在部分国家和地区，对先行工业化国家、拉美国家研究不足。从国内外关于二元经济转型的研究来看，区域国别研究主要集中于日本、韩国、中国台湾等东亚紧邻的国家和地区，对早期工业化国家研究甚少，发展中国家的资料更是零星、分散，对英国、法国、德国、巴西、墨西哥二元经济转型问题，多是从某一侧面进行研究，缺乏多角度的综合分析，没有形成完整的体系和研究脉络。因此，有必要拓展二元经济转型区域国别研究的范围，并对典型国家和地区进行深入研究。

（2）二元经济转型区域国际比较综合研究缺乏系统性，难以为我国实现二元经济转型提供借鉴。根据前面的梳理，现有文献对国际比较进行综合研究的较少，仅从劳动力转移和国际经验借鉴两大视角进行分析，研究对象以东亚国家或地区为主。因此，从当下学者的研究现状看，二元经济转型国际比较的研究对象较为狭隘，比较的内容仅仅限于资料罗列和简单对比，缺乏系统性和全局性，难以为我国提供理论指导和经验借鉴。

中国目前已进入刘易斯转折阶段，新的发展阶段需要新思路与新对策，如何从国际比较中为我国二元经济转型提供经验与借鉴，这是摆在中国学者面前的一个重要问题。正是基于国内外研究的不足，本书拓展二元经济转型区域国别研究的范围，对成功实现二元经济转型的先行工业化国家、后起工业化国家和地区，以及转型中的拉美国家进行历史与现实考察，立足于它们的经验和教训，运用理论推演和经验实证相结合的研究方法，通过类型上的跨期、跨域的比较分析，概括出二元经济转型的一般规律，为我国提供参考和借鉴。

第四节　主要研究方法

本书主要采用以下研究方法。

一　类型学分析法

鉴于世界各地二元经济转型的多样性和灵活性，本书进行国际比较研究时，首先运用类型学分析法将研究对象划分为先行工业化国家、后起工业化国家和地区、拉美国家三类，对不同类型国家和地区的二元经济转型进行历史性考察、差异性分析与规律性总结。

二　跨时、跨域比较研究法

本书将二元经济转型的研究对象设定为先行工业化国家、后起工业化国家和地区、拉美国家，显然这三者的地域性不同，转型起止时间、跨度、各阶段划分也存在巨大的差异。本书运用跨时、跨域比较研究法将三大类型的国家和地区纳入同一研究视域，打破了以往常规性的比较分析，能够更为全面地理解和研究二元经济转型问题。

三　理论研究与经验实证相结合

以二元经济转型理论为基础，遵循经济学研究的内在逻辑和基本范式，结合典型国家和地区的历史发展与现实情况，对其二元经济转型进行历史与现实考察；同时，在进行二元经济转型国际比较的差异性与规律性分析时，既遵从理论的逻辑性，也运用各地经验予以佐证。

四　历史分析与抽象分析相结合

历史分析方法注重对理论或事件进行客观的陈述和回顾，这是本书深入研究和分析的必要基础。本书着重审视长期的历史时段，尤其是先行工业化国家二元经济转型研究，通过长期的历史分析抽象出二元经济转型的共性与特性，"鉴前世之兴衰，考当今之得失"，在比较分析和研究中为我国提供理论指导和参考借鉴，促使我国顺利跨越刘易斯转折阶段。

五　统计描述与计量分析相结合

以统计学、计量经济学为基础，对三大类型国家和地区的刘易斯转折阶段进行实证判断，进而对其二元经济转型历程进行统计性描述；对二元经济转型中的工业化与城市化进行耦合关联实证测度；对中国二元经济转型的进程进行实证判断。

第五节　架构与主要内容

本书共六章，基本内容如下。

第一章为绪论，主要阐述本书的选题背景和研究意义；对国际比较的三大类型与典型国家和地区的选择进行说明，以先行工业化国家、后起工业化国家和地区、拉美国家为视域范围，先行工业化国家以英国、法国、德国为代表,后起工业化国家和地区以日本、韩国和中国台湾为代表,拉美国家以巴西、墨西哥为代表;归纳梳理以上国家和地区二元经济转型的相关文献并进行述评;说明本书的主要研究方法、结构框架与主要内容;阐述本书的创新点与不足等。

第二章在经典二元经济转型理论的基础上,从生产力与生产关系的辩证关系角度概括出二元经济转型为技术与制度二元性双重转换的统一;根据"刘易斯—费景汉—拉尼斯模型"考察二元经济转型的核心问题;并对二元经济转型的发展阶段进行重新划分。基于以上理论分析框架,为三大类型国家和地区二元经济转型国际比较的历史性考察、差异性分析与规律性总结奠定理论基础。

第三章梳理三大类型国家和地区二元经济转型的历史进程,对它们的二元经济转型进行历史与现实考察,不仅对典型国家和地区的转型阶段进行实证判断、厘清,而且以二元经济转型的核心问题为主线对转型历程进行梳理,提出拉美国家成功完成转型面临的挑战。

第四章对以上三大类型国家和地区的二元经济转型进行差异性的国际比较研究,主要从初始条件差异性、资本积累方式差异性、工业化道路差异性三个角度进行比较分析。

第五章从国际比较中揭示二元经济转型的三大规律:一是工农业与城乡协调发展规律,包括农业和非农业产业间协调发展、城市和乡村区域间协调发展。二是技术创新驱动规律、二元经济转型不同阶段技术创新的路线选择与产业结构的演进趋势。三是制度创新及其作用规律。根据二元经济转型不同阶段的生产力水平和经济社会发展所面临的主要问题,选择合适的制度安排与政策导向,以制度创新作为保障,主要从教育的普及与深化、劳动者的社会保护与收入差距的调节三个方面进行论证。

第六章分析二元经济转型的国际比较对中国的启示。首先对中国转型的进程进行实证判断,概括分析出我国当前二元经济转型的现实特征。在此基础上,根据二元经济转型的一般规律与所考察国家和地区转型的成功经验,从农业现代化、以人为核心的城镇化、技术创新、政府与市场良性互动和制度创新五个方面为我国成功跨越刘易斯转折阶段提出对策与建议。

本书的结构框架如图1-2所示。

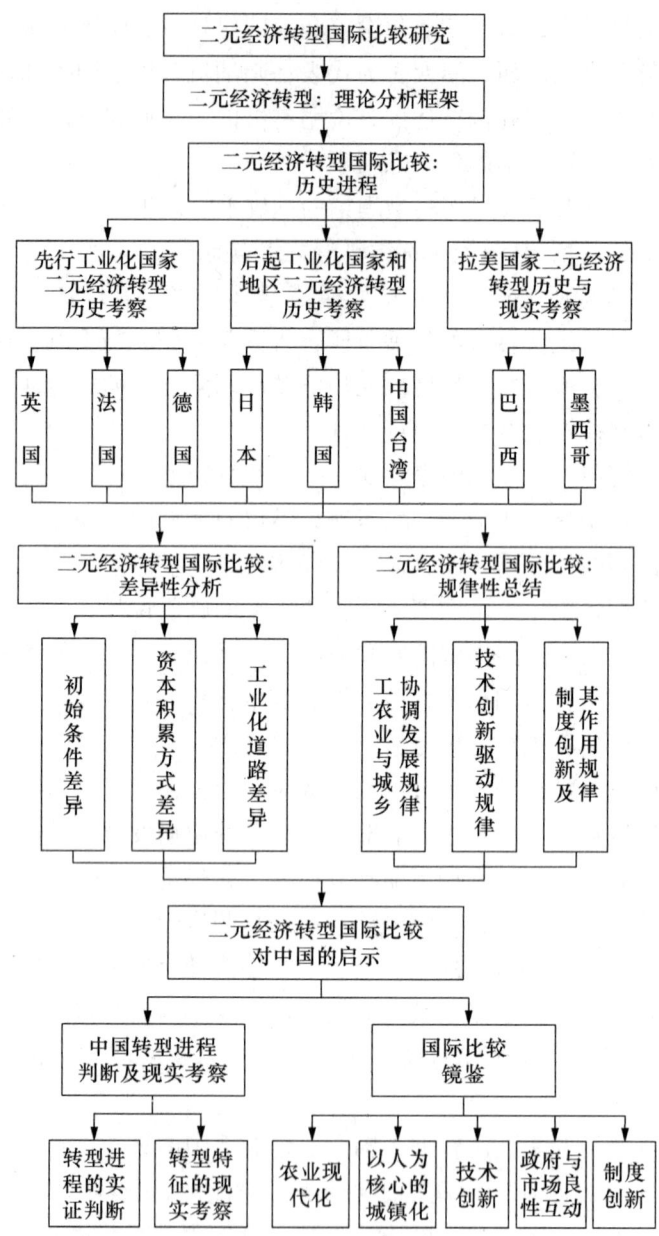

图 1-2 结构框架

第六节 创新与不足

一 本书的主要创新点

（一）运用跨期比较分析法对不同类型国家和地区的二元经济转型进行了全局性与系统性的深入研究

目前研究二元经济转型国际比较问题的文献较为零散，多局限于区域国别研究，缺乏全局性与系统性。世界上任何经济体，不论是发达国家还是发展中国家，其经济发展都要经历由传统农业社会向现代工业社会的二元经济发展过程。鉴于此，本书将发达国家早期发展阶段纳入考察范围，对已实现二元经济转型的先行工业化国家、后起工业化国家和地区以及正在经历结构转型的拉美国家进行全方位的跨期比较研究，将历史考察、现实研究与理论探索有机结合，从"同"中求"异"，"异"中求"同"，做到了研究方法和研究视角的创新。

（二）深入研究了先行工业化国家和拉美国家的二元经济转型

从目前学术界来看，二元经济转型区域国别研究相对匮乏，主要集中在日本、韩国、中国台湾，对先行工业化国家和拉美国家二元经济转型问题的研究较为零星、分散。先行工业化国家作为二元经济转型最先完成的区域，其很多经验值得我国借鉴；而拉美国家转型时间长，发展绩效较差，21世纪以来取得了很大进步，我们可从其历史的曲折和现实的发展中吸取经验和教训。鉴于此，本书拓展二元经济转型的区域国别研究视域，对先行工业化国家和拉美国家的二元经济转型进行深入分析，做到了研究内容的创新。

（三）通过国际比较分析研究，总结出二元经济转型的一般规律

二元经济转型是发展中国家普遍面临的重大战略性问题，三大类型国家和地区的转型发展为后发国家提供了诸多启示，但学术界通过国际比较研究二元经济转型的文献难以为广大发展中国家提供借鉴。本书通过对三类国家和地区的比较分析总结出二元经济转型的一般规律，既为发展中国家实现转型提供可行的依据，也为我国跨越刘易斯转折阶段提供参考和借鉴，弥补了以往研究的不足，丰富了二元经济理论。

二 本书的不足之处

本书不足之处主要有两点：其一，受历史资料搜集难度和专业研究范围的局限，对先行工业化国家二元经济转型方面的史料研究有待进一步挖掘；其二，二元经济转型是一个非常复杂的问题，本书进行国际比较选择的典型局限在已实现转型的国家和地区以及转型中的拉美国家，忽略了每个国家和地区的个体差异性，尤其是广大发展中国家，难免有所疏漏，这也是笔者后续研究的方向。

第二章　二元经济转型：
理论分析框架

本章在经典二元经济模型的基础上，重点探讨二元经济转型国际比较研究的理论基础。基于生产力与生产关系的辩证关系概括出二元经济转型是技术与制度二元性双重转换的统一，在"刘易斯—费景汉—拉尼斯模型"的基础上考察二元经济转型的核心问题，并在此基础上，对二元经济转型进行阶段划分。这些理论中的元素和原理相互关联，逐步递进，共同构成了二元经济转型的基本理论分析框架，为下文三大类型国家和地区二元经济转型的历史性考察、差异性分析和规律性发现提供理论依据。

第一节　二元经济转型是技术与制度二元性双重转换的统一

一　跨时代的转型发展

发展中国家从传统农业经济向现代经济增长阶段的过渡中，存在着一个二元经济发展阶段（见图2-1），二元经济结构是发展中国家完成向发达国家跨越之前的典型特征，主要指以工业为主的现代增长部门和以农业为主的传统部门并存的经济结构。直至一国进入了库兹涅茨所谓的"现代经济增长阶段"，也意味着二元经济结构向一元经济结构成功转型，二元经济转型才结束。

根据著名学者蔡昉（2015）的最新研究，通过对经济增长理论的梳理和世界经济史的考察，可将东西方各国从时间上继起和空间上并存的经济增长概括为五个典型阶段：马尔萨斯贫困陷阱（M类型增长）、格尔茨内卷化（G类型增长）、刘易斯二元经济发展（L类型增长）、刘

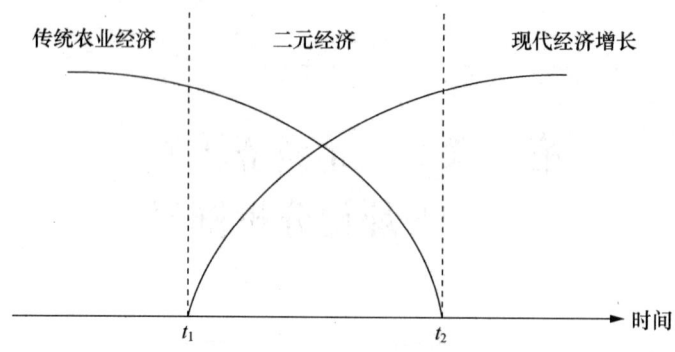

图2-1 跨时代的转型发展

易斯转折点（T类型增长）和索洛新古典增长（S类型增长）。而与二元经济发展阶段相对应的就是L类型增长、T类型增长到S类型增长阶段到来之前的时间段。因此，一国的经济增长从最初贫穷的马尔萨斯陷阱阶段过渡到G类型的内卷化的增长阶段，之后就是二元经济形成的历史阶段①，继而过渡到二元经济发展阶段，最后跨越到现代的新古典增长阶段。可以看出，二元经济发展阶段介于G类型增长阶段和S类型增长阶段之间，是一个漫长的发展过程，对一国而言，也是非常重要的转型阶段。

著名发展经济学家费景汉和拉尼斯把由二元经济向一元经济的演变过程称为"转型式增长"。所谓"转型式增长"，发生于一个时代的体系向另一个时代的体系转变之时，这一过程可能需要数十年才得以完成。② 因此，二元经济转型可以说是跨时代的转型发展。

最早提出二元经济理论的刘易斯将其理论的着眼点放在当代（20世纪50年代前后）发展中国家的现实上，倾向于把早期工业化国家排除在二元经济模型之外。但从世界历史的发展进程考察，各国都经历过积累起大规模农业剩余劳动力，从而形成二元经济结构的过程。因此，一国的二元经济发展阶段不仅仅是在当代发展中国家身上才可以观察到的特有发展阶段，而是从早期工业化国家到当代发展中国家都经历过的

---

① 蔡昉:《二元经济作为一个发展阶段的形成过程》,《经济研究》2015年第7期。
② ［美］费景汉、古斯塔夫·拉尼斯:《增长和发展：演进观点》,洪银兴等译,商务印书馆2004年版,第4页。

一般发展阶段。① 总之，从世界历史看，这种跨时代的转型发展主要是由现在的发达国家在早期阶段所引导，由第二次世界大战后的一些欠发达国家来尝试实施的。

二　基于生产力与生产关系的辩证关系分析

根据马克思主义政治经济学基本理论，任何社会再生产都是物质资料再生产与生产关系再生产的统一。多年来，大多数学者是从生产力的角度来分析和理解二元经济转型问题的，主要原因在于，很多学者认为两部门的差距在于生产力之间的差距，即以农业为代表的传统部门在生产力发展水平上明显低于以工业为代表的现代部门，实现结构转型的主要目的在于使传统农业的发展赶上现代工业的发展水平。然而，工农两大部门在组织制度上也呈现出二元结构的特点。海拉·明特（Hyla Myint，1985）最早使用"组织二元结构"深入系统地研究了发展中国家组织或制度二元结构的特征，其在论文《组织二元结构和经济发展》中明确指出，二元结构作为不发达经济的一个显著特征集中反映在欠发达经济的组织制度框架上，其他二元结构在一定程度上是派生于组织或制度二元结构的。② 具体来说，海拉·明特认为，在欠发达国家的资本市场上，无组织的市场中的利息率要高于现代部门的利息率；在商品市场上，发展中国家同一商品的地区差价可能比在发达国家更大；而在私营贸易部门，批零差价比整合紧密的经济更大③，说明发展中国家存在市场组织、政府行政组织及金融组织的二元性。张桂文（2012）提出，从生产力和生产关系的辩证关系角度分析，二元经济转型是生产技术和组织制度二元性双重转换的统一。

其实，经济组织的二元化是从早期的农业社会继承下来的。二元经济转型期间以工业为代表的现代部门遵循利润最大化原则，而以农业为代表的传统部门则遵循产量最大化原则。在转型初期阶段，一国绝大部分比例的人口在传统部门从事农业生产，劳动生产率极其低下，仅能够维持生存，产量最大化是传统农业部门的行为准则，而从农业部门的实

---

① 蔡昉：《二元经济作为一个发展阶段的形成过程》，《经济研究》2015年第7期。
② 转引自张桂文《从古典二元论到理论综合基础上的转型增长——二元经济理论演进与发展》，《当代经济研究》2011年第8期。
③ 转引自［英］杰拉尔德·M.迈耶编《发展经济学的先驱理论》，谭崇台等译，云南人民出版社1995年版，第146—147页。

际工资看,只能由农业平均产出水平决定,而这种工资又仅仅能够维持生存,因此称为生存工资。同时,由于这种工资按照家庭内部的分享制原则分配,又称为制度工资。农业在二元经济转型初期,不仅在生产力方面表现为劳动生产率低于城市非农产业,而且在生产关系方面,传统农业自给自足的生存导向及血缘关系和分享制决定了非商品化分配原则。因此,二元经济转型一方面要突破生产技术二元性,使经济结构从以农业为主转向以非农产业为主;另一方面也要突破组织制度的二元性,使农业与非农产业均依据市场化原则运行。从包含的内容分析,组织二元结构一方面包含市场组织(体系)的不发达或二元结构,另一方面包含政府行政组织和金融组织的不发达或二元结构。因此,二元经济转型既包含生产力方面的二元经济结构转换,也包括生产关系方面的组织制度转换,是双重转换的统一(见图2-2)。

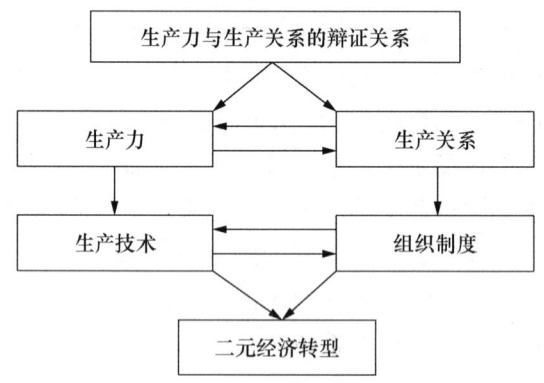

图 2-2 二元经济转型理论释义

从经典二元经济模型分析,从划分标准看,费景汉—拉尼斯模型比刘易斯模型更侧重组织意义上的二元化。农业部门属于传统型组织结构,其生产特征表现为自我雇佣、自我供给的生产模式;而现代工业部门作为高度商业化的城市功能单元,城市居民通过市场参与获取工资、农产品及工业品消费,借助于劳动力、资本和商品三个市场的调节和运行,不断进行生产扩张和资本积累。以此推论,从生产力与生产关系角度,可将二元结构模型概括为两大特征。其一,生产上的不对称,主要表现为投入要素有差异。在土地、劳动和资本三种主要投入要素中,传统农业需要土地、劳动两种要素，而现代工业部门需要劳动和资本两种要素，劳动是唯一的两大部门共同拥有的要素，具有可流动性。其二，组织上的不对称。传统农业部门以产量最大化为目标，以分享制为主要分配原则；而现代工业部门以利润最大化为原则，产品按边际原则分配。这种特征被称为发展经济学"思想上的二元性"。[①]

第二节 二元经济转型的核心问题

根据二元结构模型中生产上的不对称性，劳动作为两大部门唯一且共享的生产要素，其流动带动二元结构模型其他变量的不断变动，二元经济转型的核心就在于农业剩余劳动力向现代工业部门转移。

在刘易斯（Lewis，1954）著名的劳动力无限供给条件下的两部门模型中，二元经济转型被分为两大阶段。在劳动力无限供给的第一阶段中，由于传统农业部门存在边际劳动生产率为零的剩余劳动力，该部门的工资水平只能是维持最低生活水平的制度工资，农业部门的劳动生产率十分低下，因此不存在可以变为储蓄或资本的经济剩余。而工业部门的劳动边际生产率等于实际工资，这一部门存在经济剩余，刘易斯假定资本家把它全部用于积累，进而不断扩大生产规模，由于工业部门工资水平略高于农业部门，在现行的制度工资水平下可以雇用到劳动力。从这个意义上说，刘易斯把劳动力供给看作无限的。当边际生产率为零的劳动力全部转移到工业部门，就进入了劳动力有限供给的第二阶段。农业劳动边际生产率逐渐提高，这时工业部门需要提高工资才能雇用到更多的劳动力。从第一阶段转向第二阶段的时点被称为"刘易斯转折点"。根据刘易斯模型，越过刘易斯转折点就意味着二元经济转型结束。由此可见，二元经济转型的核心为农业剩余劳动力转移问题。[②]

费景汉和拉尼斯（1961，1964）秉承刘易斯的基本假设与分析思路，研究了二元经济转型中劳动力转移的不同阶段及其特点和工农两大

[①] 李晓澜、宋继清：《二元经济理论模型评述》，《山西财经大学学报》2004年第1期。
[②] 张桂文：《从古典二元论到理论综合基础上的转型增长——二元经济理论演进与发展》，《当代经济研究》2011年第8期。

部门平衡发展问题,对刘易斯模型作了重要补充和修正。由于该模型是对刘易斯模型的扩展,又被称为"刘易斯—费景汉—拉尼斯模型",用图2-3加以说明。

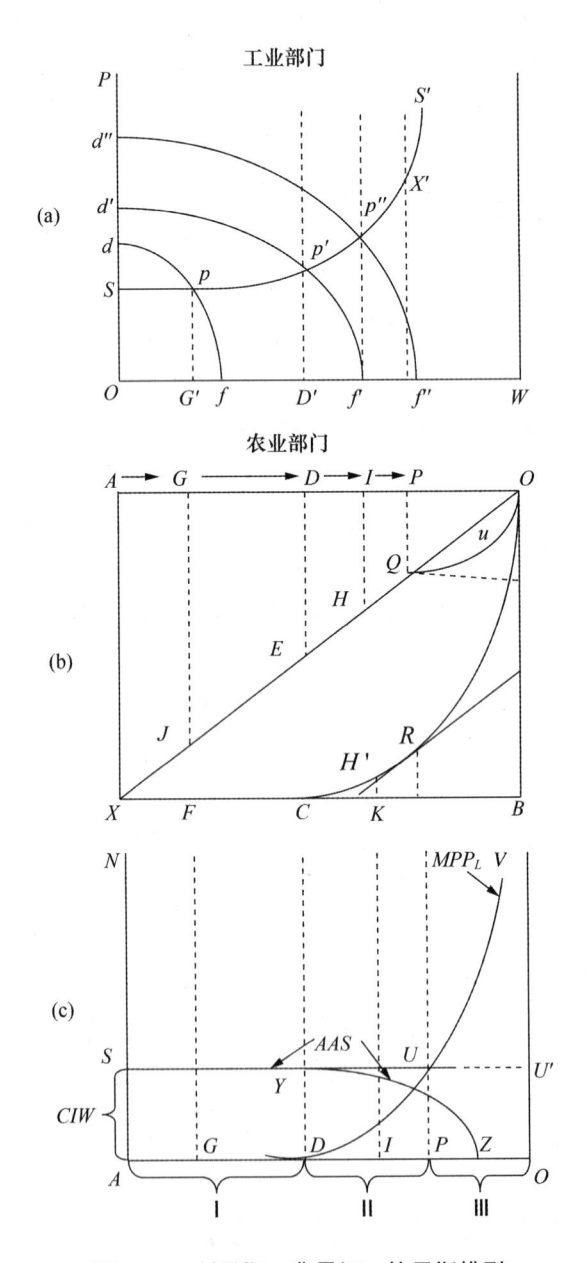

图2-3 刘易斯—费景汉—拉尼斯模型

在图 2-3（a）中，横轴 OW 表示工业部门的劳动力，纵轴 OP 表示工业部门的边际生产率与工资水平。dpf 为边际生产率曲线，即劳动需求曲线。随着工业部门资本积累与技术进步，对劳动需求不断增长，劳动需求曲线由 dpf 移动到 $d'p'f'$、$d''p''f''$。劳动供给曲线 SS'，由水平部分 Sp' 与上升的 $p'S'$ 两部分组成，p' 为转折点，p' 之前劳动力是无限供给的，p' 之后劳动供给曲线由水平变为上升，劳动力从无限供给转为有限短缺。

图 2-3（b）和图 2-3（c）分析了农业劳动力流出对农业部门的影响。在图 2-3（b）中，横轴 OA 从右向左代表农业部门的劳动力；纵轴 OB 从上到下代表农业部门总产出。$ORCX$ 代表农业部门总产出曲线，由 ORC 和 CX 两部分组成，其中 ORC 部分表示随着劳动力的增加，农业边际生产率递减；CX 部分表示劳动边际产品为零。与此相对应，AD 数量的农业劳动力从农业部门转移出来不会影响农业产出。与刘易斯观点不同，费景汉和拉尼斯把农业剩余劳动力称为"伪装失业者"，并分为两部分：边际劳动生产率为零的劳动力和边际劳动生产率大于零但小于平均农业产出的劳动力。正是由于剩余劳动力的存在，农业部门的工资水平维持在制度工资水平，用农业劳动者的平均收入 AX/OA，即 OX 斜率来表示。在 R 点，其切线与 OX 线是平行的，代表农业劳动边际生产率等于不变制度工资。

在图 2-3（c）中，纵轴 AN 从下到上分别代表农业平均产品和边际产品，横轴 OA 从右到左代表农业劳动力。$VUDA$ 表示农业部门劳动边际生产率曲线，由 VUD 和 DA 两部分组成，这一点与图 2-3（b）中的总生产率曲线的含义相同。SU' 为不变制度工资线，它与横轴的距离等于图 2-3（b）中的 OX 的斜率，即农业平均产品。曲线 SYZ 代表平均农业剩余，表示在劳动转移的每一数量上可以得到的平均农业剩余。当劳动转移数量为 AD 时，平均农业剩余是 YD，即 EC/AD。当劳动力转移到 DP 部分时，农业总产出将会减少。拉尼斯和费景汉认为，发展中国家经济发展的关键在于如何把农村的伪装失业者全部转移到工业部门中去。工业部门扩大再生产实现对农业剩余劳动力的吸纳，促使劳动力得到再配置，农业部门技术和生产效率得以提高，进一步排挤出一部分劳动力。通过劳动力的吸纳与排斥的良性循环，直到工农两大部门间劳动边际产出趋同，二元经济转型完成。

第三节 二元经济转型的阶段划分

一 二元经济转型的三个阶段

根据前面的刘易斯—费景汉—拉尼斯模型，二元经济转型的核心和主要路径为农业剩余劳动力的非农化乡城迁移，整个劳动力迁移过程可分成三个阶段、两个转折点。当边际劳动生产率为零的农业剩余劳动力全部转移到现代非农产业，二元经济转型就进入了"刘易斯第一转折点"，转折点之前，农业剩余劳动流入非农部门时不影响现代部门的工资水平；转折点之后，边际劳动生产率大于零但小于制度工资水平的农业剩余劳动力陆续向城市非农部门转移，粮食短缺导致粮价和工资出现上涨。费景汉和拉尼斯又把"刘易斯第一转折点"称为"粮食短缺点"。当边际劳动生产率大于零但小于制度工资的全部劳动力转移到城市非农产业部门后，二元经济转型就进入了"刘易斯第二转折点"，又被称为"商业化点"。

从目前研究二元经济转型的文献来看，很多学者认为，二元经济转型一旦进入刘易斯第二转折点，就意味着农业剩余劳动力全部被现代部门吸收完毕，也标志着一个国家或地区二元经济结构转型的完成。但张桂文（2013）认为，从动态演进的角度分析二元经济转型，超过商业化点这一临界水平，只意味着工农两大部门劳动者的工资均由各自的劳动边际生产率决定，但这两个部门的劳动边际生产率并不相等，主要原因在于：工业部门的聚集效应和规模效应能够降低生产成本与交易成本，而且工业部门生产的产品需求弹性大；而农业部门经营分散，效率低下，自然风险与市场风险都要大于工业部门，从而其工资水平要低于工业部门。因此，即使刘易斯第二转折点到来，工农两大部门的劳动边际生产率也不相等，因而农业劳动力的乡城迁移也远未结束，农业劳动力转移会一直持续到农业现代化完成、工农两大部门劳动边际生产率大致相等时停止，该国家或地区也就进入了高收入行列，二元经济转型才真正结束。从一定意义上说，刘易斯转折点是一个时间区段、一个过程或是一种状态，而非一个时点。本章在刘易斯—费景汉—拉尼斯模型的基础上将一个经济体的二元经济转型划分为三个阶段：将刘易斯第一转折点之前的发展阶段界定为二元经济转型初期，将刘易斯第一转折点和刘易斯第二转折点之间的时间间隔界定为刘易斯转折阶段，将刘易斯第二转折点到一国进入高收入阶段界定为二元经济转型后期。

图2-4阐述了三阶段的二元经济转型理论。横轴表示经济体中所有的劳动力数量L，由L_R沿着横轴向左表示农业部门的劳动力数量，由L_u沿着横轴向右表示工业部门的劳动力数量；纵轴表示工资水平及工业部门的边际产出（MP_L）；RS表示农村劳动力的供给；W_R代表农业部门的制度工资，相当于图2-3（c）中的SY段。二元经济转型过程可划分为三个阶段：第一阶段为A_1A_2阶段，相当于图2-3（c）中AD段，这个过程中，从农业转移出来的均为边际劳动生产率为零的剩余劳动力，两个部门的劳动力工资都依然保持在生存工资水平。随着工业生产率的提高，资本积累使现代工业部门进一步扩张，进入第二阶段，即A_2A_3阶段，相当于图2-3（c）中DP段，此时农村劳动力供给从无限供给转变为有限供给。随着工业部门的资本和生产进入循环扩张时期，二元经济转型稳步推进，直到达到下一个均衡点A_3，边际劳动生产率大于零但小于制度工资的这些劳动力全部转移完毕，进入了第三阶段即A_3至右轴阶段，此时继续转移的劳动力的边际劳动生产率大于

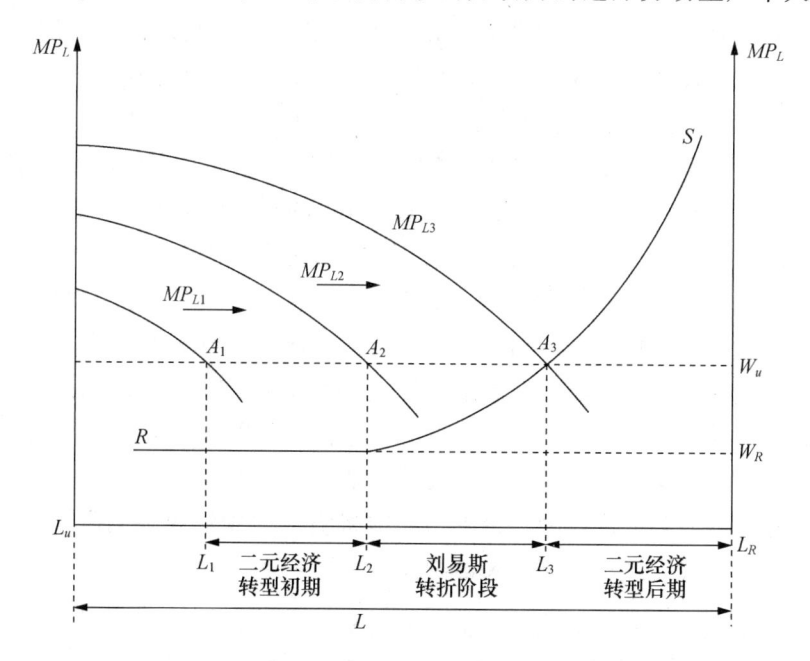

图2-4 包含三阶段的二元经济转型模型

制度工资水平，两部门的工资水平均由各自边际劳动生产率决定，并开始同步上升。

在劳动力规模给定的情况下，转型中三个阶段的长度和时间的确定取决于劳动力吸收与推进的速度。劳动力吸收的速度与资本积累和技术进步（包括力度和方向二维变量）正相关，技术进步率越高，越有利于劳动密集型产业的发展，单位资本吸纳的劳动者越多。推动劳动力转移的因素为农业现代化，农业现代化进程越快，释放出来的劳动力越多，从而推进转型进程。

二　二元经济转型的关键阶段

实现二元经济转型的关键在于如何渡过刘易斯第一转折点至第二转折点之间的刘易斯转折阶段，即 A_2A_3 阶段。主要原因在于，在刘易斯第一转折点之前，劳动边际生产率为零的农业劳动力转移不会影响农业总产出水平，一国的粮食安全未能受到威胁，从而不会影响工业部门的现行工资；进入刘易斯第二转折点之后，短缺点与商业化点相重合，一国不会因粮食短缺而停止转型。但当经济转型进入刘易斯第一转折点时即步入刘易斯转折阶段，由于边际劳动生产率大于零但小于不变制度工资的劳动力转移会减少农业总产出水平，平均农业剩余会低于制度工资，这意味着将会出现城市中非农消费的粮食供给不足以按制度工资满足工人生活需要的情况。如果这时农业生产率没有大幅度提高，那么就会因食品短缺而引致经济出现通货膨胀、非农部门工资可能超常上涨的境况，结果在商业化点到来之前，工业部门的扩张就会停止，二元经济转型终止。因此，当二元经济转型进入刘易斯第一转折点，也就进入了二元经济转型最困难也最关键的阶段。进入这个阶段，劳动力成本上升，又由于粮食短缺点的到来，一国的粮食安全受到威胁，相应地需要进入农业政策调整阶段，但由于边际生产率大于零但小于不变制度工资的剩余劳动力的存在，工农两大部门都存在严重的就业压力。因此，当转型进入刘易斯转折阶段，经济发展面临着诸多不易解决的难题。若解决得好，将顺利完成转型；否则，一国将陷入"中等收入陷阱"。这一阶段是整个二元经济转型的关键阶段。

第三章 二元经济转型国际比较：历史进程

一个经济体的二元经济发展阶段是由传统农业经济向现代经济转型的长期历史过程。本章重点考察与研究三大类型国家和地区二元经济转型的历史进程，对于成功完成转型的先行工业化国家及后起工业化国家和地区，在判断刘易斯第一转折点和刘易斯第二转折点的基础上分离出它们的转型阶段，并对其二元经济转型历程进行归纳整理；对于正在转型中的拉美国家，在准确判断转型进程的基础上，对既往二元经济转型历程进行梳理，同时指出未来面临的挑战。这种长期历史性分析为二元经济转型国际比较的差异性分析和规律性总结奠定了基础。

第一节 先行工业化国家二元经济转型的历史考察

在先行工业化国家中，英国是世界上最早开始二元经济转型的国家，也是最早实现二元经济转型的国家，作为先驱者，英国在转型中经历了对抗、艰辛、冲突与苦难。法国工业化进程较为缓慢，持续性的过渡是法国二元经济转型的基本特点，具体表现为缓慢性、渐进性和区域异质性，二元经济转型道路异常艰难。相对于英国和法国，德国是一个后起的发达国家，虽姗姗来迟，但二元经济转型进展迅速。

一 先行工业化国家刘易斯转折阶段的判断

根据前面理论，判断一国的刘易斯转折阶段无疑要判断出刘易斯第一转折点和刘易斯第二转折点出现的时间。

（一）先行工业化国家刘易斯第一转折点判断

本章把南亮进准则三——农业部门实际工资的动向作为判断标准。

若农业部门实际工资开始上升,说明该国已跨越了刘易斯第一转折点,劳动力市场从劳动力无限供给阶段转向有限供给阶段;如果农业部门实际工资快速上升,说明已跨越刘易斯第二转折点,因而农业部门实际工资的变化成为问题的焦点。

1. 英国刘易斯第一转折点的判断

根据 B. R. 米切尔(2002)的统计,梳理出英国 1788—1900 年一个多世纪的农业货币工资变化情况(1900 = 100),考虑到工资将会受到经济周期等因素的影响,对原有的货币工资剔除价格因素,继续采用 B. R. 米切尔(2002)的消费物价指数进行剔除,为了与货币工资指数统一,本书对原有文献中消费物价指数以"1900 = 100"重新估算,然后将农业货币工资与消费物价指数相比得到 1788—1900 年英国农业部门实际工资指数的数据,如图 3 - 1 所示。从整个时序考察,农业部门实际工资水平总体处于上升的态势,可分为两个时段。第一时段:1788—1855 年,农业工资水平在震荡波动中趋升,波幅较大;第二时段:1856—1900 年,从 1856 年开始,农业实际工资指数上升的趋势不再出现反复波动,上升速度逐渐加快,尤其是 1870 年之后,呈 45°直线上升趋势。

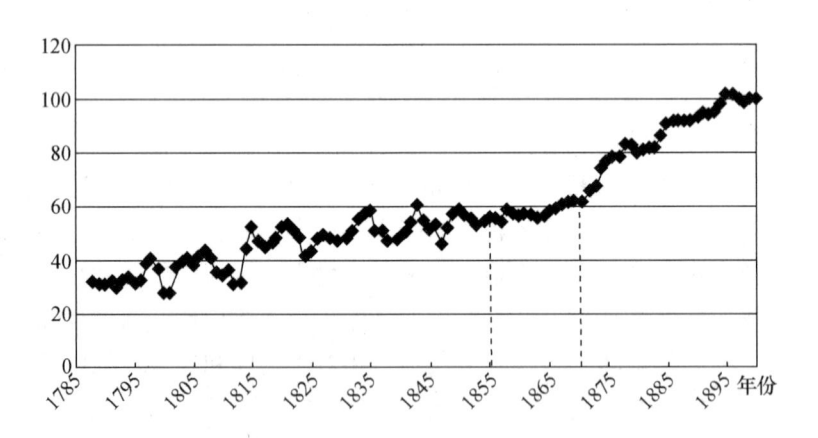

图 3 - 1　英国农业部门实际工资指数变动轨迹(1788—1900 年)

注:1900 = 100。

资料来源:[英] B. R. 米切尔编:《帕尔格雷夫世界历史统计:欧洲卷(1750—1993)》(第四版),贺力平译,经济科学出版社 2002 年版,第 911—915 页。

针对英国劳动力市场变动状况,刘易斯(1972)认为,1790—1840 年英国的实际工资率稍有下降,而 1840—1849 年建筑业工资指数仅比 1750—1754 年高 4%,因此可以认为,英国 1790—1840 年的生活费用、工资并没有提高。悉尼·波拉德(Sidney Pollard,2004)认为,在 19 世纪 50 年代之前的一个多世纪中,英国工资保持在或接近于贫困生存线的水平上,劳动力的供给基本处于一种过剩状况,市场环境对劳动者一方非常不利。大约从 19 世纪中期开始,英国的劳动力市场发生了重大变化,农业劳动供给开始短缺,与之前的工人工资徘徊在贫困生存线或其他固定水平上不同,此后,工农两个部门的实际工资都开始增加,工资像水蛭一样紧紧依附着于上升的国民产值曲线。[①] 金德尔伯格(Kindleberger,1967)认为,劳动无限供给的二元经济在 19 世纪上半叶的英国存在过,言外之意是,1850 年之后就不存在了。以上三个学者的研究也证明了英国的劳动力市场在 19 世纪 50 年代出现了较大变动,而之前却没有出现过工资的大幅度上升。

对此,一些学者展开了争论。一些国外学者(克拉潘,1974;Ashton,1949;Hartwell,1961)和国内学者(赵虹等,2003;徐滨,2011)认为,工业革命时期工人的实际工资出现了上升,时间出现在 19 世纪 20 年代;而哈蒙德(Hammond,1930)、霍布斯鲍姆(Hobsbawm,1963)、汤普森(Thompson,2001)认为,工人的实际工资并没有得到提高,工人阶级的生活状况更加糟糕。在以上学者中,有的是根据当时的历史观察所产生的定性认识,有的则是通过短时间的数据进行分析,针对转折点理论的判断,我们应该从更长的历史视角来考察转型发展,不能局限于某一段区间。从一个多世纪的时间长度考察,这个阶段只比之前的 1805—1815 年有所上升,之后又出现低谷,所以不能把 19 世纪 20 年代作为农业实际工资开始上升的时期。根据塔克(Tucker,1936)对伦敦工匠的研究,18 世纪 70 年代到 19 世纪 20 年代实际工资陷入了一个长期的低谷阶段,19 世纪三四十年代虽然有所好转,但也只不过是恢复到 18 世纪五六十年代的水平。施瓦茨

---

① [英]悉尼·波拉德:《大不列颠的劳动力状况》,转引自[英]M. M. 波斯坦、D. C. 科尔曼、彼得·马赛厄斯编《剑桥欧洲经济史(第七卷):工业资本:资本、劳动力和企业》(上册),王春法等译,经济科学出版社 2004 年版,第 198、115、215、206 页。

(Schwarz,1985)在研究1700—1860年伦敦人民的生活标准的文章中提出:"到1820年,实际工资已经超过1790年的水平。但直到19世纪40年代或更晚,实际工资才超过1740年水平。"[1] 这再一次证伪了19世纪20年代为刘易斯第一转折点出现的时间。随着时间的流逝,工人的基本生活支出也在不断提升,可以判断,整个第一次工业革命期间,农业部门的实际工资还是维持在生存工资水平,并没有出现显著上升。

因此,可以初步判断19世纪50年代中期为英国刘易斯第一转折点出现的时段。自19世纪70年代开始,农业部门的实际工资上升速度更快,刘易斯第二转折点可能出现在这一时期。

2. 法国刘易斯第一转折点的判断

对于法国刘易斯第一转折点的判断,沿用英国的标准,仍使用南亮进准则三——非熟练工人实际工资的动向。鉴于法国非熟练工人实际工资的历史数据很难查询,考虑到当时法国非熟练工人构成了工人的较大比例,而技术工人所占比例较小,我们先来考察工人的实际工资情况。根据B.R.米切尔(2002)的统计,梳理出法国1840—1913年的工人实际工资指数变化情况(1900=100),如图3-2所示。

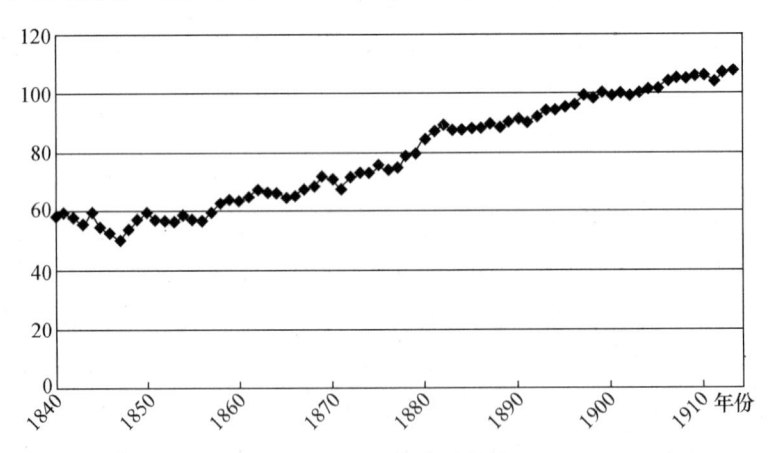

图3-2 法国工人实际工资指数变动轨迹(1840—1913年)

注:1900=100。

资料来源:[英]B.R.米切尔编:《帕尔格雷夫世界历史统计:欧洲卷(1750—1993)》(第四版),贺力平译,经济科学出版社2002年版,第911—915页。

---

[1] Schwarz, L. D., "The Standard of Living in the Long Run: London, 1700-1860", *The Economic History Review*, Vol. 38, No. 1, 1985, pp. 24-36.

从图3-2中可以看出，19世纪40—60年代，法国工人的实际工资一直很低，且处于波动的状态。根据马生祥（2004）的研究，从1820年至法兰西第二帝国时期实际工资徘徊不前，这时期法国工人一直都在为生存而挣扎。[①] 根据详细史料的记载，复辟王朝（1815—1830年）时期，工人平均日工资为1.5—3法郎，女工报酬要少得多，女工的平均收入为每天1法郎，最多1.5法郎。工人生活极其艰苦，就连肉、糖和某些别的必需食品的极简单的伙食费用也比普通工人一天挣的工资多1倍。而七月王朝（1830—1848年）时期，工人名义工资相当固定，但生活费用提高了15%—20%，工人实际生活水平下降了。企业主经常以女工、童工来代替男工，当时童工占总雇佣人数的12.5%，女工占到40%。在里昂丝织业中心，有的人一天工作18小时仅仅拿到1法郎的工资[②]，可见，当时工人的工资极低。因此，基本可以做出判断，法国从二元经济转型伊始到19世纪60年代实际工资没有出现上升的情况。

从图3-2中可以看出，19世纪60年代之后，工人实际工资开始有微微上升的趋势，70年代之后上升开始加快；1870—1914年法国工人实际工资上涨将近75%。[③] 城市工人的工资不断增加，但生活必需品的价格却在不断下降，从当时最大的城市巴黎考察，巴黎工人的日均工资从1872年的4.5法郎增加到1906年的7.5法郎，每公斤面包价格由1872年的0.36法郎降至1909年的0.34法郎，且糖、肉一直维持在较低价格水平上。[④] 19世纪70年代初工人的实际工资是上升的，同时工人的生活质量也有了新提升，不少工人略有储蓄，他们大多比过去吃得好，开始吃肉食、喝咖啡以及饮酒等，在衣着打扮、家居摆设、消遣方式上也开始模仿资产阶级，读报、上影剧院、出去郊游、逛公园或到外地旅游、听音乐会等。[⑤]

[①] 马生祥：《法国现代化》（下册），河北人民出版社2004年版，第971页。
[②] 同上。
[③] 张庆海：《法兰西第三共和国前期的人口和社会生活》，《华南师范大学学报》（社会科学版）1998年第6期。
[④] 马生祥：《法国现代化》（下册），河北人民出版社2004年版，第906页。
[⑤] 楼均信、应雪林、沈坚等：《法兰西第三共和国兴衰史》，人民出版社1996年版，第105页。

但是，这里的工人包括熟练工人的工资和非熟练工人的工资。其实，我们主要考察非熟练行业工人的工资水平来判断刘易斯第一转折点出现的时段。根据史料的记载，第三共和国前期，随着生产的发展和国民收入的增加，农业工人的工资有所提高①，乞丐在官方正式的登记册中不再出现。农民最基本的物质需要，如食物、衣着和住房，此时都有相当程度的提高。在饮食方面，许多人吃上了白面包②，肉、家禽和酒的消费量也显著增加。这一事实得到了很多研究者的认同。罗杰·普莱斯认为，"19 世纪下半叶，由于经济增长导致工人实际工资和生活水平的不断提高"③；罗歇·马格劳认为，里昂工人的名义工资在 19 世纪 60 年代晚期到 20 世纪第一个十年上涨了 10%④，根据米切尔（2002）的统计，这段时间，物价指数平均只上涨了 0.9%。总之，里昂工人的实际工资确实是上涨了，里昂作为法国当时最大的纺织中心，纺织工人大多是非熟练工人，从这一点也能够证明，非熟练工人的实际工资在 19 世纪 70 年代初开始上升。经过第一次世界大战，从 20 世纪 20 年代中期起，法国工人的工资不仅在名义上继续增加，实际上也有显著提高，1929 年的工人实际工资比第一次世界大战之前提高了 10%—15%⑤，工人家庭不仅在食品的数量上基本得到满足，在质量上也有所改善。

根据总的趋势可以粗略判断，自 19 世纪 70 年代初，法国非熟练工人的实际工资出现了上涨，因此可以判断法国的刘易斯第一转折点出现在 19 世纪 70 年代初期。

接下来，我们基于南亮进准则四——两大部门的工资差距趋于扩大这个标准进一步验证。根据南亮进（1973）提出的判断刘易斯转折点的五个标准中的准则四，在劳动力无限供给时期，资本主义部门劳动力与生计部门劳动力工资差距趋于平稳；在第一个转折点之后工资差距逐

---

① 楼均信、应雪林、沈坚等：《法兰西第三共和国兴衰史》，人民出版社 1996 年版，第 105 页。

② 经济发展早期，法国中下层吃的都是黑面包，白面包算是奢侈品。钱钟书在《围城》一书中用"黑面包一样的苦难"形容生活的困境。

③ Price, R., *A Social History of Nineteenth - Century France*, London: Hutchinson, 1987, p. 215.

④ Magraw, R., *Workers and the Bourgeois Republic*, Oxford & Cambridge: Blackwell, 1992, p. 218.

⑤ 马生祥：《法国现代化》（下册），河北人民出版社 2004 年版，第 984 页。

步拉大；随着临近第二个转折点，两部门的差距缩小；在第二个转折点之后工资差距恢复稳定。

仅从各阶级死者留下财产数量的变化这一指标也可以看出贫富差距在拉大。费雷-保罗·科达丝瓦尼在研究1856—1858年和1873—1875年死者留下的财产时发现，里尔市的财富有了巨大的增长，该市人口增加34%，而遗嘱留下的平均财富却增长了135%。但与此同时，留下遗嘱的成年人人数从32%下降到25%，在不同社会阶层中存在惊人的反差。1856—1858年，统治阶级（工匠、白领工人、公务员）占死亡人数的32.4%，占遗产财富的9.5%，工人占死亡人数的59.4%，只占遗产财富的0.4%；1873—1875年，工人阶级占死亡人数的67.6%，但只占遗产财富的0.2%，工人留下财产的人数占比从18.2%降到5.6%。1856—1858年一个企业主留下的财富相当于一万个工人留下的遗产，17年以后则相当于两万个工人的遗产。[①] 因此，工人工资虽有所提高，但工人阶级和资产阶级的差距却在悄无声息地拉开，这在19世纪60年代已经出现端倪。在第三共和国早期，工人的工资有较大幅度的上涨，但和中上层的差距却越来越大，1870—1914年，法国工资增长了近两倍，但工人工资只翻了一番。[②] 可见，19世纪70年代之后，差距更加显著，也从侧面证明了法国刘易斯第一转折点出现的时间大约为19世纪70年代初。

3. 德国刘易斯第一转折点的判断

继续根据米切尔（2002）的研究，整理出德国1834—1914年工人实际工资指数的变化情况（1900=100），如图3-3所示。根据统计数据的说明，这里工人工资所涉及的行业包括采掘业、制造业和建筑业，这三个行业是当时非熟练工人从事的主要行业，能够有效反映德国二元经济转型中非熟练工人的实际工资动向。

根据图3-3，19世纪90年代之前，德国工业中非熟练工人的工资一直处于波动中，尤其是四五十年代，振幅较大。直到90年代初，德国非熟练工人的实际工资才出现上涨趋势。

---

① McPhee, P., *A Social History of France 1780 – 1880*, Routledge, 1993, p. 211.
② 张庆海：《法兰西第三共和国前期的人口和社会生活》，《华南师范大学学报》（社会科学版）1998年第6期。

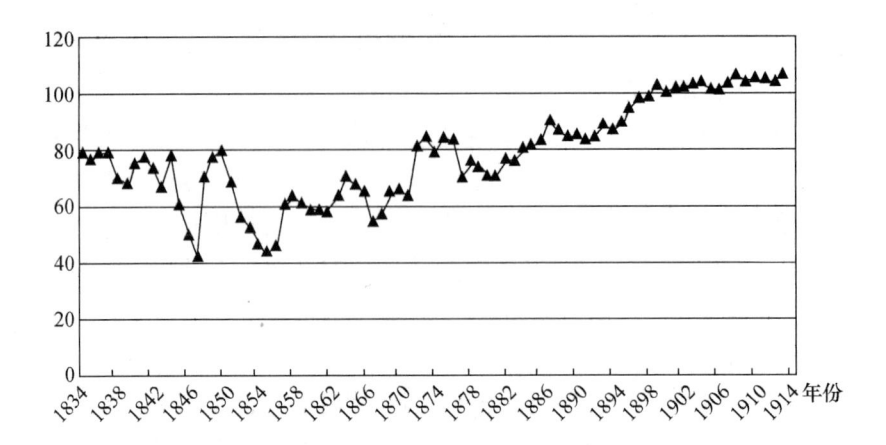

图 3-3　德国工人实际工资指数变动轨迹（1834—1914 年）

注：1900 = 100。

资料来源：[英] B. R. 米切尔编：《帕尔格雷夫世界历史统计：欧洲卷（1750—1993）》（第四版），贺力平译，经济科学出版社 2002 年版，第 911—915 页。

由于农村中存在着大量工人，本书也考察农业部门实际工资的变动情况。若农业部门的实际工资也在该时段开始上涨，表明农业剩余劳动力开始变得稀缺。从图 3-4 可以看出，从 19 世纪 90 年代初开始，德国农业部门的实际工资开始出现上升的趋向。综上所述，可以判断德国于 19 世纪 90 年代初进入刘易斯转折阶段。

接下来，本书根据既有的研究验证德国刘易斯第一转折点出现的时间。J. J. 李（J. J. Lee, 2004）认为，"直到 19 世纪末期，非熟练劳动力一直处于一种过剩状态"[1]，"1894 年之后所发生的经济复苏期间，劳动力显得更加缺乏"[2]。可以推断，19 世纪末期，非熟练劳动力从过剩逐渐转为短缺。19 世纪八九十年代，德国由粮食出口国转变成粮食进口国[3]，根据二元经济理论，这是刘易斯转折阶段出现的典型特征，

---

[1] J. J. Lee：《德国工业化进程中的劳动力》，转引自 [英] M. M. 波斯坦、D. C. 科尔曼、彼得·马赛厄斯编《剑桥欧洲经济史（第七卷）：工业资本：资本、劳动力和企业》（上册），王春法等译，经济科学出版社 2004 年版，第 558 页。

[2] [英] M. M. 波斯坦、D. C. 科尔曼、彼得·马赛厄斯编：《剑桥欧洲经济史（第七卷）：工业资本：资本、劳动力和企业》（上册），王春法等译，经济科学出版社 2004 年版，第 562 页。

[3] 谭崇台：《发达国家发展初期与当今发展中国家经济发展比较研究》，武汉大学出版社 2008 年版，第 120—121 页。

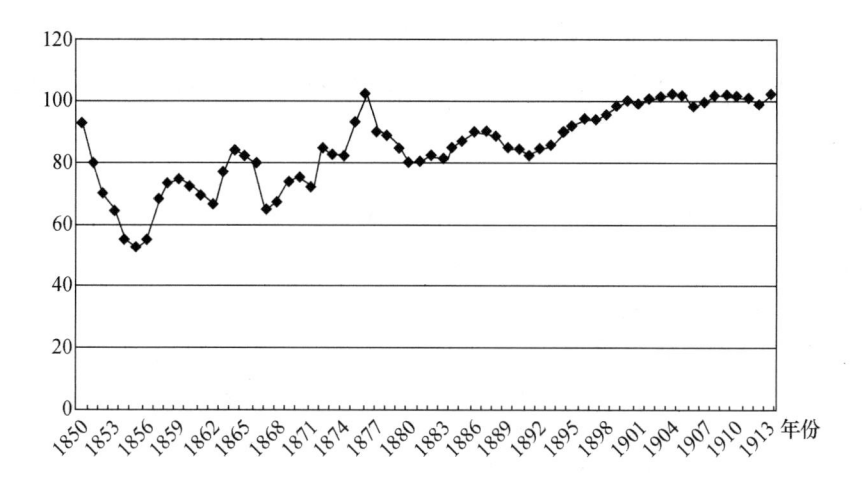

图 3-4 德国农业部门实际工资指数变动轨迹（1850—1914 年）

注：1900 = 100。

资料来源：［英］B. R. 米切尔编：《帕尔格雷夫世界历史统计：欧洲卷（1750—1993）》（第四版），贺力平译，经济科学出版社 2002 年版，第 911—915 页。

农业剩余劳动力短缺满足不了日益发展的工业和城市需求，粮食只能依靠进口。根据宫崎犀一（1990）的研究，从德国 1870—1913 年的经济周期循环可以看出，德国实际工资指数在 19 世纪 90 年代也开始上升。其实，早在 19 世纪 60 年代末 70 年代初这段时间，劳工供需关系在德国地区之间已经开始脱节[1]，德国西部地区出现了劳动力的短缺，但东部地区剩余劳动力的迁移马上弥补了西部的短缺，使德国进入刘易斯转折阶段的步伐又向后推了 20 年左右的时间。

（二）先行工业化国家刘易斯第二转折点判断

1. 模型设定

刘易斯第一转折点之后，工农两大部门的工资差距逐渐扩大，这样工业部门的高工资将会驱使农业剩余劳动力进一步向工业转移，甚至出现加速的趋势。随着刘易斯第二转折点的到来，农业剩余劳动力的数量变少，因此转移的速度逐渐减慢。根据汪进、钟笑寒（2011）的研究，

---

[1] ［英］M. M. 波斯坦、D. C. 科尔曼、彼得·马赛厄斯编：《剑桥欧洲经济史（第七卷）：工业资本：资本、劳动力和企业》（上册），王春法等译，经济科学出版社 2004 年版，第 562 页。

可采用劳动力转移速度来判断刘易斯第二转折点：随着一国二元经济的发展，农业劳动力占比将经历从加速下降转为减速下降的过程，而这个经济发展水平（人均GDP）下的拐点为刘易斯第二转折点。

为了刻画农业劳动力比重随人均国内生产总值的变化而呈现的先加速下降后减速下降的规律，引入人均国内生产总值的三次多项式，以英国为例将模型设定如下，法国和德国同样如此。

$$Lp_{et} = \beta_0 + \beta_1 \times \lg gdp_{et} + \beta_2 \times \lg gdp_{et}^2 + \beta_3 \times \lg gdp_{et}^3 + \mu_t$$

其中，Lp_{et}代表历年英国农业劳动力比重，为被解释变量；gdp_{et}代表历年英国人均国内生产总值，$\lg gdp_{et}$代表对gdp_{et}取对数；μ_t为随机误差项。

根据此模型的政策含义，$\beta_1 > 0$，$\beta_2 < 0$，$\beta_3 > 0$，这样才能满足农业劳动力转移先加速后减速的规律。其中，农业劳动力转移的速度为$dLp_{et}/d\lg gdp_{et} = \beta_1 + 2\beta_2 \times \lg gdp_{et} + 3\beta_3 \times \lg gdp_{et}^2$，刘易斯转折点也就是使该模型二阶导数等于零的点，即满足$\lg gdp_{et} = -\beta_2/3\beta_3$的点。

2. 数据来源及说明

英国的农业劳动力比重（Lp_{et}）根据 P. 迪恩和 W. A. 科尔（P. Deane and W. A. Cole，1969）的著作中的数据计算得到；人均国内生产总值（gdp_{et}）根据麦迪森《世界经济千年统计》（2009）中的数据获得，选取麦迪森数据的原因在于其数据具有较长时间的相对一致口径；并且，用1990年国际元[①]处理了通货膨胀与汇率问题以及边界和人口问题，以使数据具有横向和纵向的可比性。数据跨度为1801—1911年，所考察的每两个相邻数据中间间隔10年。法国农业就业比重（Lp_{ft}）根据图3-7中的数据获得；人均国内生产总值（gdp_{ft}）根据麦迪森（2009）的数据获得。数据跨度为1861—1972年，由于历史数据可得性的限制，所考察的每两个相邻数据中间间隔5年。德国的农业就业比重（Lp_{gt}）根据图3-9中的数据获得；人均国内生产总值（gdp_{gt}）根据麦迪森（2009）的数据获得。数据跨度为1852—1966年，由于历

---

① 国际元，又称吉尔里-哈米斯元（Geary - Khamis dollar），是在特定时间与美元有相同购买力的假设通货单位，通常以1990年或2000年为基准，本书数据以1990年国际元计。国际元以通货购买力平价（PPP）为基础，是日常用品国际平均价格的双生概念，国际元和国际汇率皆可用作比较各国人均国内生产总值，不过，在比较各地生活水平时，国际元比国际汇率要更准确。

史数据可得性的限制,所考察的每两个相邻数据中间间隔5年,其中,两次世界大战期间的数据不详。先行工业化国家各变量的基本统计性描述如表3-1所示。

表3-1　　　　　　先行工业化国家各变量的基本统计特征

国家	变量	平均数	最大值	最小值	标准差
英国	Lp_{et}	0.2014	0.3540	0.0860	0.0916
	gdp_{et}	2824.33	4709.00	1482.00	1162.50
法国	Lp_{ft}	0.3571	0.5100	0.1200	0.1284
	gdp_{ft}	4804.20	12539.00	1769.00	3228.25
德国	Lp_{gt}	0.3603	0.5500	0.1020	0.1247
	gdp_{gt}	3537.32	9388.00	1426.00	2047.51

3. 模型估计结果及分析

根据Eviews 6.0软件分别对三国模型进行估计。通过一阶差分消除自相关后得到的英国模型为:

$$Lp_{et} = -176.5337 + 65.6576 \times \lg gdp_{et} - 8.1329 \times \lg gdp_{et}^2 + 0.3356 \times \lg gdp_{et}^3$$
$$(3.30) \qquad (-3.28) \qquad (3.25)$$

$$\bar{R}^2 = 0.99 \quad F = 508.11 \quad DW = 2.09$$

从模型回归结果看,该模型的拟合优度较高,方程总体通过显著性检验,$\lg gdp_{et}$、$\lg gdp_{et}^2$、$\lg gdp_{et}^3$在5%的显著性水平下通过t检验,显著不为零。$\lg gdp_{et}$的系数为65.6576,大于零,$\lg gdp_{et}^2$的系数为-8.1329,小于零,$\lg gdp_{et}^3$的系数为0.3356,大于零,满足设定模型的理论预期。英国农业劳动力转移的刘易斯第二转折点出现在$\lg gdp_{et} = -\beta_2/3\beta_3 = 8.08$,即$gdp_{et} = e^{8.08} = 3229.23$国际元处,根据英国人均国内生产总值的数据,1869年开始超过3000国际元,为3031国际元,1870年为3190国际元,1871年为3332国际元[1],因此,本书大致估算英国刘易斯第二转折点出现在19世纪70年代初。

---

[1] [英]安格斯·麦迪森:《世界经济千年统计》,伍晓鹰等译,北京大学出版社2009年版,第56页。

通过二阶差分消除自相关后所得的法国模型为：

$$Lp_{ft} = -19.1983 + 7.2285 \times \lg gdp_{ft} - 0.8638 \times \lg gdp_{ft}^2 + 0.0334 \times \lg gdp_{ft}^3$$
$$(1.8172) \quad (-1.8282) \quad (1.7876)$$

$\bar{R}^2 = 0.99 \quad F = 356.32 \quad DW = 2.02$

从模型回归结果看，该模型拟合优度较高，方程总体通过显著性检验，$\lg gdp_{ft}$、$\lg gdp_{ft}^2$、$\lg gdp_{ft}^3$ 在 10% 的显著性水平下通过 t 检验，显著不为零。$\lg gdp_{ft}$ 的系数为 7.2285，大于零，$\lg gdp_{ft}^2$ 的系数为 -0.8638，小于零，$\lg gdp_{ft}^3$ 的系数为 0.0334，大于零，满足模型的理论预期。法国刘易斯第二转折点出现在 $\lg gdp_{ft} = -\beta_2/3\beta_3 = 8.62$，即 $gdp_{ft} = e^{8.62} = 5541.39$ 国际元处，根据法国人均国内生产总值的历史数据，1950 年开始超过 5000 国际元，为 5271 国际元，1951 年为 5553 国际元，1962 年为 5659 国际元[①]，因此，大致估算法国的刘易斯第二转折点出现在 20 世纪 50 年代初。

通过二阶差分消除自相关后所得的德国模型为：

$$Lp_{gt} = -40.1870 + 15.5854 \times \lg gdp_{gt} - 1.9571 \times \lg gdp_{gt}^2 + 0.0803 \times \lg gdp_{gt}^3$$
$$(1.83) \quad (-1.79) \quad (1.81)$$

$\bar{R}^2 = 0.95 \quad F = 76.07 \quad DW = 2.02$

从模型回归结果看，该模型拟合优度较高，方程总体通过显著性检验，$\lg gdp_{gt}$、$\lg gdp_{gt}^2$、$\lg gdp_{gt}^3$ 在 10% 的显著性水平下通过 t 检验，显著不为零。$\lg gdp_{gt}$ 的系数为 15.5854，大于零，$\lg gdp_{gt}^2$ 的系数为 -1.9571，小于零，$\lg gdp_{gt}^3$ 的系数为 0.0803，大于零，满足模型的理论预期。德国刘易斯第二转折点出现在 $\lg gdp_{gt} = -\beta_2/3\beta_3 = 8.1241$，即 $gdp_{gt} = e^{8.1241} = 3374.83$ 国际元处，根据德国人均 GDP 的历史数据，德国历史上有四个时间段出现过上述人均 GDP 的大约数值，分别是 20 世纪 10 年代初、20 年代中期、30 年代初期、40 年代末期。从整个世界史的视角分析德国的状况，20 世纪 20 年代中期、30 年代初期、40 年代末期德国因第一次世界大战和第二次世界大战作为战败国，经济受到重创，且 1929—1933 年资本主义经济危机使德国受到波及，经济均出现下滑，

---

① ［英］安格斯·麦迪森：《世界经济千年统计》，伍晓鹰等译，北京大学出版社 2009 年版，第 56 页。

人均GDP出现下降是必然的，人口数量也由于战争出现了下降，这三个时期更多的是受外部因素的影响；1910年人均GDP达到了3348国际元，到1911年为3408国际元，这段时间人均GDP的显著增加主要是德国内部自身经济规律运行的结果。综上分析，大致判断德国的刘易斯第二转折点出现在20世纪初。

二 先行工业化国家二元经济转型的历史变迁

（一）英国二元经济转型的历史变迁及特点

1. 英国二元经济转型的历史变迁

英国政府采取"圈地运动"的方式强迫农业劳动力向非农产业转移，失去了土地的农民受到生存的压力，被迫涌入城市。因此，强制性是英国农业劳动力转移的一个显著特点。

二元经济转型初期，英国运用原始资本积累的成果全力支持发展工业化，工业产值比重从1788年的21%增加到1850年的35%[1]，1860年英国人口仅占世界总人口的2%以及西欧总人口的10%，英国生产的工业品却占世界工业品总量的40%—50%，占西欧工业品的50%—60%[2]。18世纪末城市工人工资大约比农村雇工高1倍，甚至更多[3]，工资差距驱使农业剩余劳动力从农村涌向城市，农业就业比重从1770年的42%降到1851年的21.65%（见图3-5），1851年农业劳动力仅剩201.7万[4]，非农产业的劳动力在1801年达到70万人，在1851年增加到460万人[5]。再加上19世纪40年代大批爱尔兰移民的涌入，城市化步伐明显加快。从图3-6中可以看出，英国城市化率从1750年的20%多一点，增加到1801年的36.6%。到1750年，5000人以上城市的人口比例为16%，到1801年，居住在1万人以上城市的人口比重达

---

[1] [英]B. R. 米切尔编：《帕尔格雷夫世界历史统计：欧洲卷（1750—1993）》（第四版），贺力平译，经济科学出版社2002年版，第986页。

[2] Francois Crouzet, *The Victorian Economy*, London: Routledge, 1982, pp. 4-5.

[3] [法]保尔·芒图：《十八世纪产业革命：英国近代大工业初期的概况》，杨人楩等译，商务印书馆1983年版，第342—343页。

[4] 高德步：《英国工业化过程中的劳动力转移》，《中国人民大学学报》1995年第3期。

[5] [英]M. M. 波斯坦、D. C. 科尔曼、彼得·马赛厄斯编：《剑桥欧洲经济史（第七卷）：工业资本：资本、劳动力和企业》（上册），王春法等译，经济科学出版社2004年版，第171页。

21%。① 1801年英国只有一个大城市——伦敦，人口数量仅有100万，1851年伦敦人口增加到236.3万人，英国还有其他9个城市的人口数量为10万以上，18个城市的人口数量为5万—10万。② 1851年英国的城市人口第一次超过了农村人口，城市化率超过50%。人口结构发生变化的同时，英国劳动力市场中农业部门的实际工资开始上升，19世纪50年代迎来了刘易斯第一转折点。

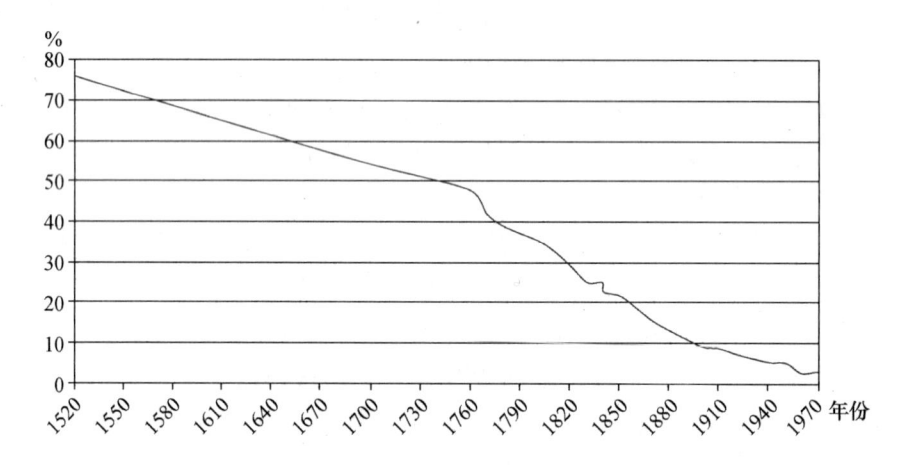

图3-5 英国农业就业比重变动轨迹（1520—1970年）

资料来源：根据以下文献整理得到。王章辉、孙娴：《工业社会的勃兴：欧美五国工业革命比较研究》，人民出版社1995年版；王章辉、黄柯可：《欧美农村劳动力的转移与城市化》，社会科学文献出版社1999年版；Crafts, N. F. R., *British Economic Growth During the Industrial Revolution*, Oxford: Clarendon Press, 1985；陈迪平：《中国二元经济结构问题研究》，湖南人民出版社2000年版；[英] M. M. 波斯坦、D. C. 科尔曼、彼得·马赛厄斯编：《剑桥欧洲经济史（第七卷）：工业资本：资本、劳动力和企业》（上册），王春法等译，经济科学出版社2004年版。

进入刘易斯转折阶段后，英国的产业结构从劳动密集型产业向资本密集型产业转移，这也是英国经济结构调整的阶段，技术创新成果不断涌现，产业结构面临调整，正在酝酿着第二次工业革命。19世纪70年

---

① 王章辉、孙娴：《工业社会的勃兴：欧美五国工业革命比较研究》，人民出版社1995年版，第275—278页。

② [意] 卡洛·M. 奇波拉编：《欧洲经济史（第三卷）：工业革命》，吴良健等译，商务印书馆1989年版，第24页。

代，农业就业比重从 1851 年的 21.65% 降到 1871 年的 15.3%，降低了近 7 个百分点，城市化率在刘易斯转折阶段从 51% 增加到 65.2%，此时英国迎来了刘易斯第二转折点，劳动力供给更加紧缺。

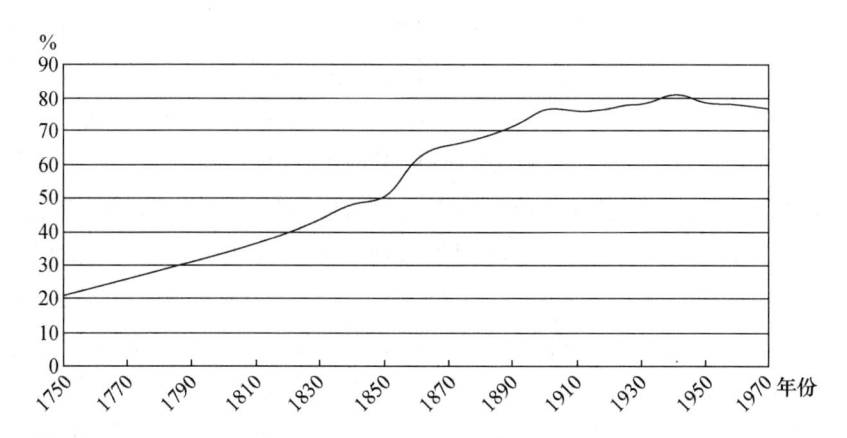

图 3-6　英国城市化率变动轨迹（1750—1970 年）

资料来源：根据以下文献资料整理得到。1960 年之前数据来源于刘嘉汉《统筹城乡背景下的新型城市化发展研究》，博士学位论文，西南财经大学，2011 年；中国科学院经济研究所世界经济研究室编《主要资本主义国家经济统计集（1848—1960）》，世界知识出版社 1962 年版。1960 年及其之后数据来源于世界银行 WDI 数据库。

二元经济转型后期，英国经济发展逐渐放缓。长期奉行自由放任的发展理念，加上新技术难以在工业生产中推广及应用，使英国不仅在传统工业方面失去优势，新兴工业也处于劣势。英国工业先后于 1880 年和 1890 年被美国和德国超越，到 1913 年英国工业生产仅占到世界的 14%，丧失了"世界工厂"地位[1]，农业多年来停滞不前，二元经济转型一度停滞。在经历了两次世界大战之后，英国将农业剩余劳动力转移的政策与福利政策联系起来，为在城市中难以就业的劳动力提供专业的职业培训以及就业计划，使他们与城市居民享受同等的社会安全保障，为劳动力转移创造了良好的条件与社会环境。尤其是第二次世界大战之后，工业得到恢复和发展，农业现代化有序推进，主张建设"福利国家"，20 世纪 60 年代中后期英国步入高收入国家行列，成功实现二元经济转型。

---

[1] 李仲生：《发达国家的人口变动与经济发展》，清华大学出版社 2011 年版，第 246 页。

2. 英国二元经济转型的特点

首先，二元经济转型之前已转移大量农业剩余劳动力。一国在工业化开始后，二元经济转型启动，农业剩余劳动力逐渐开始向城市转移，这是世界各国的通行规律。英国与其他国家不同，工业革命伊始农业就业比重就比较低，因为产业革命之前就开始了农业剩余劳动力转移，因此英国农业劳动力转移时间较早。从图3-5中可以看出，农业劳动力占比从1520年的76%下降到1688年的55.6%，到1770年时仅为42%，比1520年降低了34个百分点，主要原因在于英国的"圈地运动"。"圈地运动"实际上是英国贵族地主强行圈占农民的公共地和份地，将这些土地变为大牧场、大农场的一种原始积累活动，人为地迫使大量失去土地的农民背井离乡，成为流浪者或乞丐，被迫向城市迁移。从13世纪小范围的"圈地运动"开始到1876年英国议会颁布法令禁止继续圈地为止，根据资料统计，1455—1607年英国圈占了51.67万英亩，1700—1760年圈占的面积为34万英亩，在1761—1790年圈地面积更大，达到298万英亩，1798—1820年则高达331万英亩。[①] 英国的原初工业化始于农村，"圈地运动"只是在农民生存的土地上进行圈地，因此这时期农业劳动力转移主要采取就地转移的方式。

其次，移民在二元经济转型中发挥了重要作用。移民包括移民出境和外来移民，这两方面的移民均对英国二元经济转型起到了至关重要的作用。但移出移民的数量要远远大于移入数量，使英国成为世界上劳动力转移速度最快的国家之一。作为当时的殖民帝国，英国将大批被挤压出来的农业劳动力转移到海外殖民地。在十七、十八世纪，英国移民的主要目标区域为北美殖民地，据统计，1700—1775年，向北美十三州移民的总人数达到了21.7万人。[②] 向国外迁移的人口数量随着殖民地的扩大而不断增加，真正大规模的移民是在1815年以后。1815年向海外移民的人数仅为0.21万人，按照每十年统计的数量估算，1821—1830年为24.73万人，1851—1860年为131.3万人，1861—1870年为157.2万人，1871—1880年为164.9万人，1881—1890年猛增到325.9

[①] 邹德秀：《世界农业发展史》，中国农业出版社1995年版，第101页。

[②] Fogleman, A., "Migrations to the Thirteen British North American Colonies, 1700–1775: New Estimates", *Journal of Interdisciplinary History*, Vol. 22, No. 4, 1993, pp. 691–709.

万人，1891—1900 年向外移出人口减少到 214.9 万人，而 1901—1910 年再度攀升为 315 万人，1911—1920 年为 258.7 万人。[①] 从个别地区看，1850—1914 年，英格兰每年向海外的移民都占总人口的 3‰ 以上[②]，苏格兰向海外移民的规模超过了英格兰和威尔士，1853—1930 年共向外移民 215 万人，相当于该地区人口增长数的 60%，占大不列颠移民总数的 19%。[③] 英国大规模海外移民情况的出现与政府鼓励是密不可分的，当时英国政府针对移民出境采取了减免运费、向移民馈赠农具或提供资助、向土地投资商赠送土地等措施，这样既保障了英国与海外殖民地的利益联系，也对减少国内剩余人口、缓解国内贫困和人口压力、减轻国内不安定因素起到了积极的作用。

英国在二元经济转型中的外来移民主要是爱尔兰人。1820 年之前爱尔兰移民大多是季节性的；1820 年之后，爱尔兰人才开始在英国定居，1845 年时已有 100 万以上的爱尔兰人迁到英格兰等地的工业区[④]，1846—1850 年的"饥荒"以后，爱尔兰移民到英国的人数特别多，19 世纪末移民人数逐渐减少，但在 1911 年仍有 55 万以上的爱尔兰移民住在英国。[⑤] 这些移民主要就职于衰落的农业，当经济繁荣时，这些移民有效地弥补了劳动力短缺，当在战争期间出现劳动力剩余时，收割庄稼的爱尔兰移民就会遇到本地劳工的反对。爱尔兰人作为英国工业革命期间的劳动储备库，不仅提供了劳动力及维持劳动力生存的食物，而且为弥补英国短暂周期性的劳动力短缺起到了巨大的作用，平抑了非熟练劳工的工资上涨，延缓了刘易斯转折点的到来。

最后，女工和童工的大量使用增加了劳动力供给。工业革命期间女工和童工参与到英国的劳动力市场中，不仅所占的比例较大，工资低，

[①] 根据 [英] B. R. 米切尔编《帕尔格雷夫世界历史统计：欧洲卷 (1750—1993)》(贺力平译，经济科学出版社 2002 年版) 第 134—137 页整理得出。

[②] 王章辉、黄柯可：《欧美农村劳动力的转移与城市化》，社会科学文献出版社 1999 年版，第 29 页。

[③] Baines, D., *Migration in a Mature Economy: Emigration and Internal Migration in England and Wales, 1861–1900*, New York: Cambridge University Press, 1985, pp. 57–60.

[④] 沈玉：《论英国圈地运动与工业革命的劳动力来源》，《浙江大学学报》(人文社会科学版) 2001 年第 1 期。

[⑤] [意] 卡洛·M. 奇波拉编：《欧洲经济史 (第三卷)：工业革命》，吴良健等译，商务印书馆 1989 年版，第 50 页。

增加了劳动力数量,也拉低了工人及全社会的工资水平。在工业革命早期,妇女和儿童只是原有劳工的补充,从 1820 年开始,动力织布逐渐发展,妇女和儿童不断加入从事织布的工作。从表 3-2 中可以看出,纺织行业中童工和女工人数不断增加,13 岁以下童工占该行业工人的总数从 1838 年的 5.9% 增加到 1856 年的 6.6%,同期女工比重由 55.2% 增加到 57.0%,相应的男性职工比重不断减少,由 1838 年的 22.8% 减少到 15.8%。在许多不太突出的行业,如采煤、制钉、造锉刀,妇女和儿童的数量也在增加。① 1833 年英国颁布《工厂法》,造成童工数量减少,但并没有给男性工人带来新的就业机会。被《工厂法》排挤出来的童工被女工和年轻人代替,童工则转向其他行业,如棉布印染业。到 19 世纪 40 年代,童工占工人总数的 50%,其中 1/3 为 13 岁以下。到 1895 年,18 岁以下的童工,包括半日工和全日工,数量有 15.5 万人,占全部工人的 28.7%,女工 33.4 万人,占 61.9%。② 妇女和儿童数量的增多使全社会工资水平降低,驱使企业更倾向于雇用女工和童工,而导致男人在有些时候根本找不到工作,反而由家庭来供养。

表 3-2　　　　　　　　英国纺织行业用工情况　　　　　　单位:%

年份	13 岁以下童工	13—18 岁少年	13 岁以下女工	18 岁以上男工
1838	5.9	16.1	55.2	22.8
1850	6.1	11.5	55.9	26.5
1856	6.6	10.6	57.0	15.8

资料来源:赵虹、田志勇:《英国工业革命时期工人阶级的生活水平——从实际工资的角度看》,《北京师范大学学报》(社会科学版) 2003 年第 3 期。

(二) 法国二元经济转型的历史变迁及特点

1. 法国二元经济转型的历史变迁

1815 年之后,法国逐渐从战争状态恢复到和平,工业化开始启动,进入二元经济发展阶段,拿破仑长期对外战争以及国内斗争致使法国经济千疮百孔,中断了转型进程。1830 年是法国经济起飞的始点,农业

---

① [英] M. M. 波斯坦、D. C. 科尔曼、彼得·马赛厄斯编:《剑桥欧洲经济史(第七卷):工业资本:资本、劳动力和企业》(上册),王春法等译,经济科学出版社 2004 年版,第 206 页。

② 高德步:《英国工业化过程中的劳动力转移》,《中国人民大学学报》1995 年第 3 期。

劳动力开始向城市转移。19世纪40年代,法国启动铁路、公路等交通规划与建设,为农村人口向城市转移提供了客观条件。1848年法国已有5个以上拥有10万以上人口的城市——巴黎、马赛、里昂、波尔多和卢昂等。[①] 农业就业比重从1830年的70%下降到1851年的64.4%(见图3-7)。19世纪五六十年代法国出现了工业化第一次高潮,1860年法国的工业产值占世界工业总产值的比重达到16%,成为仅次于英国的世界第二大工业国[②],这种地位一直持续到1870年。工业发展拉动农业剩余劳动力向城市转移,法国城市人口由1851年的913万上升到1866年的1159万,同一时期5万人以上城市的人口数量占全国总人口的比例由5.44%上升到10.83%。[③]

图3-7 法国农业就业比重变动轨迹(1830—1972年)

资料来源:根据以下文献整理得到。中国科学院中国现代化研究中心编:《世界现代化进程的关键点》,科学出版社2010年版;[美]西里尔·E.布莱克:《比较现代化》,杨豫等译,上海译文出版社1996年版;[英]M. M.波斯坦、D. C.科尔曼、彼得·马赛厄斯编:《剑桥欧洲经济史(第七卷):工业资本:资本、劳动力和企业》(上册),王春法等译,经济科学出版社2004年版;[法]弗朗索瓦·卡龙:《现代法国经济史》,吴良健译,商务印书馆1991年版;滕淑娜、顾銮斋:《法国农业经济政策的历史考察》,《史学集刊》2011年第4期;王章辉、孙娴:《工业社会的勃兴:欧美五国工业革命比较研究》,人民出版社1995年版;王章辉、黄柯可:《欧美农村劳动力的转移与城市化》,社会科学文献出版社1999年版。

---

① 马生祥:《法国现代化》(下册),河北人民出版社2004年版,第894页。
② 穆良平:《主要工业国家近现代经济史》,西南财经大学出版社2005年版,第157页。
③ 马生祥:《法国现代化》(下册),河北人民出版社2004年版,第902页。

法国 19 世纪上半叶劳动力十分充裕，农村大部分地区人口稠密。1848 年农村工业加工系统毁灭，随着第一次工业化高潮的到来，劳动力需求不断增大，农村人口大量流向城市。但是，法国这一时期人口增长缓慢，很快劳动力由无限供给变为有限供给，在 19 世纪 70 年代法国迎来了刘易斯第一转折点。

之后，法国步入刘易斯转折阶段。1871 年普法战争中法国战败，经过短暂的恢复，1880—1990 年和 1905—1913 年又分别出现了工业化的第二次高潮和第三次高潮，20 世纪 20 年代末期，法国已经从农业—工业国一跃而为工业—农业国。① 第三共和国早期出现三次农村人口向城市流动的高潮：第一次高潮发生在 1876—1881 年，82 万多人口从农村迁往城市；第二次高潮发生在 1896—1901 年，流入城市的人口达到 67 万多人；第三次高潮发生在 1906—1911 年，达到 77 万人。② 到 1911 年，法国农村人口为 2310 万人，城市人口增长到 1830 万人③，法国城市化率也由 1870 年的 37.40% 增加到 1913 年的 44.2%（见图 3-8），同期农业就业比重从 49% 下降到 37.4%（见图 3-7）。

经过第一次世界大战，20 世纪 20 年代法国工业发展速度超过同期的德国④，居欧洲首位。工业高速发展必然带动农业劳动力转移，城市化进程加速。10 万人以上的城市由 1921 年的 15 个上升到 1931 年的 17 个；5 万人以上的城市也由 1921 年的 45 个增加到 1931 年的 53 个。⑤ 这时，法国人口构成出现重大转折，第一次出现了农业人口绝对数的下降，城市人口超过了农村人口，城市化率达到 51.2%。1913—1930 年农业就业比重降低了 14%。这期间国民收入增长很快，工人工资收入提高，生活状况较以前有了较大改善。1929—1933 年资本主义经济大危机以及第二次世界大战爆发，使法国经济又一次遭到重创。1944 年法国从德国铁蹄下解放出来，1946 年法国政府开始实施第一个五年计划，经济逐渐得到恢复。法国采用劳动密集型的技术设备发展工业，在

---

① 吴国庆编著：《列国志（法国）》，社会科学文献出版社 2003 年版，第 87 页。
② 根据马生祥《法国现代化》（下册，河北人民出版社 2004 年版）第 901—1002 页整理得到。
③ Sous la direction de Jacques Dupaquier, *Histoire de la Population Francaise*: Volume 4, *De 1914 à nos jours*, Paris: Presses universitaires de France, 1988, p. 393.
④ 马生祥：《法国现代化》（下册），河北人民出版社 2004 年版，第 908 页。
⑤ 同上书，第 900 页。

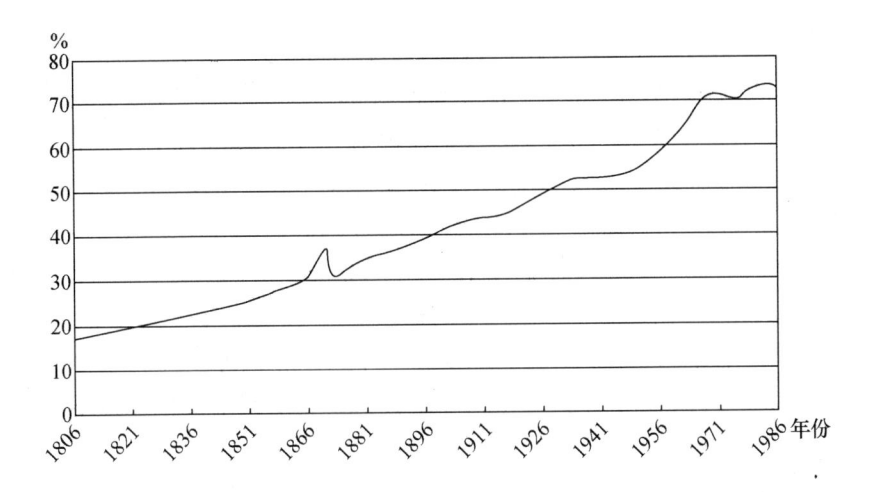

图 3-8 法国城市化率变动轨迹（1806—1986 年）

资料来源：根据以下文献整理得到。李仲生：《发达国家的人口变动与经济发展》，清华大学出版社 2011 年版；马生祥：《法国现代化》（下册），河北人民出版社 2004 年版；王章辉、孙娴：《工业社会的勃兴：欧美五国工业革命比较研究》，人民出版社 1995 年版；王章辉、黄柯可：《欧美农村劳动力的转移与城市化》，社会科学文献出版社 1999 年版；许平：《法国农村社会转型研究：19 世纪至 20 世纪初》，北京大学出版社 2001 年版；中国科学院经济研究所世界经济研究室编：《主要资本主义国家经济统计集（1848—1960）》，世界知识出版社 1962 年版。

引进技术方面，主要引进费用少、吸收劳动力多的一般机械，导致劳动力大规模地从农业向工业和服务性行业转移，农业就业比重由 1931 年的 36.14% 降至 1950 年的 28%，此时法国也迎来了刘易斯第二转折点。

在二元经济转型后期的发展过程中，从 20 世纪 50 年代末期开始，法国经济进入了 15 年左右的高速发展时期，在第三、第四、第五个经济计划的引导下，法国进行大规模的技术设备更新，利用国际先进科研成果和发展中国家的廉价能源和原料，建立了以资本密集型产业为主的产业结构。据统计，1949—1961 年法国经济增长率为 5.1%，其中工业增长率为 5.4%，农业增长率为 3.8%[①]，1959—1974 年国内生产总值年均增速达到了 5.7%，超过美国、英国和德国三国。[②] 在农业方面，

[①] 戴成钧：《战后法国农村人口外流加速的原因初探》，载浙江省历史学会《浙江史学论丛》（第一辑），杭州出版社 2004 年版，第 383—395 页。

[②] 李仲生：《发达国家的人口变动与经济发展》，清华大学出版社 2011 年版，第 217 页。

农业机械化、电气化、化学化和现代生物技术化逐步推进，农业劳动生产率大大提高，20世纪60年代中期法国农村基本上实现了机械化。[1] 随着工业化和城市化的加速与农业现代化的逐步推进，小农经济逐渐解体，农民与土地的关系日渐分离，离乡弃农的农民成批移居大城市或邻近的市镇，法国农业就业人口明显较少。1836—1962年，位于布列塔尼、中央高原、洛林的边缘地区和一些山区的农业省的人口减少了将近1/5，其中6个省的人口减少了40%以上[2]，人口大多流向拥有工业区的大中城市。1967年法国进入高收入经济体行列，此时法国的城市化率达到了71.3%，农业就业比重降低到15.7%，至此，法国二元经济转型基本结束。

2. 法国二元经济转型的特点

首先，农业劳动力转移进程漫长而渐缓。虽然法国农业劳动力转移开始时间较早，但较大规模的农业劳动力转移出现较晚。法国于1930年开始农业剩余劳动力转移，根据莱维勒博耶统计，1831—1841年法国农村外流人口为47.3万人，1841—1851年达到84.9万人，1851—1861年为126.5万人[3]，与当时的英国、德国相比，转移的速度慢了很多。法国进入刘易斯转折阶段之后，劳动力转移也是时断时续。有学者认为，法国的农业劳动力转移在第二次世界大战之前都是在积累的量变阶段，第二次世界大战后才发生质变[4]，虽有些夸张，但从另一个角度说明了法国第二次世界大战后劳动力转移的迅速程度。总之，法国农业劳动力转移进程延续了一个半世纪，既没有像英国那样出现向新大陆国家的移民潮，也没有出现大规模的农村人口流向城市的移民潮。第二次世界大战之前虽十分缓慢，但一直没有间断，规模和速度远低于英国和欧洲大陆的许多国家。英国在1851年已达到城乡人口均等，法国1931年才达到这一水平，比英国晚了81年。

主要原因可以归结为以下三方面：其一，推力不足，表现为根深蒂

---

① 马生祥：《法国现代化》（下册），河北人民出版社2004年版，第806页。
② Jean Pitié, *Exode rural et migrations intérieures en France. L'exemple de la Vienne et du Poitou-Charentes*, Bova Pelletier: Norois, 1971, p. 85.
③ 戴成钧：《战后法国农村人口外流加速的原因初探》，载浙江省历史学会《浙江史学论丛》（第一辑），杭州出版社2004年版，第383—395页。
④ 王章辉、黄柯可：《欧美农村劳动力的转移与城市化》，社会科学文献出版社1999年版，第184页。

固的小农经济。小农经济使广大农民被束缚在小块土地上，限制了自由劳动力的形成，向城市流动的速度比较缓慢。其二，拉力不够，表现为渐行渐缓的工业化进程。法国工业结构不尽合理，奢侈品工业有着悠久的传统，法国高级服装、装饰品、手工艺品、地毯、壁挂、手套、帽子、瓷器、珍宝、葡萄酒和白兰地等，在欧洲上流社会享有盛誉，但有能力购买这些商品的人不多，市场需求量少，难以形成规模化生产，所以英国商人们说："法国人是为少数人生产，而我们是为千百万人生产。"① 法国工业化的速度不仅落后于英国，也落后于后起的德国，法国在一个世纪里完成的变化在许多方面还不如德国1871年后40年间所经历的变化彻底。② 其三，牵制作用，表现为缓慢的人口自然增长。法国比其他周围国家更早产生自我控制人口的意识。19世纪上半叶，法国人口仅增长了29%，而英国和德国分别增长了71%和45%；1872—1911年，增长幅度更加悬殊，法国、英国和德国各为10%、42.5%、53%；1919—1935年法国人口增长几乎处于停滞状态，仅仅增长约1%，英国和德国却增长了11%和7%。总而言之，当所有其他欧洲国家在一个半世纪中人口大多都翻了一番多时，法国只增加了不到50%。具体地说，从19世纪下半叶开始，法国已经有12个省份死亡率超过出生率，1886—1891年，死亡率超过出生率的省份已达到51个。③

其次，农业劳动力转移方式从短暂的季节性向永久性转变。法国的农业劳动力转移主要分为两大阶段。

第一阶段为19世纪中期之前的短暂季节性迁移。季节性迁移是根据农忙与农闲的季节要求出现的往返农村社会的人口移动，这种社会现象在17世纪末期就已在法国出现，至19世纪上半期季节性移民才逐渐变成每年规律性的农村人口迁移运动。季节性移民通常是沿着因迁出地和迁入地双方共同需要而形成的传统路线行进。法国的移民主要从阿尔卑斯山区、中部高原、比利牛斯山区、诺曼底和布列塔尼等农业相对落

---

① Henderson, W. O., *The Industrial Revolution in Europe, Germany, France, Russia, 1815–1914*, Chicago: Quadrangle Books, 1968, p. 94.
② Ibid., p. 92.
③ 王章辉、黄柯可：《欧美农村劳动力的转移与城市化》，社会科学文献出版社1999年版，第132页。

后又缺少乡村工业的地区,向巴黎盆地和地中海平原等富裕地区移动。① 移民们像候鸟一样在农忙季节里成群结队地涌入劳动人手相对不足的地区,做播种、收割、刈草等短工,然后返回家园。第一帝国时期每年加入这一运动的不少于 20 万人,到 19 世纪中叶已增至每年至少 50 万人。② 据莱维勒布瓦耶统计,1831—1847 年乡村流动人口 47.3 万人,1852 年仅为收割而流动的季节工人已近 90 万人。③ 季节性流动这种转移方式是一种传统社会框架内的流动,在一定程度上起到稳定乡村社会、缓和社会矛盾的作用,又使农民们开阔了视野。

第二阶段为 19 世纪中期之后的长期永久性迁移。19 世纪中期之后,法国从农业社会逐渐向工业社会转型,乡村工业的衰落和农业危机的出现形成了农业剩余劳动力长期性迁移的推力;工业和日益膨胀的城市,像海绵吸水一样吸收大量农业人口;工业发展给人们提供的新机会和新前景,使农民的传统观念受到冲击,农民自我意识的逐渐加强是产生长期性迁移的主动力;19 世纪 50 年代法国进入铁轨时代,便利的交通运输条件是产生长期性迁移的客观条件。以上四大因素促使法国农业劳动力告别短暂的农业劳动力迁移方式,长期性迁移成为主要转移方式。长期性迁移是指农民迁往大中城市、中小市镇或其余富裕合适的农村地区,并在那儿长期居住下来。当时法国移入的地区主要是布列塔尼、旺代、中央省、中央高地的大部分地区、东北省、北方省和科西嘉。④ 同时,流入城市的人口成分日渐多样化、复杂化,最初只有农村中最贫穷的人,如无地农民、衰落了的乡村工业的工人、失业手工工匠等,后来农村中各种成分的人都进入了移民队伍,青年人比重逐渐增大,在 1836—1906 年 502 个外移者中就有 409 人,全部人数中的约 81% 是在 30 岁前离开的⑤;女性的移民逐渐增多,有些地方外出移民中女性甚至多于男性,占主导地位。长期永久性迁移对法国社会具有很

---

① Price, R., *A Social History of Nineteenth - Century France*, London: Hutchinson, 1987, p. 87.

② Ibid., p. 88.

③ 转引自许平《法国农村社会转型研究:19 世纪至 20 世纪初》,北京大学出版社 2001 年版,第 114 页。

④ [法]弗朗索瓦·卡龙:《现代法国经济史》,吴良健等译,商务印书馆 1991 年版,第 108 页。

⑤ 同上书,第 111 页。

重要的影响，对农村而言，商品经济渗入农村生活，冲击了农村传统思想，促进了农村文化的发展和农民政治觉悟的提高；对城市而言，促进工业发展，加速城市化进程，改变了城乡人口结构。

最后，二元经济转型呈现区域异质性。法国各地区发展极其不平衡，差异很大。一个是落后的农村法国，主要包括西部地区和中部高原；另一个是充满经济活力的法国，包括经济最发达的巴黎、北方和东北地方以及围绕几个最大城市的孤立工业集中地。1906年，当时法国有87个省，其中31个省主要以农业为主，农业劳动力占比高达50%；14个省工业人口占比加总超过了50%，即其余73个省的工人总数还不如这14个省的多。其中，塞纳省有120.94万工人，相当于全国的1/6。[1]

首都巴黎和其他外省的差距更大，长期以来的中央集权制使巴黎成为政治、经济、文化的中心，转型发展非常快，颇有点"一马当先，万马齐喑"的态势。[2] 一本旅游指南这样描绘："整个法兰西生动地体现于巴黎，浓缩于巴黎，集中于巴黎，没有任何一个国家的大都市可以被人们这样来形容……巴黎攫取了一切，吞噬了一切……"[3] 巴黎作为首都没有带动和激活全国其他地区的经济，反而抑制了外省的活力。英国则是许多城市如伦敦、利物浦、曼彻斯特、格拉斯哥等同时发展起来，德国也具有相同的情况，许多城市几乎是同时勃兴。

（三）德国二元经济转型的历史变迁及特点

1. 德国二元经济转型的历史变迁

19世纪30年代以前的德国是一个典型意义上的农业国家，1834年关税联盟的建立，标志着产业革命起步，开启了二元经济转型进程。此时的德国还未形成统一的国家。1871年德国政治上的统一为工业化提供了前提和保障，加速了转型的步伐。到产业革命结束时德国已具备较强的工业实力，1870年德国工业产值占世界工业总产值的13%[4]，超

---

[1] 王章辉、黄柯可：《欧美农村劳动力的转移与城市化》，社会科学文献出版社1999年版，第195页。
[2] 王家宝：《法国人口与社会》，中国青年出版社2005年版，第101页。
[3] 转引自王章辉、黄柯可《欧美农村劳动力的转移与城市化》，社会科学文献出版社1999年版，第110页。
[4] 姜德昌、夏景才：《资本主义现代化比较研究》，吉林人民出版社1989年版，第287页。

过法国,成为继英国、美国之后的世界第三大工业强国。工业的发展不仅使德国经济实力大大增强,而且吸收了大量农业剩余劳动力,德国农业就业比重从1843年的61%降低到1871年的51%(见图3-9),城市化率得到提高,从1850年的20%增加到1871年的36.1%(见图3-10)。德国统一后,第二次工业革命也同时启动,开始从农业国向工业国转型。第二次工业革命期间,德国重视科技创新,传统的钢铁、煤炭等行业焕发新活力,其他新兴行业跃起,德国这时出现了真正的人口流动高潮,大部分是从东北部的农业区迁往中部和西部工业区。从国内

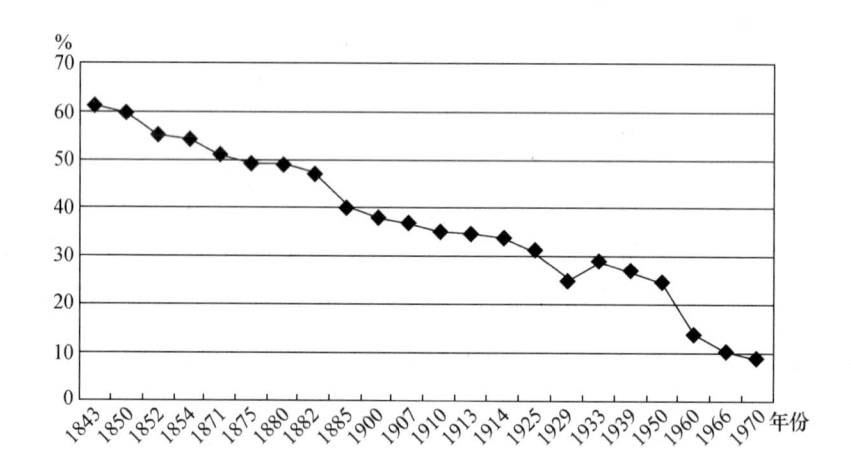

图3-9　德国农业就业比重变动轨迹(1843—1970年)

注:由于部分年份数据缺失,图中横坐标年份未做等分处理,但并不影响研究结论。

资料来源:根据以下文献整理得到:王章辉、黄柯可:《欧美农村劳动力的转移与城市化》,社会科学文献出版社1999年版;罗莹:《德国现代化进程研究》,中国市场出版社2004年版;戎殿新、司马军编:《各国农业劳动力转移问题研究》,经济日报出版社1989年版;李工真:《德意志道路——现代化进程研究》,武汉大学出版社1997年版;谭崇台:《发达国家发展初期与当今发展中国家经济发展比较研究》,武汉大学出版社2008年版;[英]M.M.波斯坦、D.C.科尔曼、彼得·马赛厄斯编:《剑桥欧洲经济史(第七卷):工业资本:资本、劳动力和企业》(上册),王春法等译,经济科学出版社2004年版。

迁移人口看,1871年人口总数为4105.9万,其中农村人口为2622万人,城市化率为36.1%,仅有5%的人口居住在10万人口以上的城市中;到1910年,已有65%以上的人口成为城市居民,而且21.3%的人

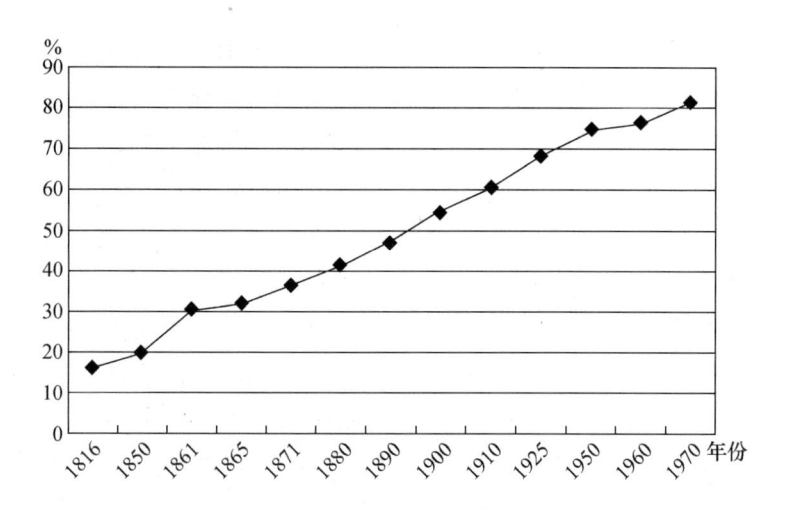

图 3-10 德国城市化率变动轨迹（1816—1970 年）

注：由于部分年份数据缺失，图中横坐标年份未做等分处理，但并不影响研究结论。

资料来源：根据以下文献整理得到：[美] 科佩尔·S. 平森：《德国近现代史》（上册），范德一译，商务印书馆1987年版；王章辉、孙娴：《工业社会的勃兴：欧美五国工业革命比较研究》，人民出版社1995年版；王章辉、黄柯可：《欧美农村劳动力的转移与城市化》，社会科学文献出版社1999年版；[英] M. M. 波斯坦、D. C. 科尔曼、彼得·马赛厄斯编：《剑桥欧洲经济史（第七卷）：工业资本：资本、劳动力和企业》（上册），王春法等译，经济科学出版社2004年版；[英] H. J. 哈巴库克、M. M. 波斯坦编：《剑桥欧洲经济史（第六卷）：工业革命及其以后的经济发展：收入、人口及技术变迁》，王春法等译，经济科学出版社2002年版；计翔翔：《近代法国城市化初探》，《世界历史》1992年第5期；姜德昌、夏景才：《资本主义现代化比较研究》，吉林人民出版社1989年版。

口生活在10万人以上的城市中。[1] 农业就业比重从1871年的51%下降到1885年的40%。从境外迁移人口看，从1835年到19世纪90年代之前，共向外迁移了437.5万人[2]，迁移人口大多是从农村地区转移出去的，减少了农业剩余劳动力的数量。这种双重力量促使德国在19世纪90年代初出现了劳动力的相对短缺，1891年德国城市人口比重高于农村人口的比重。与此同时，德国的刘易斯第一转折点来临。

德国进入刘易斯转折阶段后，劳动力不再无限供给，劳动力成本的

---

[1] Thorstein Veblen, *Imperial Germany and the Industrial Revolution*, New York: Viking Press, 1954, p. 228.

[2] 邢来顺：《近代工业化时期的德国移民问题》，《武汉大学学报》（人文科学版）2012年第2期。

上升迫使企业选择以资本代替劳动并进行技术创新，包括对传统产业的技术改造和创新，还有通过技术创新实现对电气、化学等新兴产业的开拓与发展，这段时间德国工业发展更加迅猛。据统计，1873—1913年的国民生产总值每年平均净增长 2.9%，这种增长速度超过了英国的 2.2% 和法国的 1.6%。1870—1913 年，德国的工业生产增长 4.6 倍，年平均增长率为 4%。① 1913 年德国国民生产总值是 1870 年的 4.6 倍，达到了 524.4 亿马克。德国在先进技术的基础上，建立起比较完整的工业体系，1913 年在世界工业总产值中，德国占 16%，超过了英国、法国，仅次于美国居世界第二位②，成为欧洲第一工业强国。工业发展的这把"遮阳伞"似乎挡住了农业的落后，此时，农业在德国国民经济中的地位开始下降，农业生产已经满足不了本国经济迅猛发展对原料和农产品的巨大需求。19 世纪八九十年代，德国由粮食出口国转变成粮食进口国，德国不得不对外扩张和掠夺殖民地为工业发展服务。

工业发展拉动了就业，带动了大量农业劳动力继续向城市迁移，1907 年在 42 个人口超过 10 万的大城市中，至少有 2/3 的人口是新近迁入者。③ 西部某些邦或省区的人口迅速增加起来，一批大城市迅速崛起，尤其是工矿业城市和港口城市发展较快。例如，杜塞尔多夫、多特蒙德、杜伊斯堡、莱比锡、德累斯顿、汉堡和基尔等地发展成为著名的港口城市。德国 10 万人口以上的城市从 1800 年的 2 个发展到 1850 年的 4 个，1910 年，除柏林、汉堡、慕尼黑外，科伦、莱比锡、德累斯顿等人口发展也很快，10 万人口以上的城市已经有 45 个。④ 这种拥有 10 万以上人口的大城市的数量增长速度非常快，从 1871 年的 4.8% 增长到 1910 年的 21.3%。⑤ 到 1910 年，德国有 60% 的人居住在较大的城

---

① 李仲生：《发达国家的人口变动与经济发展》，清华大学出版社 2011 年版，第 170 页。
② 李工真：《德意志道路——现代化进程研究》，武汉大学出版社 1997 年版，第 139 页。
③ [英] M. M. 波斯坦、D. C. 科尔曼、彼得·马赛厄斯编：《剑桥欧洲经济史（第七卷）：工业资本：资本、劳动力和企业》（上册），王春法等译，经济科学出版社 2004 年版，第 550 页。
④ [意] 卡洛·M. 奇波拉编：《欧洲经济史（第三卷）：工业革命》，吴良健等译，商务印书馆 1989 年版，第 24—25 页。
⑤ 邢来顺：《德国工业化经济——社会史》，湖北人民出版社 2003 年版，第 381 页。

镇或者城市，柏林有 200 多万人居住①，农业就业比重也从 1885 年的 40% 下降到 1910 年的 35%。

总之，到 1910 年，德国基本上完成了由农业国向工业国的转变，由追随国家变成了先锋国家，基本上实现了工业化，城市化也进入稳步发展状态，持续了将近一个世纪的"群体性农村劳动力向城市转移的人口流动潮在第一次世界大战爆发前告一段落"②。至此，德国达到了刘易斯第二转折点，跨越了刘易斯转折阶段。

德国的二元经济转型后期时间较长，以德国为主导策划的两次世界大战及 1929—1933 年的经济危机使德国经济遭受重创，经济上主要以军事工业为主畸形发展，农业发展缓慢，战争使劳动力人口大幅度下降，在一定程度上影响了工业和农业生产的速度，中断了二元经济转型后期的进程。

由于进入刘易斯第二转折点，再加上战争损失的人口，劳动力供不应求。第二次世界大战结束后，德国一方面不断进行技术创新提高劳动生产率，另一方面通过重视教育与培训提高劳动力素质以劳动力质量代替劳动力数量。德国在工业方面经过短暂的修复，又创造了经济奇迹，1950—1961 年，联邦德国国民生产总值的年均增长率高达 8.0%③，1959 年国民生产总值超过法国，1960 年超过英国④，又成为欧洲第一经济大国。农业逐渐走向现代化，农业就业比重从 1910 年的 34% 下降到 1970 年的 8.9%，城市化率从战前的 60% 上升到 1970 年的 81.3%，并于 1967 年人均 GDP 超过了 10000 国际元，进入发达经济体行列，至此德国二元经济转型结束。

2. 德国二元经济转型的特点

德国在二元经济转型过程中，所表现出的工业化速度快、城市化速度快、科技进步速度快"三快"的特点以及工业化、城市化与政治上

---

① Matthew Jeffries, *Imperial Culture in Germany*, 1871–1918, London: Palgrave Macmillan, 2003, p. 23.
② 王章辉、黄柯可：《欧美农村劳动力的转移与城市化》，社会科学文献出版社 1999 年版，第 167 页。
③ 戎殿新、司马军编：《各国农业劳动力转移问题研究》，经济日报出版社 1989 年版，第 166 页。
④ 高德步编：《世界经济通史（下卷）：现代经济的发展》，高等教育出版社 2005 年版，第 78 页。

统一的有机结合，为德国二元经济转型提供了有利条件。德国二元经济转型与其他国家相比，形成了自己的特点。

首先，劳动力转移方式从"近距离迁移"演化为"远距离迁移"，但仍以"近距离"为主导。德国统一之前，以"近距离迁移"为主。"近距离迁移"主要是从附近省的农村流动到邻近的小城镇，转移到城市去，或从郊区到城区。德国统一之前，因国家处于四分五裂的状态，人口流动主要是在邦内或省区内进行，或在邻区之间流动，跨越邦和省区的人口流动较少。德国统一之后，出现了"远距离迁移"，工业化迅猛发展，交通条件改善，开始出现大规模的远距离人口流动浪潮。当时德国的"远距离迁移"主要是指从东向西的大迁徙，从农业区向工业区迁移，主要细分为三大迁徙流向：从普鲁士易北河以东各省流向柏林和萨克森王国地区；从波莫瑞和梅克伦堡地区流向汉堡地区；从东部和南部等地区流向莱茵—威斯特伐利亚工业区。[①] 在这种"远距离迁移"中，著名的大城市而非中小城市，通常是人们迁徙的首选目标。大多数流动的人从事矿业开采、冶炼、机器制造、修建铁路，对鲁尔区等地区工业的振兴起到了不可低估的作用。从德国整体来看，"近距离迁移"仍然占主导地位，主要原因在于德国人的传统文化观念较为强烈，社区居民的亲近感很重，即使为了新工作也不愿意远离故土。以1907年为例，2900万流动人口中有70%是近距离流动，30%是跨越省界或州界的远距离流动。[②]

其次，农业剩余劳动力"分散型"转移，形成了较为合理均衡的城市布局。由前面的研究得知，德国农业剩余劳动力转移以"近距离迁移"为主，即转移出的劳动力大多是在家乡或者在省内附近城镇就业。伴随着工业化和城市化的推进，德国的小城镇遍布全国各地，全德范围内从南到北、从东到西，因此，德国的人口流动呈现出分散型发展的特点，中小城市在工业化进程中星罗棋布，即使有柏林、汉堡、慕尼黑等大城市，总体上德国的城市化无畸形发展之感。1890年德国10万人以上的大城市居民占总人口的比重比英国低27.72%，比美国低

[①] 邢来顺：《德国工业化时期的城市化及其特点》，《首都师范大学学报》（社会科学版）2005年第6期。

[②] 王章辉、黄柯可：《欧美农村劳动力的转移与城市化》，社会科学文献出版社1999年版，第174页。

3.4%，比法国高1%；而德国2000人以上城市的人口比美国、法国高近10%[①]，可见，德国大城市人口集中度较其他国家低。

再次，农业剩余劳动力的"集中型"转移，转移比例大，流动速度快。19世纪30年代中期，德国农业剩余劳动力人口开始流动，1865年城市化率达到32%，到1891年左右城镇化率过半，从32%到50%用了不到30年的时间，而英国用了约半个世纪（49年），美国用了约1/3个世纪（35年），法国时间最长，半个多世纪（54年）[②]。德国城市化鼎盛时期出现了"租床人"的说法，人口流动快，长久定居者少，以致流动人口在城市里租不到房子，只能租床，一张床轮流租用，可见当时人口流动的速度。1907年德国城市化鼎盛时期，"全德不到两个德国人中，就有一个人参与了不同形式的人口流动"[③]。

最后，农业转移人口跨国转移早、数量大，移民目的地相对集中。19世纪90年代前，德国是一个移民输出国家，向海外移民是一种普遍现象。90年代中期以后，德国经济的高速增长以及国家社会保障制度的建立等大大改善了德国人的生活状况，就业形势较好，出境移民的浪潮逐渐平息下来。90年代之前的海外移民将德国大量农业剩余劳动力转移到海外，缓和了国内的人口过剩。表3-3显示了德国自工业化以来人口移居海外的情况。刘易斯转折阶段之后，海外移民速度大幅度下降。德国在1881—1890年向外移民134.24万人，1891—1900年减少到52.99万人，1901—1910年降为29.76万人[④]。

从表3-3中可以看出，德国自工业革命开始，就已经开始出现移民现象，可见德国人口跨国流动较早，其间共出现三次移民潮：第一次是1846—1857年，其中1846—1855年约有110万德国人离开了德国；第二次是在1865—1873年，大约有100万人离开德国，主要移居美国；第三次移民潮是1880—1893年，吸引德国移民的国家依旧是美国，其

[①] 王章辉、黄柯可：《欧美农村劳动力的转移与城市化》，社会科学文献出版社1999年版，第173页。

[②] 计翔翔：《近代法国城市化初探》，《世界历史》1992年第5期。

[③] 萧辉英：《德国人口流动与经济发展》，《世界经济》1998年第8期。

[④] ［意］卡洛·M.奇波拉编：《欧洲经济史（第三卷）：工业革命》，吴良健等译，商务印书馆1989年版，第102页。

间共有 180 万德国人离开了德国。① 从 1846 年到第一次世界大战之前，经过三次移民高潮，共计有 500 万德国人参与了跨国流动②，据统计，1840—1910 年，全德范围内新增人口的 1/7 移居海外，有些地区这个比例高达 1/3。③

表 3-3　　　　　　德国向外移民情况（1835—1914 年）　　　　单位：千人、‰

时期	移民人数	移民率	时期	移民人数	移民率
1835—1839	94.0	3.13	1875—1879	146.4	3.57
1840—1844	110.5	3.47	1880—1884	864.3	19.01
1845—1849	308.3	9.22	1885—1889	498.4	10.41
1850—1854	728.2	21.26	1890—1894	462.2	9.21
1855—1859	372.0	10.63	1895—1899	142.5	2.65
1860—1864	225.8	6.17	1900—1904	140.8	2.44
1865—1869	542.5	14.10	1905—1909	135.7	2.19
1870—1874	484.7	11.85	1910—1914	104.4	1.58

资料来源：邢来顺：《近代工业化时期的德国移民问题》，《武汉大学学报》（人文科学版）2012 年第 2 期。

农业地区始终是德国向海外移民的主要来源地。尤其是德国统一之后，来自德国东北部的移民实际上已成为德国向海外移民的主要来源，其次为德国西南部和西北部的移民。④ 从移民目的地来看（见表 3-4），除较少数选择移民澳大利亚之外，都选择了美洲地区，美洲又以移居美国为主，1881—1900 年，移居美国的比例超过了 90%。

---

① 王章辉、黄柯可：《欧美农村劳动力的转移与城市化》，社会科学文献出版社 1999 年版，第 174—177 页。
② 萧辉英：《德国人口流动与经济发展》，《世界经济》1998 年第 8 期。
③ 王章辉、黄柯可：《欧美农村劳动力的转移与城市化》，社会科学文献出版社 1999 年版，第 175 页。
④ 邢来顺：《近代工业化时期的德国移民问题》，《武汉大学学报》（人文科学版）2012 年第 2 期。

表3-4　　　　德国海外移民去向情况（1847—1914年）

时段	德国移民人数（千人）	移民美国的比例（%）	移民加拿大的比例（%）	移民巴西的比例（%）	移民阿根廷的比例（%）	移民澳大利亚的比例（%）
1847—1860	816.9	84.6	4.8	2.2	—	2.9
1861—1880	1402.4	87.8	1.9	2.6	0.2	1.7
1881—1900	1872.5	90.1	1.2	2.1	1.1	0.6
1901—1914	358.5	86.7	2.2	1.3	2.6	0.8

资料来源：邢来顺：《近代工业化时期的德国移民问题》，《武汉大学学报》（人文科学版）2012年第2期。

从以上对德国海外移民的主要来源、移民的时间和数量的分析，可以看到，德国在1840—1910年堪称是"欧洲大陆第一大移民输出国"[1]。德国学界将这一时期的海外移民称为"德国社会矛盾输出"[2]，大量的农业劳动力移居海外大大缓解了德国转型期的各种社会矛盾，加速了德国二元经济转型的步伐。

第二节　后起工业化国家和地区二元经济转型的历史考察

后起工业化国家和地区中，日本是亚洲最早开始二元经济转型的国家，也是该区域内最早完成二元经济转型进入发达经济体的国家。韩国与中国台湾启动二元经济转型的时间基本相同，均发生在第二次世界大战之后，两地均是在较短的时间内实现"压缩式"转型，创造了经济奇迹，为后来者提供了宝贵的经验。

一　后起工业化国家和地区刘易斯转折阶段的判断

（一）日本刘易斯转折阶段判断

日本从1872年到第二次世界大战前，农业部门的劳动力长期处于

---

[1] 王章辉、黄柯可：《欧美农村劳动力的转移与城市化》，社会科学文献出版社1999年版，第175页。
[2] 萧辉英：《德国人口学研究》，《中国人口科学》1998年第2期。

稳定均衡状态，由此推断日本的刘易斯转折阶段应在第二次世界大战后出现。根据米切尔（2002）的统计，梳理出日本 1930—1970 年农业部门实际工资数据，如图 3-11 所示。日本农业实际工资指数在第二次世界大战结束前后出现了短暂的波动，这主要由战争引发的通货膨胀和粮食危机所致，20 世纪 50 年代初一直呈现出上升的趋势，直到 50 年代中期，恢复到历史高位，并呈缓慢上升态势，根据南亮进准则三，日本刘易斯第一转折点出现。20 世纪 60 年代初农业实际工资指数出现快速上升的趋势，说明日本的刘易斯第二转折点已经到来。日本学者南亮进（Minami, 1973）根据非资本主义部门工资与劳动边际生产力的比较、非资本主义部门工资和边际生产力之间的相关关系、非资本主义部门实际工资的动向、工资差别的变化、非资本主义部门对资本主义部门劳动供给的弹性五个方面的判别标准，通过极具说服力的方法和深入细致的数据处理，得出日本刘易斯第二转折点出现在 20 世纪 60 年代初。综上分析，日本的刘易斯转折阶段非常短，大致从 20 世纪 50 年代中期到 60 年代初。

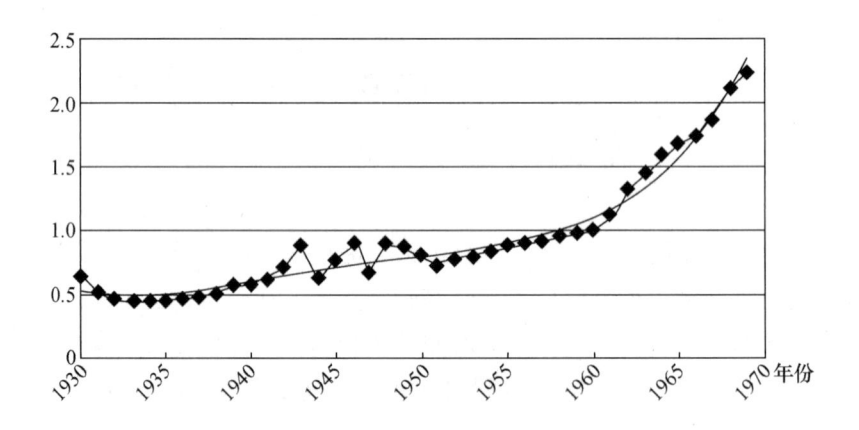

图 3-11　日本农业部门实际工资指数变动轨迹（1930—1970 年）

资料来源：[英] B. R. 米切尔编：《帕尔格雷夫世界历史统计：亚洲、非洲和大洋洲卷（1750—1993）》（第三版），贺立平译，经济科学出版社 2002 年版，第 138—140、981—984 页。

（二）韩国刘易斯转折阶段判断

韩国从 1963 年进入经济快速增长期，农业剩余劳动力开始大规模向城市工业转移，由此推断韩国的刘易斯转折阶段应出现在这个时点之后。费景汉和拉尼斯（1975）通过考察开放经济条件下韩国经济增长与就业问题，认为韩国的刘易斯转折点发生在1966—1967年。梅森等（1980）认为，20世纪60年代中期之后，韩国就不再是劳动力过剩的经济了。换言之，韩国在60年代中期之后劳动力开始出现短缺的状况。Bai（1982）根据韩国的农业边际劳动生产率和农业实际工资率的变动趋势、不同部门的就业人数变化、劳动供给弹性、熟练与非熟练劳动力的工资变化等，对韩国急剧变化的劳动力市场进行论证，得出韩国在20世纪60年代中后期劳动力市场经历了刘易斯转折变化。本书通过对韩国农业实际工资及农户实际收入的变动情况考察其劳动力市场的结构变化。

根据米切尔（2002）的统计，梳理出1958—1991年韩国农业部门实际工资指数的数据，如图3-12所示。韩国农业实际工资指数从20世纪60年代中后期出现缓慢上升的趋势，根据南亮进准则三，韩国刘易斯第一转折点出现。20世纪70年代中后期农业实际工资指数出现快速上升的趋势，说明韩国的刘易斯第二转折点已经到来。

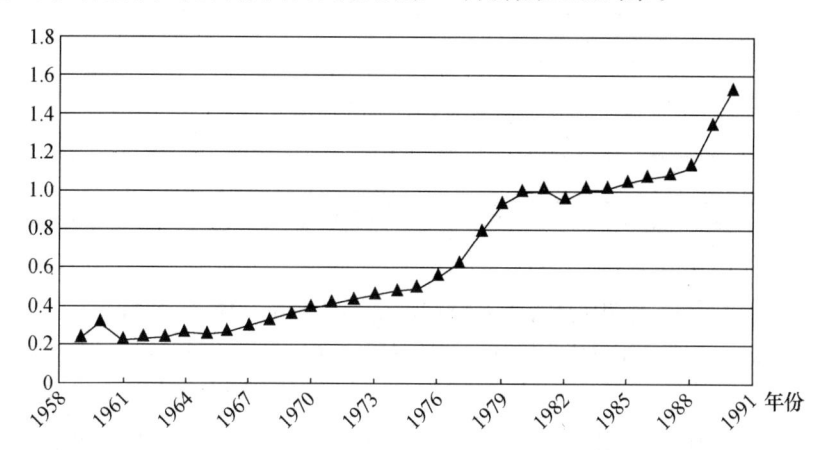

图3-12　韩国农业部门实际工资指数变动轨迹（1958—1991年）

资料来源：［英］B.R.米切尔编：《帕尔格雷夫世界历史统计：亚洲、非洲和大洋洲卷（1750—1993）》（第三版），贺立平译，经济科学出版社2002年版，第138—140、981—984页。

从韩国每户农户的实际收入分析，当时的农户收入无非是务农收入和外出兼业工资之和，而兼业主要是在非熟练部门工作，因此利用这个指标能够大体反映当时韩国农业部门的工资状况。从图3-13中可以看出，韩国每户农户的实际收入从1965年的21.6604万韩元增加到1968年的22.7105万韩元，之后有所提升，尤其是1970年之后上升更快，1974年上升到35.0389万韩元，因此，农户的收入水平也在此期间出现转折点，进一步验证了刘易斯第一转折点出现的时间。从整个社会的工资水平分析，1960年工资实际下降了0.7%，但1969年工资增速提高到34.2%，达到20世纪60年代的最高值。70年代韩国工资增速年均25.2%，高于60年代7.5个百分点，高于80年代10.9个百分点，韩国在20世纪70年代经历了工资快速上涨。[1] 综上所述，可以推断韩国在20世纪60年代中后期越过了刘易斯第一转折点。

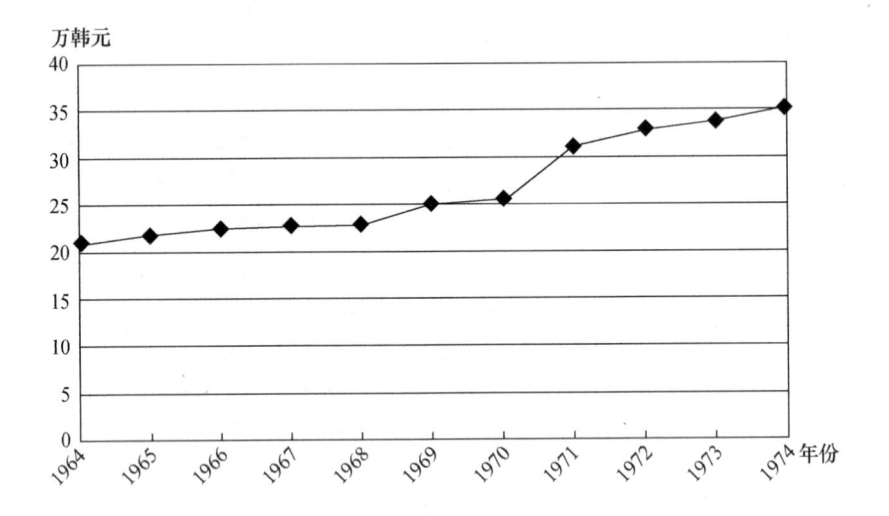

图3-13 韩国每户农户的实际收入的变动情况（1964—1974年）

资料来源：张世和编：《战后南朝鲜经济》，中国社会科学出版社1983年版，第80页。

通过韩国农业实际工资指数初步判断，韩国的刘易斯第二转折点出现在20世纪70年代后期。宋丙洛（1994）认为，韩国在1977年劳动力转移完毕，农业机械化在农村普及，实际工资迅速增加，经济发展跨越了刘易斯转折点。王诚（2005）则认为，转折点出现在20世纪80年代初。韩国在20世纪80年代初开始从资本密集型产业向技术密集型

---

[1] 金三林：《刘易斯转折阶段劳动力成本变动的国际经验借鉴》（下），《中国经济时报》2012年4月20日。

产业升级，从侧面验证了劳动力市场紧缺的状态。因此可以粗略地认为，韩国刘易斯第二转折点出现在20世纪80年代初。综上所述，韩国刘易斯转折阶段是从20世纪60年代中后期到80年代初。

（三）中国台湾刘易斯转折阶段判断

目前，学术界大多数学者认为，中国台湾刘易斯转折点发生在20世纪60年代中后期。部分学者混淆了刘易斯第一转折点、第二转折点的划分标准，因此有必要进行重新整理加以澄清，并根据现有文献，对中国台湾的刘易斯转折阶段做出判断。

根据日本学者陈俊勋（1985）的研究，第二次世界大战后中国台湾农业部门的实际工资在1968年之后出现了急剧上升的倾向；而且根据对中国台湾当时经济景气周期波动进行的研究，1966年以后的实际工资上升趋势与经济景气波动没有关系，说明从20世纪60年代后半期开始，中国台湾的劳动力市场已经出现劳动力不足的状态。陈俊勋还通过对农业劳动边际生产力和农业实际工资的关系、劳动力市场的供求平衡等的分析，进一步证实了结论。李月（2008）发现，中国台湾雇用农业的劳动工资出现先平稳后上升的趋势，在20世纪60年代后半期上升速度较快，由此认为，中国台湾于20世纪60年代中后期迎来刘易斯第一转折点，他通过劳动力转移及收入差距等方法证明了自己得出的结论。费景汉和拉尼斯（1975）在考察开放经济条件下中国台湾经济增长与就业问题的基础上，认为中国台湾的刘易斯转折点发生在1964—1965年。于宗先、王金利（2009）从失业率的角度考察人口供求状况，得出中国台湾的失业率在1965年左右开始大幅下降，1967年降低到2%以下的结论。换言之，20世纪60年代中期之后，在中国台湾，每个想要工作的劳动者基本上都很容易找到工作。刘志成（2014）认为，中国台湾地区刘易斯转折点是在20世纪80年代。

根据上述学者的研究，对中国台湾刘易斯转折点处于20世纪60年代中后期的判断主要从农业实际工资上升这个标准出发，结合其他标准，如农业的劳动边际生产力和农业实际工资的关系等进行粗略分析，而这些标准并不能证明中国台湾在20世纪60年代中后期达到了刘易斯第二转折点，只能证明中国台湾在该时段进入了刘易斯转折阶段，跨越了刘易斯第一转折点。从劳动力供求实际情况考察，1970—1980年中国台湾地区处于充分就业的状态①，结构性劳动力短缺现象较为严重，最缺乏的劳动力类型为年轻、未婚与低生育水平的妇女劳工，1980年之后由劳动力结构性恶化转为普遍劳力短缺。②再从制造业的实际薪资增长率考察，1950—1964年增长率为4.3%，1965—1973年为5.9%，1974—1983年为6.1%，1984—1989年增长到8.8%。③由此可见，劳动力实际工资上涨速度的变化体现出了中国台湾劳动力市场由无限供给到劳动力局部不足再到全面不足的趋势。笔者认为，20世纪80年代中国台湾出现劳动力供给的全面不足是对刘易斯第二转折点的暗示。综上分析，可粗略判断，中国台湾刘易斯转折阶段处于20世纪60年代后半期到80年代初期。

二　后起工业化国家和地区二元经济转型的历史变迁

（一）日本二元经济转型的历史变迁

日本是亚洲最早开始二元经济转型的国家，也是该区域内最早完成二元经济转型进入发达经济体的国家。1868年以前，日本是以小农经济为主体的封建社会，明治维新改革为日本经济向近代工业化发展奠定了政治基础，通过学习西方，"脱亚入欧"，改革落后的封建制度，走上了发展资本主义的道路。日本政府实施社会经济组织改革，形成了适应现代经济发展的资本主义经济制度和体制，建立社会间接资本，引进近代科学技术，经过了20年左右的酝酿和准备，于19世纪80年代中后期启动了工业化进程和近代经济增长的序幕，从此开启了二元经济转型历程。

1. 日本二元经济转型初期的发展

明治维新期间，日本实施"殖产兴业"等一系列经济体制改革，以纤维工业和食品工业等轻工业为中心的近代工业化兴起，铁路、矿山、机械制造、交通通信等部门在国家扶持下得到发展，工业化得到了迅速发展，农村的年轻劳动力纷纷流向城市寻找就业机会。1872年日本农业就业比重高达72.6%，二元经济转型初期该比重达到了67.9%，

---

① 于宗先、王金利：《台湾人口变动与经济发展》，联经事业出版有限公司2009年版，第97页。

② 吴惠林：《台湾地区的劳力短缺问题研究》，人口变动与经济社会发展研讨会，1990年，第105—134页。

③ 同上书，第81页。

第一次世界大战之前1913年降到58%（见图3-14）。第一次世界大战时期，日本经济发展迅速，进一步加速了劳动力的转移，到1920年农业就业比重降低到53.6%。同时，农业剩余人口的转移也带动了城市化发展，1886—1920年，10万人以上大城市人口约增加490万，年平均增加14万，而1920—1935年增加1000多万，年平均增加73万。[1]城市化率从1920年的18.1%增加到1935年的32.9%（见图3-15），1936年农业就业人数仍有1474.2万人，占比仍达到46%。这一时期，流入城市的劳动力一部分进入中小企业甚至城市的近代化大企业，而绝大多数则为"杂业层"所吸收。[2] 这段时间，日本农业劳动力转移非常缓慢，农业就业人口1872年为2137.1万人，1936年为1474.2万人，仅减少了662.9万人，农业部门的劳动力形成了"稳定结构"。这一方面与日本农村中传统的"长子继承家业"制度有关，另一方面农村土地的小农经营也制约了一部分劳动力转移。

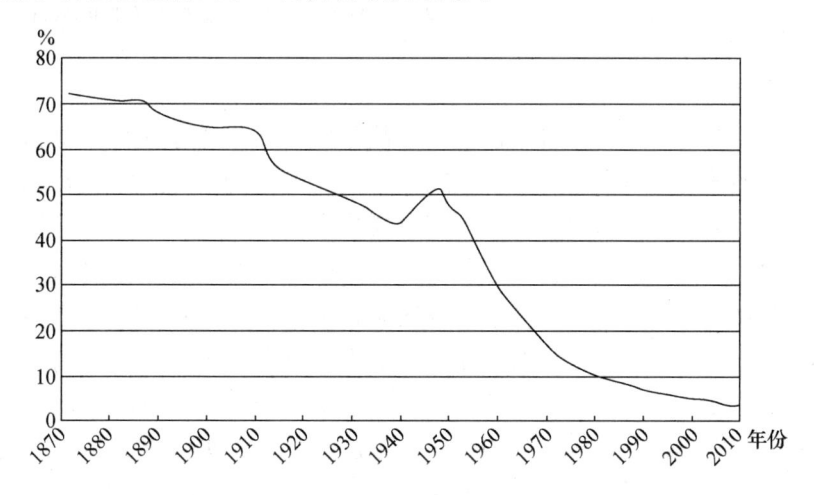

图3-14 日本农业就业比重变动轨迹（1872—2010年）

资料来源：1980年之前数据来源于戎殿新、司马军编《各国农业劳动力转移问题研究》，经济日报出版社1989年版；[日]安藤良雄编《近代日本经济史要览》，东京大学出版社1979年版；伊文成、马家骏编《明治维新史》，辽宁教育出版社1987年版；张季风《日本经济概论》，中国社会科学出版社2009年版；王瑰生、赵军山编《战后日本经济社会统计》，航空工业出版社1988年版。1980年及其之后数据来源于世界银行WDI数据库。

---

[1] 张季风：《战前日本农村剩余劳动力的转移及特点》，《日本学刊》2002年第3期。
[2] 同上。

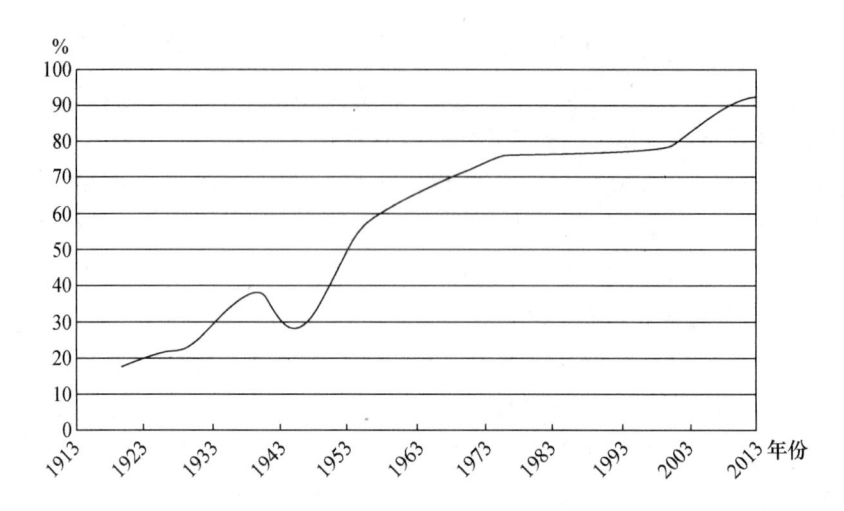

图 3-15 日本城市化率变动轨迹（1920—2013 年）

资料来源：1960 年之前数据来源于 [日] 南亮进《经济发展的转折点：日本经验》，关权译，社会科学文献出版社 2008 年版，第 22 页；1960 年及其之后数据来源于世界银行 WDI 数据库。

第二次世界大战期间，日本为了战争大力发展军事工业，据统计，1937 年日本重工业和化学工业占整个工业产值的比重达到 54.8%，对劳动力的需求较少，到第二次世界大战结束劳动力流动一直处于停滞阶段。战争期间，大量青壮年男劳动力由于军事需要一度大量外流，结束时又返回农村，加之当时城市经济崩溃、城市生活水平下降，使一些非农劳动力为了解决住宅和粮食等问题纷纷返回农村务农。

相对于第二次世界大战前，农业就业比重在 1947 年增加到 51.6%，比 1936 年增加了将近 6 个百分点。第二次世界大战结束后，日本政府立即开展经济恢复和重建工作，城市中非农产业的恢复得到进一步发展。当时欧美国家将劳动密集型产业向国外转移，高度依赖国际市场的日本根据当时在国际分工中的比较优势承接了这类产业，1946 年纺织工业成为整个制造业的中心，其比重占制造业生产额的 23.9%，1951 年增加到 29.02%，食品产业的比重达到了 15.68%。[1] 同期，制造业中劳动密集型产业占 52.25%，1955 年增加到 55.3%。[2] 大力发展

---

[1] 薛敬孝、白雪洁：《当代日本产业结构研究》，天津人民出版社 2002 年版，第 32 页。
[2] 张季风：《日本经济概论》，中国社会科学出版社 2009 年版，第 214 页。

劳动密集型产业带动了农业剩余劳动力大规模向工业转移，1947—1955年日本农业就业人口每年减少21.3万人，1955年农业就业人口总数为1611.1万人①，占41%，城市化率也从1940年的37.90%增加到1955年的56.30%。日本劳动力市场发出警号，农业劳动力工资开始上升，无限剩余劳动力开始变得短缺，日本的刘易斯第一转折点到来。

2. 日本刘易斯转折阶段的发展

日本在第二次世界大战前经历了长期的经济发展，基础较好，第二次世界大战后经短暂的修复，1955年进入高速增长期，工业产值比重从1955年的34.9%增长到1960年的41.7%。日本的刘易斯转折阶段大约经历了五年，通过一系列制度安排日本实现了跨越式的转型发展。

其一，产业结构从劳动密集型向资本密集型升级。刘易斯转折阶段的到来标志着日本农业劳动力从无限供给转为短缺，劳动密集型产业发展的比较优势丧失，同时韩国、中国台湾、马来西亚等国家和地区的劳动力优势逐渐显现，若继续发展只能增加成本，难以转变为竞争优势。于是，日本1957年颁布《新长期经济计划》，主要经济政策是以重化学工业为中心，实现产业结构的高级化、农业生产结构的现代化等，该计划巩固了通过重化学工业来促进经济增长的路线。同时，日本经济进入高速增长时期，历经了神武景气（1954—1957年）和岩户景气（1958—1961年），经济恢复之后大规模的设备投资带动了对机械、钢铁、水泥等生产资料的需求，也扩大了电力需求。日本在刘易斯转折阶段着重发展以钢铁、化学、机械为主的重工业来代替以纤维、食品和香烟为主的轻工业，产业结构从劳动密集型向资本密集型占主导转型升级。

其二，农业政策目标从粮食增产向提高农业生产率转变。第二次世界大战后的"农地改革"以小农经营和手工劳动为特点，其目的是推进农业生产结构升级，鼓励增加粮食生产。随着农业劳动力从无限供给转为短缺以及贸易自由化，美国廉价农产品涌入日本市场。日本政府于1956年颁布了《新农业建设综合对策纲要》，提出农业政策要从粮食增产转变为扩大畜牧和蔬菜水果生产，并要求以提高农业生产率为中心对

---

① 戎殿新、司马军编：《各国农业劳动力转移问题研究》，经济日报出版社1989年版，第147页。

农业进行技术改造。5年间,农业综合生产指数从69%上升到76.4%,农业劳动生产率从24.8%上升到31.9%。农业机械化方面不断加强,其中机动耕耘机增加了435台,机动喷雾机增加了156台。[1] 同时,日本注重农业保护,对生产者实行补贴政策,利用国际贸易优势不断稳定国内市场的农产品的供给平衡。

其三,积极推进城乡一体化。积极推进城市化,合并村镇,新建城市,促进农业剩余劳动力内部转移。日本政府于1955年出台《町村合并促进法》,采取合并村镇的方式建立新城市,同时将部分工业向小城镇延伸转移,提高了工业化和城市化水平。这一政策的实施,不仅有利于就地吸收农业转移人口,解决人地矛盾,加强城乡的统规统建及有机结合,而且有利于城乡要素有序流动,促进了日本城乡一体化。1950—1975年日本町村数量由10411个减少到3257个,城市数量则由214个增加到641个[2],同期城市化率从37.5%上升到75.72%,翻了约一番。

其四,更加重视教育发展。进入刘易斯转折阶段,劳动力数量变得有限,需要提高劳动力质量以代替劳动力数量。日本教育发展较早,国民素质较高。1947年日本政府颁布了《基本教育法》和《学校教育法》,进一步延长了义务教育的年限。在刘易斯转折阶段,日本更加重视教育发展,教育投入明显增多。1957年日本第一次把教育训练内容纳入当年制定的《新长期经济计划》,1958年出台《职业教育法》,日本公共教育费用占国民收入和国家行政费的比率分别在5%和20%以上,较20世纪50年代上半期有较大增长。

刘易斯转折阶段的5年间,日本劳动力从农业向工业转移了187.4万人,平均每年转移37.48万人[3],农业劳动力比重从41%降为30%,城市化率从56.3%增加到63.3%,主要向以东京、大阪、名古屋为中心的三大城市圈集中,东京市区人口1960年已经达到831万人,成为世界上最大的城市。[4] 这一时期劳动力转移以异地转移为主,即农业劳

---

[1] [日] 桥本寿朗、长谷川信、宫岛英昭等:《现代日本经济》,戴晓芙译,上海财经大学出版社2001年版,第111页。

[2] 李瑞芬、何美丽、郭爱云:《农村劳动力转移:形势与对策》,中国农业出版社2006年版,第95页。

[3] 根据戎殿新、司马军编《各国农业劳动力转移问题研究》(经济日报出版社1989年版)第148页计算整理得到。

[4] 李仲生:《发达国家的人口变动与经济发展》,清华大学出版社2011年版,第120页。

动力转入非农产业就业时，其家庭也随之离开农村，从而基本上割断了与农业和农村的直接联系。

3. 日本二元经济转型后期发展

日本在二元经济转型后期，采取一系列有效的制度安排促进转型发展。

首先，从产业结构看，从资本密集型向知识、技术密集型升级。日本进入刘易斯转折阶段后，将产业重点放在资本密集型产业上，1960年资本密集型产业占制造业产值比重超过了50%，在重工业和化学工业中，钢铁、石油化工等"材料型"制造业的发展更为迅速，成为高速增长的原动力，"材料型"制造业的价低质优的供给能力与国民收入的增长，又促进了汽车、电机等"加工组装型"制造业的发展。第一次石油危机后，产业结构由过去的"重厚长大"向"轻薄短小"转变，工业化发展的重点从基础材料型产业向汽车、机械、电子加工等组装型产业转移，向节能型、技术密集型和高附加值型产业转变，淘汰高耗能的产业，尽可能减少能源消耗，特别是减少对石油的依赖。通过自主研发，发展技术密集型产业。

其次，从转型的两大部门看，注重推进农业现代化，保护农民合法权益。日本二元经济转型后期重视农业发展，1961年颁布《农业基本法》，消除了1952年《农地法》对土地占有和流动的严格限制，开始改善农业经营结构，扩大农业经营规模，鼓励农户和农民"脱农"向非农产业转移，推动农业现代化。日本政府制定《农业现代化资金筹措法》，由国家补贴利息，向农户提供长期的低息贷款，为促进农业现代化提供必要的资金支持。通过推进农业机械化，日本农业机械化迅速普及，提高了农业生产率，减少了农业部门对劳动力的需求。日本在工业化过程中重视对农民土地权益的保护，大多采取高价赎买政策，日本工业化过程中没有发生"失地农民"这一群体，相反，出售土地后的农民依靠手中的原始资金，投资城市房地产，经营中小企业，生活优裕稳定。国家在基础设施方面也向农村倾斜，在给农民提供便利的同时，建设大量的工程为农民提供就业机会，增加了农民收入。1970年日本政府出台了《过疏地域对策紧急措置法》，进一步利用土地和财政措施扶持农村地区，这样就防止了农村人口过度流向城市。

再次，从收入分配看，更加注重缩小收入差距。1961年实行《国民收入倍增计划》，日本政府引入了最低工资制，扩展社会保障，完善养老保险金，提高健康保险付给率；增加公共投资，20世纪60年代初平均每年增加25%左右；1961年开始每年在个人收入调节税和企业税上共减税1000亿日元，同时降低利息、扶植公债和公司债市场；政府也制定新立法以增加农业从事者的收入，协助中小企业推进设备现代化与专业化生产，提高劳动生产力。1960—1973年，日本人均实际国民收入甚至增加了两倍，失业率也保持在1.1%—1.3%的低水平。[①] 为了缓解城乡收入差距，日本政府采取措施促进农民增收，把粮价与城市居民的收入增长进行联动，如果城市居民收入增长10%，政府从农民手中收购粮食的价格也随之上涨10%。从社会保障制度来看，1961年日本开始实行国民养老金制度，医疗保险实现了"全民皆保险"的目标，也在一定程度上缩小了日本的收入差距。

最后，缓解通货膨胀。日本刘易斯转折阶段后，出现通货膨胀，20世纪60年代的平均CPI大幅上涨至5.6%，而1956—1960年仅为1.5%，1980—1990年为2.05%。[②] 日本采取了一系列措施：其一，控制货币供应量，20世纪60年代中期，其M_2增长率逐年下降，从1963年的24%下降到1967年的12.14%[③]；其二，实施平衡预算的财政政策，60年代后期多数年份财政支出增速低于财政收入增速，保持财政盈余；其三，1962年实行"日银贷款限额制度"和窗口指导等行政手段控制货币与信贷；其四，通过颁布《畜产品价格安定法》（1961）、《大豆油菜籽交付金暂定措施法》（1961）、《农产品价格安定法》（1965）、《加工原料乳生产者补助金等暂定措施法》（1965）等一系列稳定物价的法律和法令，建立了直接价格管制、安定价格制度、交付金制度在内的较为完整的价格管理体系。通过多方面的价格调控，通货膨胀控制在政府和居民可以接受的范围之内，并没有对经济增长产生大的负面影响。

日本通过一系列的制度安排促进转型发展，经济增长率连年递增，

[①] 章玉贵：《中国经济何以有效增长与协调发展》，新华网（http://news.xinhuanet.com/fortune/2015-11/01/c_128381315.htm），2015年11月1日。

[②] 刘志成：《刘易斯转折期的通胀及其治理——日本、韩国和中国台湾的经验及启示》，《经济学家》2014年第5期。

[③] 同上。

在 20 世纪 60 年代和 70 年代初期，年均增长率为 9.8%，被称为日本经济发展的"黄金时期"。① 1968 年日本国民生产总值超过德国，成为仅次于美国的第二大经济体，1973 年进入中等收入国家行列②，工业发展迅速，农业大规模采用机械化等设备，农业现代化深入开展。工业的拉力与农业的推力使日本的劳动力人口向城市转移进入高潮期，1961—1965 年流向以东京、大阪、名古屋为中心的三大城市圈的人口增加 315 万人，占人口总增加数的 57%。从工业分布看，人口向重工业和化学工业集中的太平洋沿岸集中。1960—1975 年，日本农业就业人数每年减少 45.61 万人③，农业就业比重从 1960 年的 30% 降低到 1975 年的 12.7%。受石油危机的影响，日本经济开始进入低速增长阶段，产业发展停滞，农业劳动力转移进入低速时期，劳动力市场趋于稳定，1980 年农业就业比重降低到 10.4%。

二元经济转型后期，日本农业劳动力转移的主要形式区别于刘易斯转折阶段的异地转移型，大多数为农外兼业，尤其是以通勤兼业为主，即转移的农业劳动力不放弃土地，仍然从事农业劳动，成为兼业农民。从表 3-5 中可以看出，农业就业人数中以农业为主的从业者从 1960 年的 82.3% 下降到 1985 年的 54.7%，同期内以农业为辅的从业者从 17.7% 增加到 45.3%，农户总数中兼业农户的比重从 65.7% 增加到 85.6%，第二种兼业户④的比例较高，从 1970 年的 50.8% 上升到 1985 年的 67.8%。随着城市工业的扩散和农村工业的发展，"通勤兼业型"农户迅速增加，1960 年仅占 27%，1970 年高达 60.6%，1980 年上升到 79.1%，1989 年为 82.6%。⑤

---

① 徐崇温：《当代资本主义新变化》，重庆出版社 2006 年版，第 158 页。
② 吴白乙编：《拉丁美洲和加勒比发展报告（2010—2011）》，社会科学文献出版社 2011 年版，第 6 页。
③ 根据戎殿新、司马军编《各国农业劳动力转移问题研究》（经济日报出版社 1989 年版）第 148 页计算得出。
④ 所谓"第二种兼业户"是指从事农业外劳动为主，农业为辅，并以非农业收入为主要生活来源的兼业农户。
⑤ 张季风：《战后日本农村剩余劳动力转移及其特点》，《日本学刊》2003 年第 2 期。

表3-5　　　　　　　　日本农业劳动力兼业化情况

项目	1960年	1970年	1980年	1985年
农业就业人数（万人）	1439.0	1015.0	610.0	542.0
以农业为主业者比例（%）	82.3	66.3	55.6	54.7
以农业为辅业者比例（%）	17.7	33.7	44.4	45.3
农户总数（万户）	606.0	543.0	466.0	438.0
专业农户比例（%）	34.3	15.5	13.3	14.4
兼业农户比例（%）	65.7	84.5	86.7	85.6
第一种兼业户（%）	33.7	33.7	21.5	17.8
第二种兼业户（%）	32.0	50.8	65.2	67.8

资料来源：根据张季风《战后日本农村剩余劳动力转移及其特点》，《日本学刊》2003年第2期整理而得。

20世纪80年代日本经济出现了"平成大型景气"，经济再度出现发展的高峰期，1985年日本人均GDP超过1.1万美元，达到11464.24美元[①]，进入高收入经济体行列，成为发达国家[②]，同年农业就业比重为8.8%，城市化率达到76.8%，这意味着日本已经完成了农业剩余劳动力的转移任务，至此二元经济结构转型完成。

（二）韩国二元经济转型的历史变迁

作为当今世界的重要经济体和中国的东亚邻邦，韩国于20世纪50年代初进入二元经济发展阶段，仅用30多年的时间就走过了西方发达国家100多年的经济发展历程，由一个经济落后的农业国成功转型为现代工业化国家，由异质的二元经济成功转型为同质的一元经济，不仅创造了"汉江奇迹"，而且成为"东亚奇迹"的领头军，1995年跨越了"中等收入陷阱"，进入发达国家行列。

---

① 根据IMF数据库整理。
② 吴白乙编：《拉丁美洲和加勒比发展报告（2010—2011）》，社会科学文献出版社2011年版，第6页。

1. 韩国二元经济转型初期发展

第二次世界大战之前，韩国受日本的殖民统治长达36年，处于殖民地半封建社会。1945年独立后，由于长期受殖民掠夺和战争的影响，韩国是一个国土狭小、资源贫乏、资金短缺、工业基础薄弱的农业小国。20世纪50年代初期，朝鲜战争爆发，韩国经济受到严重破坏，直接经济损失达30亿美元。[①] 1953年战争结束后，在美国的援助和扶持下，韩国恢复和发展经济，工业化得到初步发展，进入了二元经济发展阶段。1953—1961年，美国和联合国为韩国提供了23亿美元的无偿经济援助。韩国为了发展经济，实施进口替代工业化发展战略。在关税壁垒的保护下，运用优惠政策保护和促进消费品工业的发展，面粉、纺织、制糖"三白工业"及水泥、玻璃等部门取得较快发展。1953—1960年，韩国经济每年平均增长5.1%。[②] 工农两大部门非均衡发展，工业恢复较为迅速，1953—1960年主要以传统的纤维产业和食品加工工业为主，年平均增长率为10.8%[③]，为后续的高速增长奠定了基础；农业实行了农地改革，消除了寄生地主制度，但仍以个体农业为基础，经营很分散，严重落后于工业发展。城乡发展极其不均衡，80%的农民连温饱都成问题，可见20世纪60年代之前的韩国在经济上是非常落后的，到1962年人均GDP仅为104美元[④]，农业增加值占国民生产总值的43%[⑤]，农业劳动力占比高达63%（见图3-16），在工业化带动下，比1950年降低了11.1%，城市化率从1955年的24.4%增加到1962年的29.46%（见图3-17）。总体来看，20世纪60年代之前韩国的城乡二元经济结构非常突出。

[①] 李仲生：《发展中国家的人口增加与经济发展》，世界图书出版公司2012年版，第168页。

[②] 张世和编：《战后南朝鲜经济》，中国社会科学出版社1983年版，第28页。

[③] 同上。

[④] 吴白乙编：《拉丁美洲和加勒比发展报告（2010—2011）》，社会科学文献出版社2011年版，第6页。

[⑤] 王世玲：《借鉴韩国新村运动经验，4万亿打造中国新农村》，http://finance.people.com.cn/GB/3867825.html，2005年11月18日。

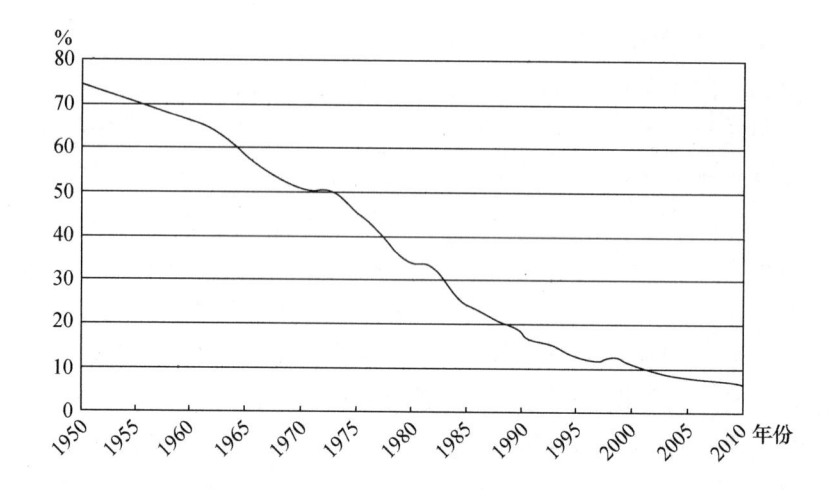

图 3-16　韩国农业就业比重变动轨迹（1950—2010 年）

资料来源：1980 年之前数据来源于陈龙山、张玉山、贲贵春《韩国经济发展论》，社会科学文献出版社 1997 年版；Bai Moo - ki, "The Turning Point in the Korean Economy", *The Developing Economies*, Vol. 20, No. 20, 1982, pp. 117 - 140；戎殿新、司马军编：《各国农业劳动力转移问题研究》，经济日报出版社 1989 年版。1980 年及其之后数据来源于世界银行 WDI 数据库。

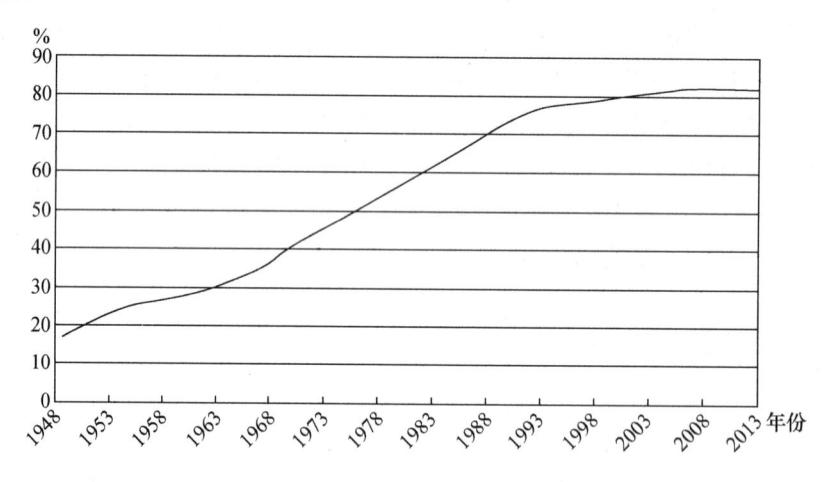

图 3-17　韩国城市化率变动轨迹（1949—2013 年）

资料来源：1960 年之前数据来源于［韩］宋丙洛《韩国经济的崛起》，张胜纪、吴壮译，商务印书馆 1994 年版，第 34 页；1960 年及其之后数据来源于世界银行 WDI 数据库。

20 世纪 60 年代初，韩国工业化发展战略从"进口替代"转向"出口导向"。针对本国劳动力充足、成本低的比较优势，主要引进偏向劳动的中低档技术，发展以轻纺工业为主的劳动密集型产业，工业化发展战略从"进口替代"转向"出口导向"，首尔—釜山铁路沿线中心城市成为劳动密集型出口创汇产业的重要基地，出口产品主要是纺织、服装、玩具、假发、胶合板、食品等。受出口导向工业化发展模式的驱动，韩国不仅实现了工业的增长，也带动了其他产业的发展，以轻纺工业品为主体的外向型工业化得到了迅速发展。同时，韩国破除了财阀垄断和经济的僵化体制，中小企业特别是劳动密集型企业得到了发展的充分空间，政府先后采取了经济优先、企业第一的新政策，更是有力地促进了劳动密集型产业的新发展。1963—1973 年韩国 GDP 增长率达到 10.7%[1]，其中 1967—1971 年工业部门平均增长率高达 21.4%。[2] 农村剩余劳动力逐渐被工业部门吸收，再加上农业生产率低下，城乡收入的差距加速了农村劳动力的转移和城市化进程，大量的农村人口进入城市成为产业工人，据统计，1960—1965 年韩国离农劳动力共 11.5 万人，平均每年 3.8 万人，1966—1970 年离农劳动力更多一些，达到了 33 万人，平均每年 6.6 万人[3]，城市人口逐渐增加，失业率从 20 世纪 60 年代初的 8.2% 持续下降至 70 年代初的 4.5%。[4] 工农业产值比重发生了巨大的变化，农业产值比重从 1962 年的 43% 降低到 1970 年的 27.52%，而工业产值在 1970 年达到了 24.48%，大约增长了 10 个百分点。农业就业比重从 1963 年的 63.1% 降低到 1970 年的 50.4%，降低了近 13 个百分点，同期城镇化率从 30.41% 增加到 40.7%，增加了约 10 个百分点。这时，农业剩余劳动力的大规模转移使韩国的劳动力市场发出了警示，无限供给的劳动力开始变得短缺，从此韩国进入了新的发展阶段。

2. 韩国刘易斯转折阶段发展

20 世纪 60 年代中后期，韩国进入刘易斯转折阶段，劳动力的供给出

---

[1] Kuznets, P. W., "An East Asian Model of Economic Development: Japan, Taiwan, and South Korea", *Economic Development and Cultural Change*, Vol. 36, No. 3, 1988, pp. 11 – 43.

[2] 李仲生：《发展中国家的人口增加与经济发展》，世界图书出版公司 2012 年版，第 168 页。

[3] 戎殿新、司马军编：《各国农业劳动力转移问题研究》，经济日报出版社 1989 年版，第 364 页。

[4] Fields, G. S., "Employment, Income Distribution and Economic Growth in Seven Small Open Economies", *The Economic Journal*, Vol. 94, No. 373, 1984, pp. 74 – 83.

现不足,韩国采取了相关制度以适应和应对劳动力成本的持续较快上升。

首先,通过大力发展教育,以劳动力质量代替劳动力数量。20世纪70年代初,韩国制定了"教育立国,科技兴邦"的发展战略,推行"巩固初等义务教育、普及中等教育、提高高等教育、加强职业技术教育"的方针,国家加大在教育财政上的倾斜力度,并在1971年公布了《地方教育财政交付金法》,以保障地方教育财政的稳定。同时,注重职业教育的发展,为培养技术人才打下了基础。

其次,鉴于劳动力数量的减少和利用发达国家资本密集型重化工业向新兴发展中国家转移的有利时机,70年代初韩国加大科技投入,从国外引进先进技术,主要用于发展钢铁、机械、电子、汽车和石油等重化工业,产业结构从劳动密集型产业逐渐向资本密集型产业升级,形成了以釜山为中心的东南沿海经济发展的增长极。

再次,韩国政府推出了"新村运动",提倡"勤俭、自助、合作"的精神,改善农村生活状况,提高农村居民收入,扩大农村劳动力的就业途径,缓解城乡二元经济结构。

最后,采取措施治理通货膨胀。在产业结构调整、金融改革等措施基础上,一方面,注意调节货币供应量来稳定物价,特别注意控制货币供应量的超经济发行,韩国的货币供应量年增长率由1972—1976年的34%下降到1977—1981年的21%[1],同时下调利率,压缩政府的财政支出,提高银行利率,并控制工资的上升幅度;另一方面,制定《旨在稳定国民生活的总统紧急措施》(1974)、《综合安定物价政策》(1974)、《调拨基本法》(1976)、《农水产品流通及价格稳定法》(1976)和《关于稳定物价与公平交易法》(1979)等一系列控制物价和通胀的法律法规加强价格管理。

从20世纪60年代末到80年代初,韩国度过了艰难的刘易斯转折阶段,1977年人均GDP超过3800美元,进入中等收入阶段。1969—1979年有550万人离开农村流入城市。[2]农业就业比重下降速度非常快,从1971年的50.4%降至1980年的34%,同期城镇化率从42.26%

---

[1] 金三林:《刘易斯转折阶段劳动力成本变动的国际经验借鉴》(下),《中国经济时报》2012年4月20日。

[2] 吴建光:《农村劳动力就业与农业技术选择——战后韩国、台湾和日本经验分析》,《亚太经济》1992年第6期。

增加到57.72%，吸收农业劳动力最多的是大城市，尤其是首尔，1980年仅首尔、釜山、大丘和仁川四大城市的人口数量就占韩国总人口的37.9%，其中首尔占22.3%；1985年四大城市的人口比重达到了41%，其中首尔为23.8%。[1]

3. 韩国二元经济转型后期发展

二元经济转型后期，韩国加快产业结构升级，从发展资源、资金密集型产业向技术密集型产业转变。20世纪90年代初，在实施"科技立国"基础上进入以创新驱动为主的发展阶段，以高技术含量、高附加值的高新技术产业为重点。建立劳动力市场制度，健全社会保障制度，合理调节收入分配结构。1988年韩国人均GDP超过了3800美元，进入上中等收入国家行列，1995年韩国人均GDP跨越了11000美元，达到了12403.86美元[2]，成功跨越"中等收入陷阱"，迈向高收入国家行列。农业就业比重从1980年的34%下降到1995年的12.34%，同期城市化率从58.41%上升到78.24%，1995年农业产值比重仅为5.82%，工业产值比重达到38.38%，失业率从1980年的5.2%降低到1990年的2.4%。[3] 可见，韩国在工业化、城市化快速推进的过程中，于20世纪90年代中期实现城乡经济协调发展和城乡居民收入的同步提高，较短的时间内成功地完成了二元经济向一元化经济的转型。

(三) 中国台湾二元经济转型的历史变迁

第二次世界大战之前的50年，中国台湾一直被日本占领，当时日本实行"工业日本、农业台湾"的殖民地政策，第二次世界大战结束后，中国台湾摆脱了日本的殖民统治，形成了以农业为主的经济形态，农业就业人口和农业产值比重较大。经过币制改革、土地改革等经济恢复举措，1952年中国台湾经济基本上恢复到了第二次世界大战前的最高水平，经济开始在新的历史起点上运行，工业上实行进口替代工业化发展战略，进入二元经济发展阶段，1994年进入高收入经济体行列。

---

[1] 戎殿新、司马军编：《各国农业劳动力转移问题研究》，经济日报出版社1989年版，第369页。

[2] 根据IMF数据库得到。

[3] Fields, G. S., "Changing Labor Market Conditions and Economic Development in Hong Kong, the Republic of Korea, Singapore, and Taiwan, China", *The World Bank Economic Review*, Vol. 8, No. 3, 1994, pp. 395–414.

中国台湾地区二元经济转型发展历程与韩国较为相似，在较短的时间内实现了"压缩式"成功转型：工农协调发展，城乡均衡发展，增长与公平同时兼容。这为后来者提供了宝贵的经验。

1. 中国台湾二元经济转型初期发展

第二次世界大战之后，中国台湾地区虽然经历了短暂恢复，但生产力与人均收入水平仍很低下，经济结构畸形，制造业薄弱，农业部门结构单一，地区发展不平衡，大量人口和劳动力分布在农村。20世纪50年代初，中国台湾人均地区生产总值仅为213美元。[①] 1953年开始执行第一个四年计划，确定"以农业培养工业，以工业发展农业"的经济发展方针。1962年之前，工业主要采取进口替代发展策略，重点发展食品、纺织、塑料、肥料、造纸等产业，取得很大进展，工业产值比重从1953年的17.7%增长到1961年的25%（见图3-18），同期工业就业比重从17.6%上升到20.9%（见图3-19）。

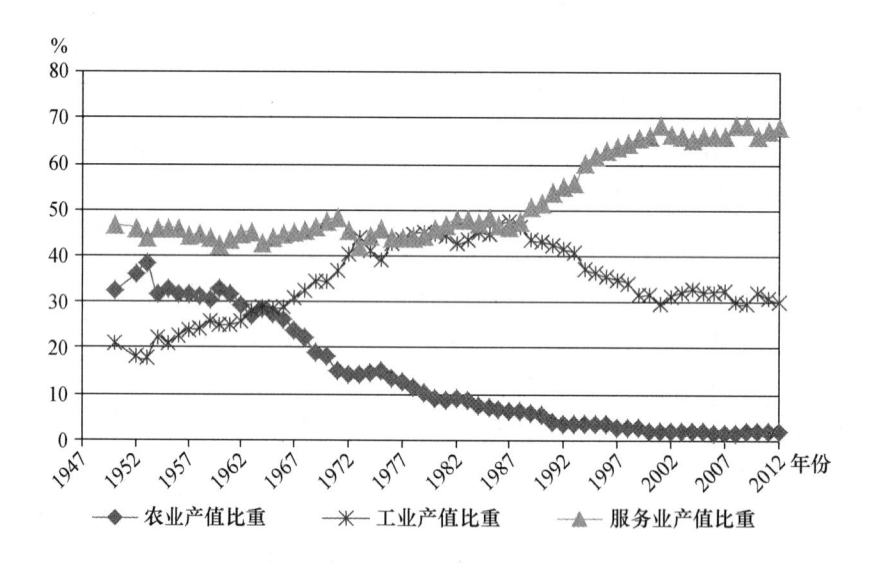

图3-18　中国台湾地区三大产业产值比重演变的历史轨迹（1948—2012年）

资料来源：1950—1993年数据根据李家泉《台湾经济概览》（中国财政经济出版社1995年版）和中国台湾行政主管部门统计资料整理而得；1994—1998年数据根据《中国统计年鉴（2000)》得到；1998年之后数据根据亚太经合组织（APEC）数据库整理得到。

[①]《2010台湾经济发展历程与策略》，http://www.cepd.gov.tw/att/00175 08/0017508。

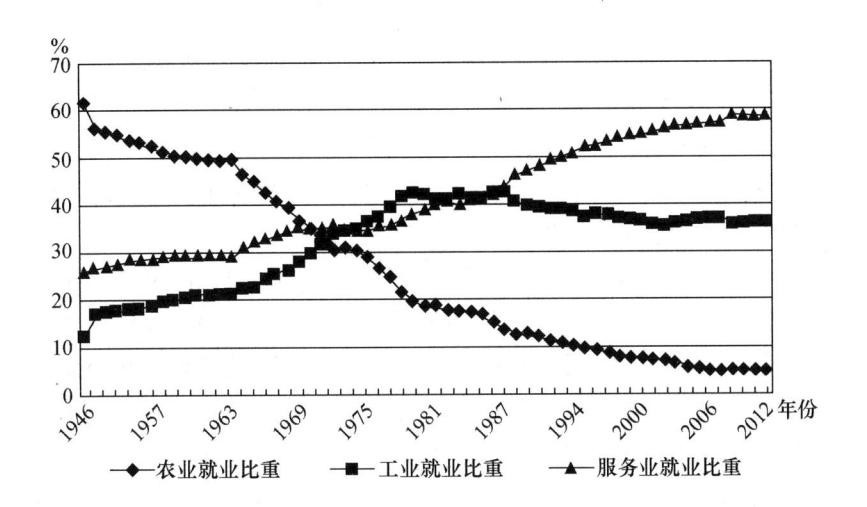

图 3-19　中国台湾三大产业就业比重演变的历史轨迹（1946—2012 年）

注：由于部分年份数据缺失，图中横坐标年份未做等分处理，但并不影响研究结论。

资料来源：2001 年之前数据来源于中国台湾行政主管部门的统计资料；戎殿新、司马军编《各国农业劳动力转移问题研究》，经济日报出版社 1989 年版；《中国统计年鉴》；亚洲开发银行（ADB）数据库。2001 年及其之后数据来源于亚太经合组织（APEC）数据库。

由于岛内市场狭小，市场很快趋于饱和，同时出现了失业、贸易不顺等问题，1963 年中国台湾当局转向出口导向的工业化发展战略，主要发展以劳动密集型为主导的轻工业，既包括纺织、食品等传统产业，也包括家用电器、机车、玩具等新兴工业，到 1968 年，工业产值比重达到了 32.5%。从农业部门来看，第二次世界大战之后中国台湾经过了"耕者有其田"的农地改革，极大调动了农民的积极性，农业生产获得较快发展，农业生产总值从 1953 年的 103.9 亿新台币增至 1968 年的 488.8 亿新台币，谷物稻米产量从 164.2 万吨增加到 251.8 万吨，农业生产率平均增长 5.5%。[1] 农业发展不仅保证了充足的粮食供应，而且为工业部门赚取外汇、提供原料等，促进了工业部门发展。这一时期中国台湾的二元经济处于和谐发展阶段，1953—1962 年地区生产总值的平均增长率为 6.9%，1963—1972 年达到了 10.1%，制造业增长率在 20% 以上。[2] 以劳动密集型产业为主的制造业发展吸引了农业剩余劳

---

[1] 贺涛等：《台湾经济发展轨迹》，中国经济出版社 2009 年版，第 19 页。

[2] 李仲生：《发展中国家的人口增长与经济发展》，世界图书出版公司 2012 年版，第 169 页。

动力向城市迁移,1953—1964年农业部门向非农部门转移剩余劳动力达19.8万人[①],1961—1970年中国台湾乡村人口净迁出率达17.4%,每年大约有10万人由农村迁往城市。[②] 农业就业比重出现了大幅下降,从1953年的55.6%降到1968年的40.8%,降低了14.8个百分点,而同期工业就业比重从17.6%增加到25.4%(见图3-19)。

大规模劳动力转移带动了城市化人口的增加,1950年中国台湾5万人以上的主要城市仅有9个,1961年增至34个,到1971年达到了67个,而且在1970年首次出现了人口百万以上的大型城市[③],城市化率从1950年的24.1%增加到1970年的55%(见图3-20),增长了30.9个百分点。从20世纪50年代初到60年代中后期,中国台湾农业剩余劳动力的大规模非农化转移使中国台湾的劳动力市场发出了警示,

图3-20 中国台湾城市化率演变的历史轨迹(1947—2012年)

资料来源:1974年之前数据来源于赵玉榕《台湾农业劳动力流动浅析》,《台湾研究集刊》1987年第3期;邵秦《略谈台湾城市人口与城镇化特点》,《社会学研究》1986年第5期。1974年及其之后数据来源于历年中国台湾《都市及区域统计汇编》。

[①] 于宗先、王金利:《台湾人口变动与经济发展》,联经事业出版有限公司2009年版,第102页。

[②] 韩俊:《台湾农业劳动力转移问题探析》,《台湾研究集刊》1988年第4期。

[③] 汤韵:《台湾城市化发展及其动力研究:基于空间计量经济学的实证分析》,浙江大学出版社2011年版,第35页。

无限供给的劳动力开始变得短缺,从此中国台湾进入新的发展阶段。

2. 中国台湾刘易斯转折阶段发展

进入刘易斯转折阶段,劳动力的供给出现不足,中国台湾采取了相关制度安排以适应和应对劳动力成本的持续较快上升。

其一,转换经济发展战略。劳动力成本优势的下降导致劳动密集型产业失去了国际竞争力,影响了中国台湾的经济增长。1973年中国台湾开展了"十大建设"计划,包括交通基础设施建设、核能发电厂建设、重化工业建设等计划,增强经济发展后劲。根据相关研究,"十大建设"对经济增长的贡献率从1973年的5%增长到1975年的20.8%,到1978年仍达到9.4%。[1]

其二,产业结构从劳动密集型向资本密集型升级。这一时期,岛内工资水平明显上升,劳动密集型产业的比较优势逐渐丧失,政府采取产业干预政策,将重心转向战略性工业,调整产业结构,推动第二次进口替代与出口扩张,采取奖励投资条例,奖励资本市场并鼓励资本密集型工业发展,对属于资本密集型或技术密集型而获利较为延迟的生产事业(如石化工业与重工业)免税1—4年,同时吸引外资投入该类事业。1974年,中国台湾制造业中重化工业的比重达到了50.5%[2],超过轻工业占比,成功地实现了产业结构升级。

其三,更加重视农业发展。刘易斯转折阶段的到来使中国台湾地区由"农业支持工业"向"工业反哺农业"的阶段转变。中国台湾行政主管部门于1969年推出"农业政策检讨纲要",开始对农业政策进行调整。1970年3月,通过"现阶段农村经济建设纲领",1972年宣布"加速农村建设重要措施",努力把农业政策的目标从过去的"压挤"转化为"平衡"。中国台湾对农业的政策从过去的促进工业发展向提高农民收入转变,通过实行农产品关税壁垒、对农产品实行价格支持与财政转移支付支援,对农业进行价格支持和保护。1978年开始第二次土地改革,以此来保护优良农田,实现农地规模化经营,提高农业效益。

其四,大力发展教育。随着劳动力短缺信号的出现,中国台湾大力发展教育,以劳动力质量代替劳动力数量。1968年将义务教育年限从6

---

[1] 中国台湾"经建会":《十项重要建设评估》,1979年,第5页。
[2] 李宏硕:《当代台湾经济研究论丛》,山西经济出版社1993年版,第355页。

年延长到 9 年，即国民小学 6 年和国民中学 3 年；注重职业教育发展，成立"工业职业训练协会"和"青辅会"，实施"双轨的人力开发制度"，1970 年对职业院校调整学校的招生规模，将正规教育与职业技术教育学生人数比例由 6∶4 调整为 5∶5，到 1980 年调整到 3∶7，同时着手在中等教育课程中大幅度加强职业性教育，1972 年比例高达 52% 的中学生接受职业教育，强调对其数字能力和解决一般问题能力的培养，以适应变革中的工业环境①；大力培养理科人才，以适应经济结构与产业升级需要。

其五，实施城市均衡发展战略与分散化转移政策。随着人口流动大规模向城市转移，中国台湾地区为缓解"大城市病"现象，实行劳动力转移的分散化，发展农村工业，引导劳动力向城镇转移。中国台湾主要在城市郊区、中型城市和农村剩余劳动力充裕地区开发工业用地与设置工业区，使农村剩余劳动力实现在中小城市和农村就近就业，此举既促进中小城市和农村地区发展，又避免人口向大城市过度集中。20 世纪 70 年代提出设置"生活区"和"地方生活圈"，以地方中心和普通市镇为代表的中小城市成为各种服务的主要提供地，并成为城市体系的主体。以 20 世纪 60 年代中期为分界，之前中国台湾地区的农业劳动力主要是流入台北、高雄、台中、台南和基隆五大城市，之后农业劳动力转移的主要载体为接近大城市的中等县辖市和工商业较为发达、交通较为便捷的中心镇。②

中国台湾通过一系列的制度安排促进了转型发展，平稳度过了艰难的刘易斯转折阶段。这一时期农业劳动力向非农部门转移的方式主要是以通勤方式在农村小城镇或村庄从事临时性或固定性非农工作，完全脱离农业者甚少。农户兼业化现象非常突出，与日本和韩国较为相似，1960—1980 年，专业农户由 47.6% 下降到 10.2%，兼业农户由 52.1% 上升到 89.8%，其中以农业为副业的兼业农户由 22.5% 上升到 55.4%。③ 据统计，1965—1973 年，农村劳动力共转移 84.2 万人，

---

① [美] 费景汉、古斯塔夫·拉尼斯：《增长和发展：演进观点》，洪银兴等译，商务印书馆 2004 年版，第 461 页。
② 韩俊：《台湾农业劳动力转移问题探析》，《台湾研究集刊》1988 年第 4 期。
③ 同上。

1974—1983年转移74.3万人。① 从农业劳动力外流率看，1969—1973年，每年平均在5%以上，1973年达到了7.56%，有12.28万人流出农村，同年，农业劳动力的绝对值开始减少②，工业就业人口比重达到33.7%，超过农业就业人口。劳动力转移进一步推动了城市化的发展，城市化率从1970年的55%增长到1980年的70.3%，同期5万以上人口的城市数量从57个增加到74个，百万人口规模的城市从1个增加到2个。③

3. 中国台湾二元经济转型后期发展

跨越了刘易斯转折阶段，1986年中国台湾人均地区生产总值超过了3800美元，进入上中等收入经济体行列，通过一系列制度安排跨越转型障碍。

其一，产业结构从资本密集型向知识、技术密集型升级。通过制定"奖励高级技术投资"政策（1980），建立信息工业研究院与新竹科学园区（1980），制订"科学技术发展计划"（1979）和"台湾科学技术发展十年长程规划"（1986—1995），促进"十大新兴产业"，即资信、通信、半导体、消费电子、精密器械与自动化、航太、高级材料、特用化学品与制药、医疗保健与污染防治工业的发展，加速科学研究与开发。

其二，加强教育、培训与招募高级科技人员的计划。1983年中国台湾制订了延长以职业教育为主的教育实施计划，要求学生在九年义务教育后，必须再经过2—3年的专业职业技术教育，以培养技术专业人才。

其三，采取多种措施应对通胀。减少货币供应量，银行存款准备金率从2%上调到4%，再贴现率从4.5%提升到5.5%，存款利率从0.25%上调到3%④；开放岛内市场，加速贸易自由化，遏制物价上涨，使岛内的通胀水平保持在5%以下。

---

① 于宗先、王金利：《台湾人口变动与经济发展》，联经出版事业有限公司2009年版，第102页。

② 赵玉榕：《台湾农业劳动力流动浅析》，《台湾研究集刊》1987年第3期。

③ 汤韵：《台湾城市化发展及其动力研究：基于空间计量经济学的实证分析》，浙江大学出版社2011年版，第35页。

④ 刘志成：《刘易斯转折期的通胀及其治理——日本、韩国和中国台湾的经验及启示》，《经济学家》2014年第5期。

其四，农业方面，在第二次土改的基础上，通过制订"提高农民所得加强农村建设方案"（1978）、"农业发展条例修正案"（1980）、"第二阶段农地改革方案"（1981）、"台湾核心农民八万农业建设大军培养辅导计划"（1983）等措施促进农地规模化经营，提高机械化率和农业效益。20世纪80年代末，岛内基本实现了农业现代化。[①] 二元经济转型后期，农业劳动力转移缓慢，农业人口外流率降低，农业就业比重从1980年的19.5%下降到1994年的10.9%，同期城镇化率从70.3%上升到81%。1994年中国台湾人均地区生产总值跨越了11000美元，达到11932.17美元[②]，成功跨越了"中等收入陷阱"，迈向高收入经济体行列。此时，工业产值比重为36.0%，农业产值比重仅为3.6%，而服务业产值比重超过60%。可见，中国台湾在工业化、城市化、农业现代化快速推进的过程中，成功实现了二元经济向一元经济的转型。

第三节　拉美国家二元经济转型的历史与现实考察

拉美国家目前均处于二元经济转型过程中，巴西于1822年实现独立，1888年建立联邦共和国，同时开启二元经济转型进程，经过一个多世纪的转型发展，如今已步入二元经济转型后期发展阶段；墨西哥于1821年独立，直到1876年建立专制独裁统治，实现政治稳定，正式开启了二元经济转型进程，目前正处于刘易斯转折阶段。

一　拉美国家二元经济转型进程的判断

（一）巴西二元经济转型进程判断

1. 巴西刘易斯第一转折点的判断

本书基于南亮进准则四——非熟练劳动力和熟练劳动力之间的工资差别作为标准判断巴西刘易斯第一转折点出现阶段。在短缺点之前，由于劳动力无限供给，工农两大部门均为制度工资水平，工资差别相对稳

[①] 杨殿闯、李伟伟：《台湾工业化、城镇化加速时期农业政策调整的经验与特点》，《世界农业》2013年第12期。

[②] 根据IMF相关数据库得到。

定；在短缺点到来后，由于农业剩余劳动力由无限供给转变为有限供给，非农部门要吸引劳动力必须增加工资，工资差别会拉大，商业化点到来之前差距趋于缩小，若工资差别变动趋势再次处于稳定状态，则说明商业化点已经到来。根据巴西的国情，城市中非正规部门与正规部门并存，非熟练工人大多集中在非正规部门工作，而正规部门聚集着大量熟练劳动力。因此，从城市正规部门的平均工资与非正规部门的平均工资的差距可判断巴西的刘易斯转折点出现的时段。从图3-21可以看出，巴西的城市正规部门与非正规部门的平均工资水平之比在20世纪90年代中期出现了最大值，说明在这段时间之前出现了刘易斯第一转折点，而2004年后两种工资水平的差距出现下降趋势，但未趋于稳定，图3-21显示，巴西刘易斯第二转折点至少在2008年之前还未到来。

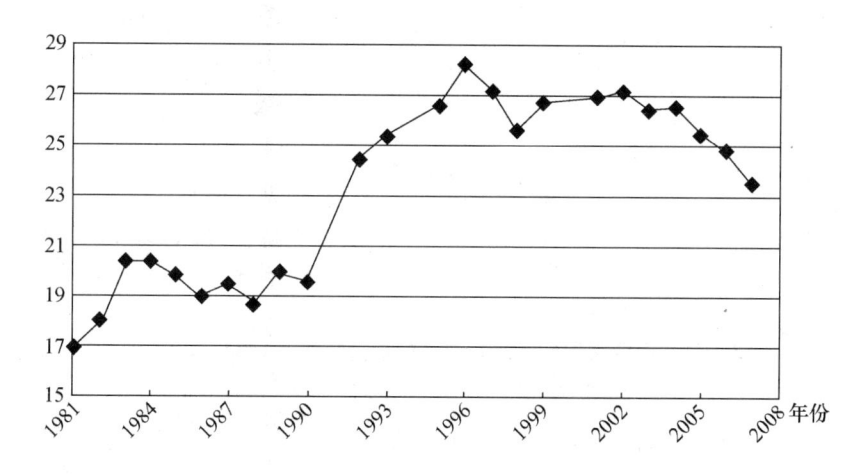

图3-21 巴西城市正规部门与非正规部门的平均工资水平之比的变动情况（1981—2008年）

资料来源：郑秉文：《拉丁美洲的城市化：经验与教训》，当代世界出版社2011年版，第133页。

本章再根据南亮进准则三——非熟练工人实际工资的动向做出进一步判断。巴西作为发展中国家中农业现代化发展较好的国家，土地较为集中，农业发展需要的劳动力极为有限，因此很多农业剩余劳动力被排挤到城市，从事非正规就业岗位。根据巴西国情，在劳动力无限供给时期，非熟练工人一般在城市中所获得的工资较低，若城市的最低工资开始提高了，我们姑且可以认为非熟练工人的工资将会有所提高。由于搜集资料的局限性,以城市实际最低工资来代表非熟练工人的实际工资。根据梳理出来的巴西实际最低工资指数趋势图(见图3-22)可以看出,巴西于20世纪90年代初最低实际工资开始上升,并且增长速度非常快,1992年的最低实际工资指数只有76.5,而到2013年达到了202.7。非熟练工人一般在城市从事制造业、建筑业和其他零售业,所受教育年限比较短,且具有很强的替代性。我们以受教育年限为0—5年的劳动人员在城市的实际工资率代表非熟练工人的实际工资,从图3-23可以看到,自1990年开始一直呈现上升的趋势。因此,可以初步判断,巴西刘易斯第一转折点出现在20世纪90年代初。

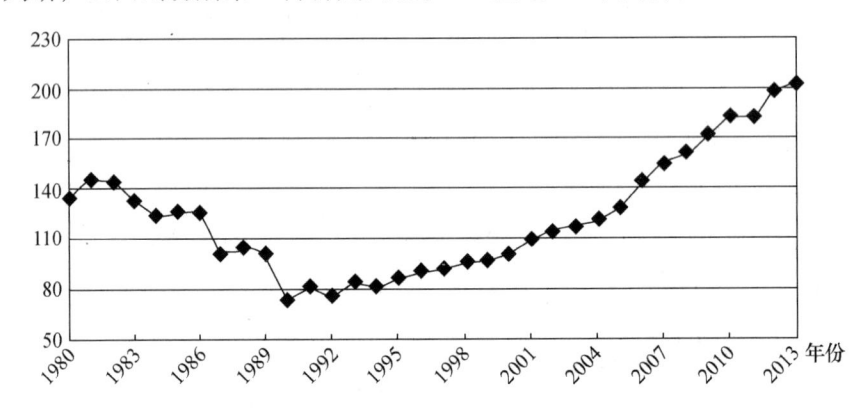

图3-22 巴西实际最低工资指数的演变轨迹(1980—2013年)
资料来源:根据拉美经委会数据库(ECLAC)整理。

通过收入分配的演变趋势做进一步验证。美国经济学家库兹涅茨(Kuznets,1955)认为,在前工业文明向工业文明过渡的过程中收入分配差距呈现倒U形曲线,二元经济转型过程也就是一个国家从前工业文明向工业文明过渡的历史过程。就分析方法来说,库兹涅茨的论证与刘易斯二元经济结构模型的两个部门理论在本质上是一致的,因此,从理论上刘易斯转折点与库兹涅茨的倒U形曲线的拐点应出现在同一时期。[1] 用基尼系数代表巴西的收入分配情况,从图3-24可以看出,巴西收入分配的倒U形拐点发生在1990年年初,1950年巴西的基尼系数只有0.36[2],1960—1990年由0.5上升到0.64左右,1990年以后收入分配差

---

[1] 张桂文、孙亚南:《二元经济转型中收入分配的演变》,《中国人口科学》2013年第5期。
[2] 郑秉文:《拉丁美洲的城市化:经验与教训》,当代世界出版社2011年版,第112页。

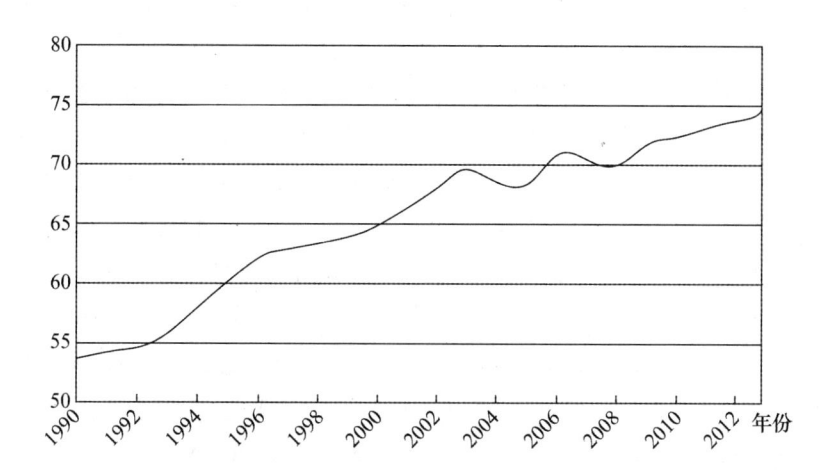

图 3 - 23　巴西城市工资率（教育年限 0—5 年）的演变轨迹（1990—2013 年）
资料来源：根据拉美经委会（ECLAC）数据库整理。

距呈缩小趋势，2012 年基尼系数下降到 0.527。从图 3 - 24 中看出巴西基尼系数的倒 U 形拐点出现在 20 世纪 90 年代初，也从侧面证明了巴西于 20 世纪 90 年代初进入刘易斯转折阶段。

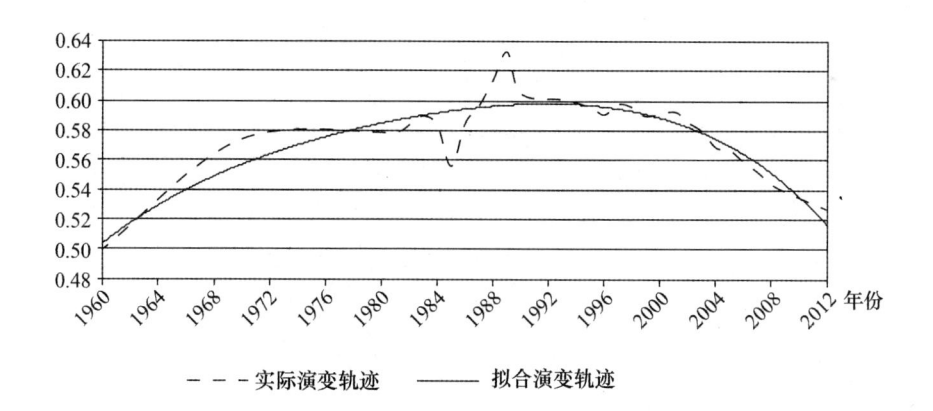

- - - 实际演变轨迹　——— 拟合演变轨迹

图 3 - 24　巴西基尼系数的演变轨迹（1960—2012 年）
资料来源：根据以下文献资料整理得到：世界银行 WDI 数据库；江时学编：《拉丁美洲和加勒比发展报告（2004—2005）》，社会科学文献出版社 2005 年版；[英] 维克托·布尔默 - 托马斯等：《独立以来拉丁美洲的经济发展》，张凡等译，中国经济出版社 2000 年版；Williamson, J. G., "Five Centuries of Latin American Income Inequality", *Journal of Iberian and Latin American Economic History* (Second Series), Vol. 28, No. 2, 2010, pp. 227 - 252。

2. 巴西刘易斯第二转折点已经到来

巴西自进入刘易斯转折阶段，经过了 20 多年的转型发展，在前十年的时间里，一直被外债和通货膨胀所困扰，经济发展陷入停滞；21 世纪以来，卢拉政府采取稳健务实的经济政策，鼓励生产性投资和工农业发展，关注社会问题，巴西经济实现强劲复苏，罗塞夫总统在卢拉的基础上继续采取措施，缩小收入差距，二元经济结构得到改善，走上了稳定发展之路。巴西于 1995 年人均 GDP 步入"上中等收入"阶段后，自 2011 年起突破 1 万美元大关，到 2014 年人均 GDP 已达 11384 美元（按现价美元计算）。目前，很多学者认为巴西已经摆脱了"中等收入陷阱"，进入发达国家行列（李放等，2013），但根据世界银行对发达国家的划分标准，巴西仍属于中高等收入国家，距发达国家还需三四年的时间。从产业结构来考察，巴西已接近发达国家水平，服务业的产值和就业比重均在 50% 以上，农牧业已基本实现现代化，农业劳动力非农化转移速度大大下降，农业就业比重在 2011 年已在 15% 左右。城市化率自 1999 年超过 80%，一直维持在较高的发展水平，2011—2014 年连续 4 年维持在 85% 的比例上，巴西的农业劳动力转移已将近完成。

综合巴西人均 GDP、产业结构和劳动力转移的情况，大致可判断巴西目前已经达到刘易斯第二转折点，完成刘易斯转折阶段。

（二）墨西哥二元经济转型进程判断

基于南亮进准则三——非熟练工人实际工资的动向可以判断墨西哥刘易斯第一转折点。非熟练工人一般在城市从事制造业、建筑业和其他零售业，所受教育年限较短，且具有很强的替代性。以墨西哥受教育年限为 0—5 年的劳动者在城市的实际工资率代表非熟练工人的实际工资，从图 3 - 25 可以看出，墨西哥的城市工资率（教育年限 0—5 年）从 1989—2000 年一直处于震荡波动的状态，2000 年之后开始呈现上升的趋势。从城市工资率看，受非熟练劳动力工资上涨的推动，城市工资率在 21 世纪初开始上涨，并且上升趋势非常明显。因此，可以初步判断墨西哥刘易斯第一转折点出现在 21 世纪初。

对一国收入分配差距倒 U 形曲线的拐点与刘易斯转折点出现在同一时期的情况作进一步验证，用基尼系数代表墨西哥的收入分配情况，见图 3 - 26。首先观察墨西哥的全国基尼系数，1984—2012 年收入分配倒 U 形拐点出现在 2000 年左右，而从墨西哥的农村基尼系数来看，也呈现倒

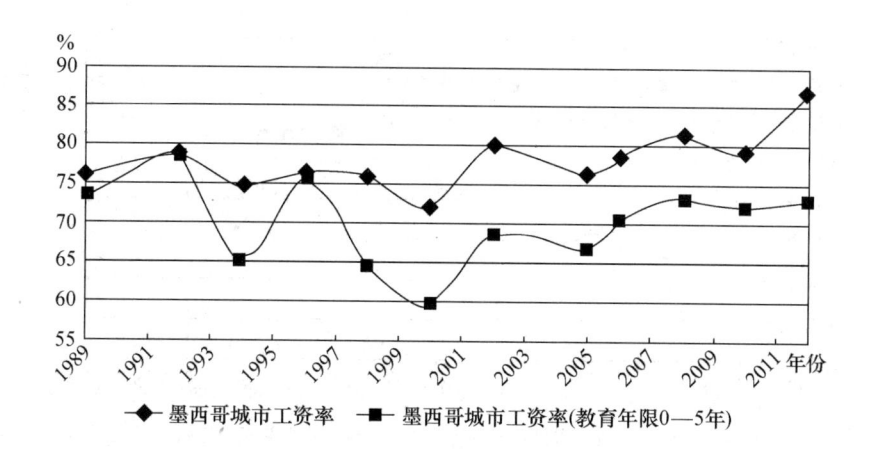

图 3-25　墨西哥城市工资率和城市工资率（教育年限 0—5 年）变动轨迹

资料来源：根据拉美经委会（ECLAC）数据库整理得到。

U 形演变的规律，拐点也大致在 20 世纪末期。因此，也从侧面验证了墨西哥于 20 世纪 90 年代末期进入刘易斯转折阶段。近年来，劳动力仍不断地从农村向城市迁移，虽然农业劳动力比重在 2011 年已经降低到 13%，但农业产值比重仅为 3%，说明农村中劳动力还有剩余。况且，城市中非熟练工人的工资与熟练工人的工资并没有缩小的趋势，2013 年城市失业率仍高达 5.8%，种种迹象表明墨西哥在近十几年的时间内并未走出刘易斯转折阶段。

二　拉美国家二元经济转型的历史变迁

（一）巴西二元经济转型的历史变迁

巴西于 1822 年实现和平独立后，殖民地时期的经济结构仍原封不动地保存下来。土地制度仍以大庄园制和大种植园主制占主导地位，奴隶制长期存在，以单一产品制主宰经济运行。1888 年巴西宣布废除奴隶制，推翻君主制，建立了联邦共和国，为资本主义进一步发展开辟了道路，巴西进入了新的历史时期，同时开启了二元经济转型进程。

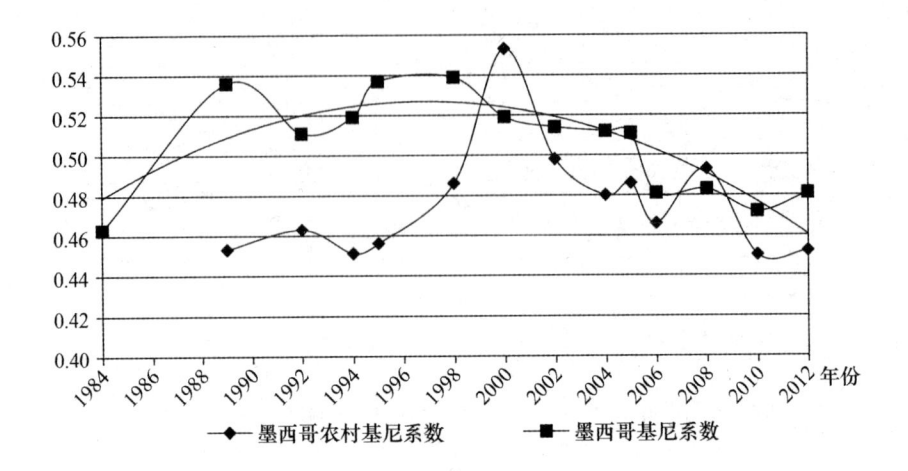

图 3-26 墨西哥基尼系数和农村基尼系数的演变轨迹（1984—2012 年）

资料来源：基尼系数数据根据以下资料整理得到：世界银行 WDI 数据库；周维富：《中国工业化与城市化协调发展论》，博士学位论文，中国社会科学院，2002 年；吴白乙编：《拉丁美洲和加勒比发展报告（2012—2013）》，社会科学文献出版社 2013 年版；Williamson J. G., "Five Centuries of Latin American Income Inequality", *Journal of Iberian and Latin American Economic History* (Second Series), Vol. 28, No. 2, 2010, pp. 227-252。农村基尼系数数据来源于拉美经委会 (ECLAC) 数据库。

1. 巴西二元经济转型初期发展

第一阶段：以农业为主、工业为辅为特征的二元经济结构强化阶段（19 世纪 80 年代末至 20 世纪 20 年代末）。巴西在二元经济发展初期，仍然奉行经济自由主义，第二次工业革命时期先行工业化国家经济飞速发展，意味着对原料、食品需求的急剧增加，巴西充分利用自身优势，加速初级产品出口导向发展模式的运行，出口商品包括咖啡、砂糖、可可、马黛茶、烟草、原棉、橡胶和皮革等，以上 8 种产品的出口额占出口总额的比重从 1821—1830 年的 85.8% 增加到 1891—1900 年的 95.6%。[①] 其中，咖啡是主要出口商品，1870 年以后，占出口总额的一半以上，到 1891—1900 年比重达到了 64.5%[②]，1924 年为 75%[③]，这时巴西已形成

[①] [日]宫崎犀一、奥村茂次、森田桐郎编：《近代国际经济要览（16 世纪以来）》，陈小洪等译，中国财政经济出版社 1990 年版，第 130 页。

[②] 同上。

[③] 王然：《美国与巴西经济发展比较研究》，经济科学出版社 2008 年版，第 30 页。

了"咖啡经济""咖啡政治"。巴西农业部门的发展也为早期工业的发展奠定了基础。同时，政府对工业更加重视，保护性关税、金融信贷政策的实施以及工业学校的建立，也刺激了巴西早期工业化的发展。工业化起始于纺织业，成为当时最重要的工业部门，纺织业与食品加工业两个行业的工厂数量占全部工厂的3/4。1889年巴西仅有626家企业，1915—1919年增加到5940家工业企业。① 工业产量增长快，在第一次世界大战期间工业产量增加1倍，到1923年增加2倍。② 1919—1929年制造业生产呈现多样化，如非棉纺织品、服装、制鞋业、香水和化妆品业。工业化的发展带动了城市化发展，城市工人人数增加，从1907年的13.6万人增加到1920年的27.6万人。③ 这一时期巴西竭力模仿欧美进行工业化，仍以单一原料产品咖啡出口为主导，对外依附较强，巴西的二元经济结构以农业为主导、工业发展弱势为主要特征。1913年农业就业比重高达71%，1930年巴西的城市化率为15%，大部分人口聚集在农村。

第二阶段：以工业为主、农业为辅为特征的二元经济结构强化阶段（20世纪30年代初至70年代末）。20世纪30年代的资本主义经济危机使咖啡价格下跌，出口产值从1929年的4.45亿美元下跌到1932年的1.8亿美元④，沉重打击了巴西初级产品出口导向模式。为振兴民族经济，摆脱外部依赖，增强经济自主性，巴西开始制定新的发展战略，正式启动工业化进程，从外向型的农业经济向内向型工业经济转变，推行内向型的进口代替工业化发展模式。到30年代末，工业产值比重超过农业产值，巴西生产的耐用消费品基本实现自给，中间产品的自给率达到80%以上，资本品的自给率达到50%。⑤ 1931—1939年，巴西经济平均年增长率为4.8%⑥，人均实际国内生产总值在1945—1950年每年增长3.3%，

---

① 吴红英：《巴西现代化进程透视：历史与现实》，时事出版社2001年版，第49页。
② 同上。
③ 同上。
④ [美]维尔纳·贝尔：《巴西经济增长与发展》，罗飞飞译，石油工业出版社2014年版，第43页。
⑤ 同上书，第50—51页。
⑥ [英]贝瑟尔编：《剑桥拉丁美洲史》（第六卷上册），中国社会科学院拉丁美洲研究所组译，当代世界出版社2000年版，第98页。

1951—1955年每年增长3.4%[①],到60年代巴西初步建立了民族工业体系,工业化、城市化和国民经济发展取得显著成效。60年代中期,巴西军人执政,专家治国,从内向型进口替代工业化发展战略转向外向型进口替代工业化发展战略,从原来的主要以非耐用消费品的进口替代向耐用消费品、中间产品、生产资料的复杂进口替代转变,同时放宽对外资外企的限制,充分吸收和大量使用外资,创造了"巴西经济奇迹"。1968—1973年,年均GDP增长高达10.1%[②],工业部门年均增长率为12.2%,1974年重工业比重高于轻工业比重,达到了52.8%,出口明显增长,外汇储备从1968年的2.57亿美元增加到1973年的64.16亿美元,通货膨胀率低且稳定下降,经济规模同期内从世界第15位跃升至第8位[③],1975年人均GDP跨越了1000美元的门槛,步入中等收入国家。[④]

从20世纪前10年至70年代末,巴西农业一直被置于从属和依附工业的地位,为工业发展提供了原料供应和资本积累,1932—1974年,巴西工业增长率为8.5%,而农业仅为4.0%。尤其是军政府执政的1965—1970年间,工业增长率为9.7%,农业却只有0.4%。整个时期形成了"发达的工业、萎缩的农业"的局面,二元经济结构强化。滞后的农业不仅影响了巴西粮食的生产,也限制了工业的深入发展,制约国民经济的整体发展。工业化的发展带动了城市化,拉动农业剩余劳动力向城市进行大规模迁移,农业就业比重出现了明显的下降(见图3-27),从1938年的69%下降到1960年的55%,1970年再次下降到47%,之后下降速度更快,1982年再降低到30%。据统计,20世纪40年代有300万人从乡村转移到城市,50年代增加到700多万人,同期内城市数目从82个增加到154个。[⑤]

---

① [英]贝瑟尔编:《剑桥拉丁美洲史》(第六卷上册),中国社会科学院拉丁美洲研究所组译,当代世界出版社2000年版,第139页。
② 李春辉等:《拉丁美洲史稿》,商务印书馆1983年版,第435页。
③ 吴红英:《巴西现代化进程透视:历史与现实》,时事出版社2001年版,第104页。
④ 吴白乙编:《拉丁美洲和加勒比发展报告(2010—2011)》,社会科学文献出版社2011年版,第6页。
⑤ 李瑞芬、何美丽、郭爱云:《农村劳动力转移:形势与对策》,中国农业出版社2006年版,第99页。

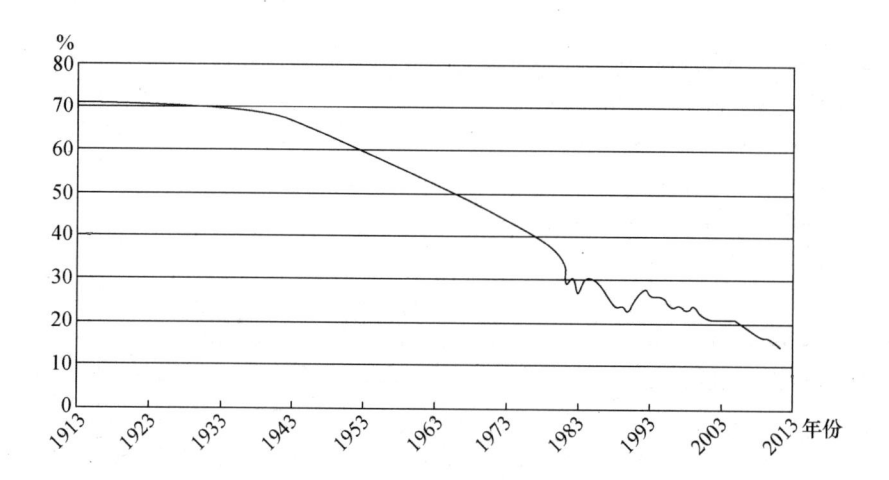

图 3-27 巴西农业就业比重的变动轨迹（1913—2012 年）

资料来源：1980 年之前数据来源于［巴西］费尔南多·奥古斯都·阿德奥达托·韦洛索、莉亚·瓦尔斯·佩雷拉、［中国］郑秉文主编《跨越中等收入陷阱：巴西的经验教训》，经济管理出版社 2013 年版；Timothy J. Hatton, Kevin H. O'Rourke and Alan M. Taylor, *The New Comparative Economic History: Essays in Honor of Jeffrey G. Williamson*, Cambridge, MA: MIT Press, 2007, p.302。1980 年及其之后数据来源于世界银行 WDI 数据库。

与此同时，城市人口快速增长带来城市化率的提高，从图 3-28 可以看出，城市化率从 1930 年的 15% 增加到 1940 年的 22%，1955 年突破 40%，达到 40.5%，1965 年突破了 50%，达到 50.3%，1970 年上升为 55.8%，2 万人以上的城镇有 251 个，1975 年城市化率超过 60%，1982 年达到 67%。据统计，在 20 世纪 70 年代，巴西约有 2400 万人口从农村转移出来[①]，流向城市和新开发的北部、南部和中西部各州的新开垦农业区。1970—1980 年，东北部农村人口减少了近 454 万人，大部分流入了城市。1970 年超过 100 万居民的大城市有 5 个，1975 年增加到 7 个，1980 年有 9 个，集中了全国 29% 的人口数量。[②]

---

① 戎殿新、司马军编：《各国农业劳动力转移问题研究》，经济日报出版社 1989 年版，第 355 页。
② 同上。

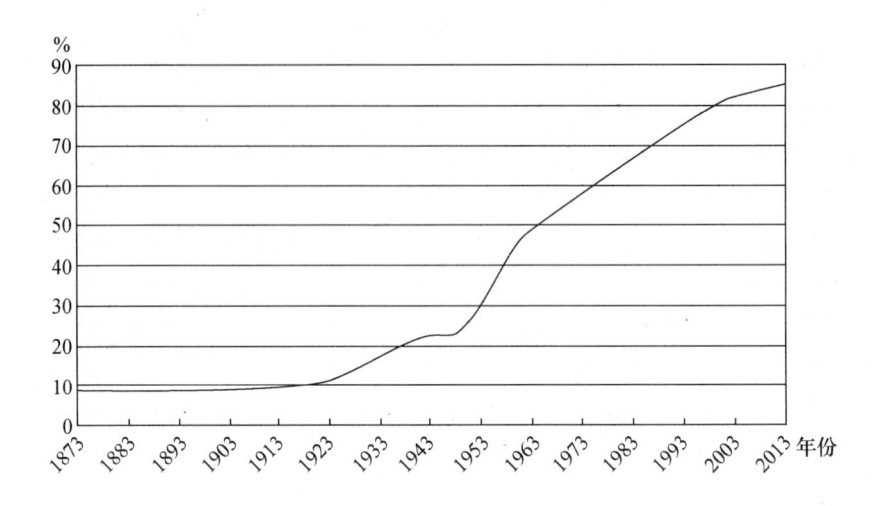

图 3-28　巴西城市化率的变动轨迹（1873—2013 年）

资料来源：1960 年之前数据来源于王勇辉《农村城镇化与城乡统筹的国际比较》，中国社会科学出版社 2011 年版；康永信《中国特色城镇化道路国际经验借鉴》，硕士学位论文，云南财经大学，2013 年；郑秉文《拉丁美洲的城市化：经验与教训》，当代世界出版社 2011 年版；Williamson, J. G., "Five Centuries of Latin American Income Inequality", *Journal of Iberian and Latin American Economic History* (Second Series), Vol. 28, No. 2, 2010, pp. 227 – 252；［巴西］费尔南多·奥古斯都·阿德奥达托·韦洛索、莉亚·瓦尔斯·佩雷拉、［中国］郑秉文主编《跨越中等收入陷阱：巴西的经验教训》，经济管理出版社 2013 年版。1960 年及其之后数据来源于世界银行 WDI 数据库。

第三阶段：以工业增长低迷、农业平稳发展为特征的二元经济结构弱化阶段（20 世纪 80 年代初至 90 年代初）。1982 年债务危机的爆发使巴西经济坠入了"失去的十年"，经济失去活力，增长势头中断，恶性通货膨胀出现，外债负担加重，社会问题丛生。1980—1991 年国内生产总值年均增长率为 1.8%。从工业方面看，工业增长速度放慢，1982—1990 年，制造业年均增长 1.19%，其中 1982 年、1983 年、1988 年、1990 年这四年出现了负增长。工业拉动就业的贡献率下降，工业就业比重在 1982—1990 年下降了 5 个百分点，而服务业成为新的主力，服务业就业比重同期增加了 12 个百分点。①

农业方面，20 世纪 70 年代后期，巴西政府开始意识到农业发展的重

---

① 根据世界银行 WDI 数据库整理而得。

要性并开始对农业和农村问题给予重视,相继出台一些措施以加快农业的发展。随后爆发的债务危机改变了农业在经济发展中的相对地位。因此,在工业和服务业普遍不景气的 80 年代,巴西农业部门受影响不大。在这一时期,财政对农业的投资增加,国家向工业的政策倾斜减弱,对农产品实行出口鼓励政策;调整了最低保护价格机制,提高了对国内销售农产品的价格支持,农产品生产、出口和国内销售有所增加;增加农业科研投资的政策促进了多种经营的发展,扩大了耕地面积,提高了农业产量,增加了农民收入。70 年代中后期至 80 年代末,巴西经济的二元结构强度减弱,农业产值比重从 1980 年的 11% 下降到 1990 年的 8%,下降了 3 个百分点,而同期农业劳动力比重从 37% 降低到 24%,下降了 13 个百分点,相应地,农业部门的比较劳动生产率获得了较大的提高,二元对比系数从 1980 年的 0.281 增加到 1990 年的 0.407。[1] 巴西二元经济结构的强度明显降低,经济结构的二元状况得到明显改善。1986 年,已经有 1 亿人口居住在 2 万以上的城镇地区[2],城市化率从 1982 年的 67% 增加到 1990 年的 74.7%（见图 3-28）。巴西持续一个世纪的无限劳动力供给境况开始发生重要转折,20 世纪 90 年代初巴西的农业剩余劳动力开始短缺。

2. 巴西刘易斯转折阶段的发展

巴西自 20 世纪 90 年代之后,进入刘易斯转折阶段。债务危机的"后遗症"和劳动力成本的上升引发了一系列新问题,带来新挑战。1988 年新宪法的颁布,确立了民主化的社会政策方向,强调扩大福利覆盖面,将福利分配指向最有需要的人,因此,90 年代的巴西以重要的经济政策调整和制度改革为特征。

其一,缓解通货膨胀。由于经济自由化和劳动力生产要素价格的上升,巴西的通货膨胀严重恶化,1994 年政府通过"雷亚尔计划",实现货币稳定,通货膨胀得以缓解。

其二,缩小收入差距。贫富差距不断扩大使巴西的社会矛盾十分尖锐。20 世纪八九十年代,巴西经常发生各种规模的全国大罢工,农村无

---

[1] 何中正:《巴西二元经济结构的特征、演进及政策评价》,《拉丁美洲研究》2010 年第 1 期。

[2] 戎殿新、司马军编:《各国农业劳动力转移问题研究》,经济日报出版社 1989 年版,第 355 页。

地农民抢占大庄园主的土地，城市治安恶化，经济发展长期止步不前。21世纪以来，再民主化和积极的社会政策给巴西经济社会注入强心剂，通过"零饥饿"计划、"家庭救助金计划"保护社会弱势群体，降低了贫困率；实行社会最低工资、非缴费型养老金等调节财富分配的社会转移支付政策，加强基础教育创造公平竞争环境，调节了收入差距。2003年，卢拉上台后实施全国性的社会救助项目，把消灭饥饿和贫困作为优先目标，就职当天就宣布了"零饥饿"计划，该计划不仅限于向贫困家庭发放基本食品，而且还鼓励发展家庭农业，为贫困地区创造更多的就业机会，加强教育投入，改善贫困地区的饮水和卫生条件。巴西政府将过去由多个部门发放的助学金、基本食品、燃气补贴、最低保障金等整合为"家庭救助金计划"。同时，实行社会最低工资政策、非缴费型养老金政策，在保护社会弱势群体、调节财富分配的社会转移支付政策以及创造公平性竞争机会等方面发挥了良好的社会再分配功能。

其三，鼓励高科技产业发展。工业方面，危机之后巴西经过调整与改革，实行贸易自由化，大幅度降低关税和非关税壁垒，放松对外资的限制，开放投资领域，提供优惠投资条件，简化投资审批手续，减少国家对经济的干预，实行非调控化和国有企业私有化，开放金融市场，经济开始恢复性增长。1991年巴西的实际GDP增长为0.3%，到1994年增长到5.8%。[①] 2003年11月，巴西出台了"工业、技术和外贸政策指导方针"，这一方针被称为巴西的工业政策，强调把半导体、软件、医药中间品和资本货四个行业作为优先发展的战略产业予以鼓励和支持。实施工业政策的目的是加强出口，提高创新能力，开发大众消费产品和发展地方经济。

其四，以土地改革为核心解决农村问题。土地是农民的保障和财产。巴西政府以土地改革为核心，采取了一系列措施：一是给无地农民分配土地，让他们有地可种；二是鼓励农业发达地区农民到边远地区开垦荒地，扩大"农业疆界"。政府通过法律对大农场闲置土地予以强制征收，将征收的土地分配给无地农民，无地农民在得到土地的同时，可以得到

[①] 吴红英：《巴西现代化进程透视：历史与现实》，时事出版社2001年版，第179页。

6000雷亚尔的安家费甚至基本食品补贴①，土地改革取得了良好的效果。同时，推动农牧业现代化，目前巴西已成为世界第三大农业出口国。农牧业现代化带动了资源加工业的发展，尤其是农产品加工业，1996—2009年巴西的农产品加工企业由16500家增至45000家，就业人数由93万人增至166万人。②

通过一系列的制度安排，巴西的转型发展有条不紊地推进。1995年巴西人均GDP超过3800美元，进入中上等收入国家行列。③但受1994年墨西哥金融危机、1997年东南亚金融危机和1998年俄罗斯危机的困扰，1989—2000年GDP年均增长只有2.5%。④ 21世纪以来，再民主化和积极的社会政策给巴西经济社会注入强心剂，工农业的协调发展使二元经济结构得到改善，促使巴西度过艰难的刘易斯转折阶段。

（二）墨西哥二元经济转型的历史变迁

1. 墨西哥二元经济转型初期发展

墨西哥于1821年独立，但独立革命并没有为墨西哥带来多大的革命性改变。著名史学家桑巴曾论述：1821年的独立没有给墨西哥的社会经济结构带来任何直接的革命性变革；独立战争的第一个和最主要的后果就是把原来由西班牙王室官僚集团行使的政权转到了军人手里。⑤独立之前，经济上主要依靠矿业和大庄园制农业，一方面为宗主国服务，另一方面实行内部自给自足的生产。独立之后的半个世纪，墨西哥屡受西班牙、美国、法国等国的侵略，国内考迪罗⑥、卡西克⑦的争权夺利，直到

---

① 王勇辉：《农村城镇化与城乡统筹的国际比较》，中国社会科学出版社2011年版，第290页。

② 吴白乙编：《拉丁美洲和加勒比发展报告（2013—2014）》，社会科学文献出版社2014年版，第12页。

③ 吴白乙编：《拉丁美洲和加勒比发展报告（2010—2011）》，社会科学文献出版社2011年版，第6页。

④ ［巴西］费尔南多·奥古斯都·阿德奥达托·韦洛索、莉亚·瓦尔斯·佩雷拉、［中国］郑秉文主编：《跨越中等收入陷阱：巴西的经验教训》，经济管理出版社2013年版，第16页。

⑤ Betheu, L., *Mexico Since Independence*, NY: Cambridge University Press, 1985, p.32.

⑥ 考迪罗是西班牙语caudillo的音译，是拉丁美洲的政治术语，原指割据一方的军事首领，后引申为军事独裁者。考迪罗主义是指那些以暴力夺取政权，并以暴力维护其反动统治的独裁者专制制度。在不同时期，不同国家的考迪罗独裁又各有其特点。

⑦ 西班牙殖民统治时期拉丁美洲印第安人居留地的首领。卡西克为印第安语首领之意，泛指印第安人酋长。西班牙殖民者在美洲建立殖民地后，一般由郡守、市长或总督从印第安人酋长等上层人物中指派卡西克，也有经郡守同意世袭和选举产生的。

波菲利奥·迪亚斯于1976年建立专制独裁统治，墨西哥才实现政治稳定，正式开启了现代化的二元经济转型进程。

第一阶段：主要以农业为主、工业为辅为特征的二元经济结构阶段（19世纪80年代初至20世纪30年代中后期）。在波菲利奥（1876—1911年）时期，第二次工业革命启动，墨西哥接受了欧美工业化国家主导的国际分工，开始了以原材料出口为核心的依附性发展之路。当时出口的产品有贵金属、铜、锌、石墨、铝和锑等，还有龙舌兰纤维、木材、木制品、皮革等传统产品以及咖啡、棉花、糖、橡胶、树胶等新产品，1871—1911年墨西哥出口收入的年增长率达到了6.1%[1]，出口总值增长了600%以上。[2] 当时采用的是初级产品出口导向的外向增长战略，自然就拒绝了建立在"内源"增长基础上的自主型工业化的战略选择。显然，这种战略是完全依赖外部市场的模式。由于第一次世界大战的影响和1929—1933年爆发的资本主义经济危机，欧美发达国家对初级产品的需求下降，依赖世界市场的墨西哥经济暴露出脆弱性，出口导向发展战略遇到了危机。危机之后上任的卡德纳斯总统提出反对外国垄断和控制、保护民族工业发展的政策，为经济起飞奠定了基础；同时建立制度化的强有力的总统制，为转型创造了稳定的政治环境。

第二阶段：主要以工业为主、农业为辅为特征的二元经济结构阶段（20世纪30年代末至80年代初）。1940年墨西哥开始实行进口替代工业化的发展战略，正式开启了自主工业化进程，非耐用消费品进口替代工业化激发了墨西哥发展民族工业的决心，1940—1945年，墨西哥工业年增长率达到了10.2%。[3] 特别是第二次世界大战之后，工业化进程大大加快，保持了稳定和较高的经济增长速度，1950—1960年墨西哥制造业年增长率达到了6.2%，而1961—1973年年增长率达到8.8%。[4] 经过了非耐用消费品、耐用消费品、原材料和中间品及资本品等进口替代工业化阶段，到19世纪80年代，墨西哥已经成为门类较多，具有一定实力的基

---

[1] Hansen, R. D., *The Politics of Mexican Development*, Baltimore: The John Hopkins Press, 1971, p. 18.

[2] 中国科学院中国现代化研究中心编：《世界现代化进程的关键点》，科学出版社2010年版，第195页。

[3] 林被甸、董经胜：《拉丁美洲史》，人民出版社2010年版，第393页。

[4] ［英］贝瑟尔编：《剑桥拉丁美洲史》（第六卷上册），中国社会科学院拉丁美洲研究所组译，当代世界出版社2000年版，第199页。

础工业和现代化工业的新兴工业化国家。工业产值比重从1940年的25%增加到1981年的33%，增加了8个百分点。工业化程度的加深和第三产业的发展，逐渐为农业剩余劳动力提供了更多的就业机会，吸引他们走向城市。与此同时，农业部门绿色革命的实施，促进了农业技术革新，有力地推动了农业生产的发展和农业生产率的提高。据统计，墨西哥的农业生产，若1953年的农业生产指数为100，则1960年为152，1978年上升到300，人均占有农产品分别增长了21%和30%，人均占有粮食分别增长18%和40%[①]，1960—1970年农业劳动生产率年增长5.7%，超过工业部门的4.9%。[②] 农业逐渐走向现代化，不仅可为经济和工业提供粮食和原料，也节省了农业劳动力，进一步推动这部分人群向城市和非农部门转移。1940—1970年，移民潮的流量最大，迁居城市的农民有60多万。[③] 从农业就业比重考察（见图3-29），1940年占68%，到1980年降低到36%，减少了32个百分点。这些劳动力转移到城市，也使城市人口数量成倍增长，墨西哥人口在10万—100万的中等城市的数量在1950年有13个，1970年达到37个。[④] 从城市化率考察（见图3-30），从1940年的35%增加到1981年的67%，增加了32个百分点，与农业就业比重减少的比重相同。可见，农业剩余劳动力向城市转移的速度是相当快的。首都墨西哥城1950年城区内仅有340多万人口，到1983年上升到1900多万人口，是当时的世界第一大城。20世纪80年代初，墨西哥13个最大的城市集中了全国约40%的人口。

经过50年的发展，墨西哥国内生产总值从1950年的47亿美元增加到1980年的1670亿美元，居世界第11位[⑤]，人均GDP由1950年的181

[①] 戎殿新、司马军编：《各国农业劳动力转移问题研究》，经济日报出版社1989年版，第351页。
[②] 同上。
[③] 何志扬：《城市化道路国际比较研究》，博士学位论文，武汉大学，2009年，第138页。
[④] 同上。
[⑤] 苏振兴、徐文渊：《拉丁美洲国家经济发展战略研究》，北京大学出版社1987年版，第197页。

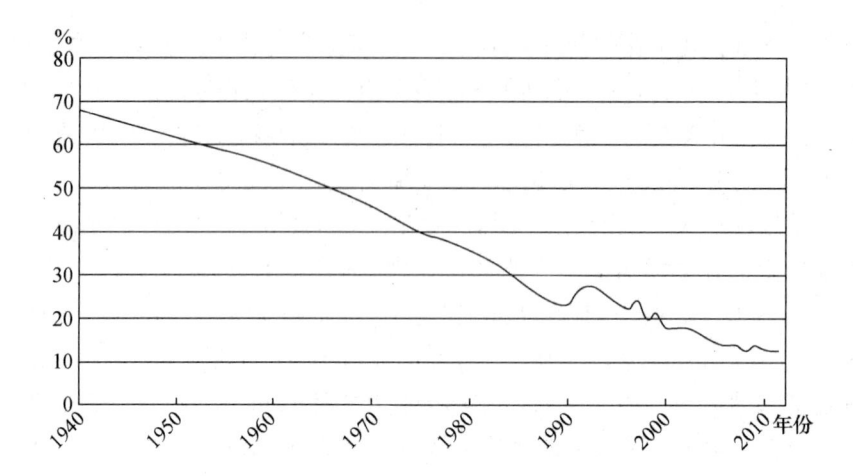

图 3 - 29 墨西哥农业就业比重演变轨迹（1940—2012 年）

资料来源：1980 年之前数据来源于 Timothy J. Hatton, Kevin H. O'Rourke, and Alan M. Taylor, *The New Comparative Economic History: Essays in Honor of Jeffrey G. Williamson*, Cambridge, MA: MIT Press, 2007, p.302；江时学编《拉丁美洲和加勒比发展报告（2004—2005）》，社会科学文献出版社 2005 年版。1980 年及其之后数据来源于世界银行 WDI 数据库。

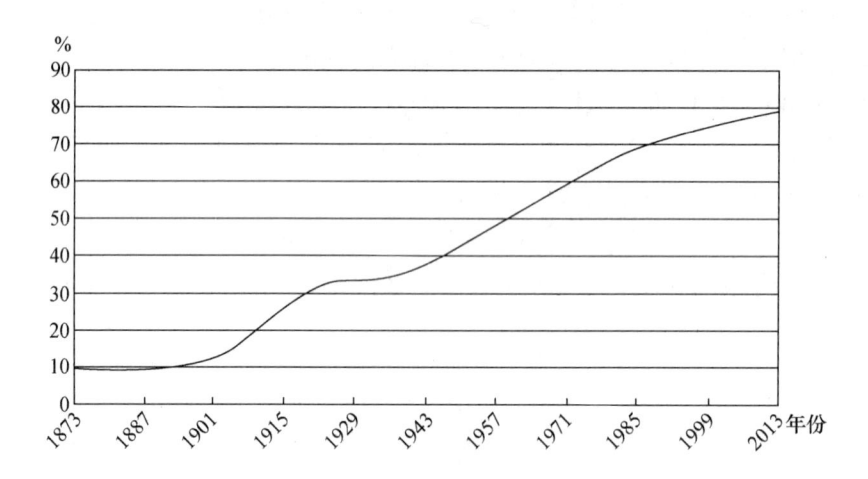

图 3 - 30 墨西哥城市化率的演变轨迹（1873—2013 年）

资料来源：1960 年之前数据来源于墨西哥国家统计、地理与信息局数据库；郑秉文《拉丁美洲的城市化：经验与教训》，当代世界出版社 2011 年版；戎殿新、司马军编《各国农业劳动力转移问题研究》，经济日报出版社 1989 年版。1960 年及其之后数据来源于世界银行 WDI 数据库。

美元增加到 1970 年的 661 美元①，以 1970 年市场不变价格的美元进行计算，墨西哥在 1974 年人均 GDP 超过 1000 美元②，进入了中等收入国家的行列。墨西哥已经从一个农矿业国家转变成一个中等程度的工业化国家，成为拉丁美洲第一位的石油生产和出口国、第二位的制造业生产国，实现了经济的多样化，基本上形成了一个较为完整的工业生产体系。

第三阶段：从工农业双双低迷到客户工业的发展阶段（20 世纪 80 年代中期至 21 世纪初）。面对进口替代工业化战略缺陷逐渐暴露和国际环境变化的情况，政府没有及时调整应对策略，墨西哥进口替代工业化过于延迟以至于积重难返，致使转型断裂③，债务危机爆发。墨西哥陷入了"失去的十年"，经济年增长率从 1981 年的 7.9% 猛然下降到 1982 年的 -0.5%，1983 年为 -5.3%④，制造业的年增长率也从 1950—1981 年的 7.4% 降低到 1982—1990 年的 1.3%⑤，1981—1990 年的国民生产总值年增长率仅有 0.8%。⑥ 这个时期，农业投资减少，也未受到重视，墨西哥由粮食出口国变成了粮食进口国，"失去的十年"使工农业生产处于停滞的状态，农村失业人口猛增，劳动力大量外流。由于农业生产持续衰退，耕地面积不断减少，农村就业问题越来越严重。1983—1986 年农村劳动力以每年 3.3% 的速度增长⑦，但全国耕地面积无论是旱地还是水浇地都在减少。大批青壮劳力因在农村无法谋生而盲目流入大城市，或非法移居美国，这期间农业就业比重从 36% 降低到了 23%，同期城市化率从 67% 增加到 71%。涌进城市的人口已经大大超过了城市的承载能力，出现了失业率激增、社会不平等等"城市病"问题，整个 80 年代，墨西

---

① 苏振兴、徐文渊：《拉丁美洲国家经济发展战略研究》，北京大学出版社 1987 年版，第 197 页。

② 吴白乙编：《拉丁美洲和加勒比发展报告（2010—2011）》，社会科学文献出版社 2011 年版，第 6 页。

③ 孙若彦：《经济全球化与墨西哥对外战略的转变》，中国社会科学出版社 2004 年版，第 104 页。

④ 中国科学院中国现代化研究中心编：《世界现代化进程的关键点》，科学出版社 2010 年版，第 203 页。

⑤ ［英］贝瑟尔编：《剑桥拉丁美洲史》（第六卷上册），中国社会科学院拉丁美洲研究所组译，当代世界出版社 2000 年版，第 199 页。

⑥ 同上书，第 189 页。

⑦ 陈芝芸：《八十年代墨西哥的农业危机》，《拉丁美洲研究》1990 年第 4 期。

哥人均收入下降了9%。①

债务危机也意味着墨西哥进口替代工业化的结束。新上任的德拉马德里对经济发展模式进行改变,选择了新的自由主义的发展模式,减少和改变国家对经济的作用,实行贸易自由化和开放经济。从1996年年初开始,墨西哥经济恢复增长,宏观经济形势好转。1996—2000年墨西哥经济年均增长率达5%,是近20年来经济发展最快的时期。通胀率从1995年的52%下降到2000年的10%;失业率从1995年的6.3%下降到2000年年中的2.2%②;同时,出口增长迅速,出口额从1994年的608亿美元增加到1999年的1300亿美元,进口额从1994年的793亿美元增加到1998年的1252亿美元。③ 1992年墨西哥进入上中等收入国家行列④,到2000年,已成为世界第八大贸易强国和拉美第一大贸易强国,对外贸易已成为促进经济增长的主要动力之一。墨西哥在世界经济中的地位不断上升,1980年为第28位,1990年为第18位,2000年上升到第15位。

这一期间,墨西哥的客户工业⑤得到了迅速发展,创造了大量的就业机会。1999年,客户工业的就业人数占制造业部门就业总人数的29%,出口型客户工业的出口额占制造业部门总出口额的比重超过了50%,客户工业的产值占制造业部门总产值的比重也超过了50%。客户工业迅速发展,使墨西哥成为电子设备、家用电器(主要是电子计算机及其配件)、服装、汽车及其配件、部分工业设备的生产国。在客户工业的出口

---

① 林被甸、董经胜:《拉丁美洲史》,人民出版社2010年版,第481页。
② 徐世澄:《简析1982—2003年墨西哥的经济改革和发展》,《拉丁美洲研究》2003年第6期。
③ 同上。
④ 吴白乙编:《拉丁美洲和加勒比发展报告(2010—2011)》,社会科学文献出版社2011年版,第6页。
⑤ 客户工业兴起于20世纪60年后期的美墨边境地区,墨西哥主要在北部边境设立工业区,允许外国投资者在区内建立出口加工企业,政府批准临时进口机械、设备、零部件和元件,免缴关税,鼓励制造业利用当地劳动力,加工产品销往美国市场。受低工资的诱惑,80年代末到90年代客户工业发展极为迅速,1982年拥有工厂大约455家,雇用13万名工人,1998年工厂增加到2000家,雇用60万名工人,其中2/3是妇女。客户工业缓解了墨西哥的失业问题。墨西哥从1971年开始吸引外资,70年代,大批美国企业到墨西哥北部边境地区设立了第一批客户工业,利用墨西哥廉价劳动力和靠近美国市场的优势,主要从事组装业务。这些客户工业被称作是"第一代"客户工业。80年代,开始出现"第二代"客户工业,其主要特点是普遍使用现代生产技术,不仅有先进的设备,还有先进的工艺,同时引进了全新的劳动组织管理模式。目前,正在建设"第三代"客户工业,其突出特点是拥有产品设计和研发中心。

中，有两大主要产品，即电子类产品和服装。电子类产品出口占客户工业总出口的一半以上，服装约占一成。20世纪90年代，客户工业的生产和就业增长速度高于非客户工业。1990—1999年，客户工业生产年均增长率为18.3%，就业增长了3倍。[1]

经济的逐渐恢复与客户工业的发展又进一步拉动了农业剩余劳动力的转移。这一时期，工业产值比重从1990年的28%增加到2000年的35%，本来已处于高位的城市化率又增长了3个百分点，从71%增长到74%，而同期内农业就业比重从23%下降到18%。农村中剩下的几乎都是老人、儿童及妇女，大部分年轻人都走向了城市，非熟练的劳动力的工资开始上升，作为人口大国的墨西哥劳动力市场在21世纪初从无限供给变为短缺，出现了刘易斯第一转折点。

2. 墨西哥刘易斯转折阶段的发展

进入刘易斯转折阶段后，墨西哥实行新自由主义改革，经过十几年的发展该国又重新适应了新国际环境的变化，而国际金融危机的爆发使外向型经济发展模式的墨西哥经济增长乏力，一直处于徘徊不前低速增长的状态，2013年的经济增长率遭遇2009年以来最严重的低迷，全年增长率只有1.3%。处于刘易斯转折阶段的墨西哥，农业劳动力的非农化转移仍在进行，从2000年的18%降低到2011年的13%，降低了5个百分点；城市化水平尽管也是低水平增长，但是到2013年仍然达到了79%的水平，基本上与当前发达国家持平；按照现价美元计算，墨西哥的人均GDP在2013年首次突破10000美元，2014年达到10326美元，向发达国家又迈出了坚实的一步。2012年培尼亚总统上台，着手全面改革，包括教育、财政等方面，但社会矛盾丛生，墨西哥跨越二元经济转型仍面临着诸多挑战。

三 拉美国家二元经济转型面临的挑战

巴西目前已越过刘易斯转折阶段，进入二元经济转型后期，经济发展中的矛盾依然存在。墨西哥自进入刘易斯转折阶段，经济增长乏力，国内利益集团固化，社会矛盾丛生，转型仍面临着诸多问题与挑战。

（一）城市二元结构与农村二元结构并存

农村中，传统农业与商品农业并存。多年来，拉美国家的政府把更

---

[1] 谢文泽：《墨西哥制造业的结构调整及其特点》，《拉丁美洲研究》2005年第1期。

多的精力放在了商品农业上,为经济发展提供了原料积累,而传统农业技术落后,尤其是墨西哥劳动生产率低下,很多农民又没有土地,生存得不到保障。城市中,正规经济与非正规经济并存,大量涌入城市的劳动力在非正规部门工作。据统计,巴西 2012 年非正规就业比重为 37.3%,墨西哥高达 46.4%。① 相对而言,非正规部门就业人员就业需求、工作岗位、收入水平不明晰,住房、社保等得不到保障。

(二) 收入差距仍然较大

拉美国家自进入刘易斯转折阶段,收入分配差距一直在缩小。根据世界银行 WDI 数据库统计,巴西收入水平最低的 20% 人口占有的收入份额从 1990 年的 2.33% 增加到 2012 年的 3.39%,而收入水平最高的 2% 人口占有的收入份额从 1990 年的 64.61% 降至 2012 年的 57.19%。② 2012 年巴西的基尼系数仍高达 0.527,墨西哥为 0.481,均处于"国际警戒线"之上,拉美国家的贫富悬殊仍然十分严重。2012 年巴西国内仍有近 4000 万贫困人口,近年来墨西哥的贫困率有所恶化,2012 年贫困人口增加了 100 万,贫困率和赤贫率分别从 2010 年的 36.3% 和 13.3% 上升到 2012 年的 37.1% 和 14.2%。③

(三) 教育质量有待提高

教育是实现收入和职业流动上升的关键,也是积累人力资本的主要途径。近年来虽然拉美国家的教育取得了一些进步,但是,平均受教育年限明显低于先行工业化国家及后起工业化国家和地区。如何保障教育的公平性,提高整体国民素质,以劳动力质量代替劳动力数量,成为拉美国家转型后期需要解决的急切问题。

(四) 技术创新仍需加强

拉美国家自 20 世纪 30 年代初实行进口替代工业化以来,由于国内储蓄率低,长时期依赖外资加强资本积累。在利用外资的过程中,引进技术是必不可少的环节,但拉美国家在引进技术时并没有适时消化吸收,而是形成了长期的技术依赖,使拉美国家的经济增长缺乏后劲,这也是巴西近年来制造业陷入困境、出现逆工业化的原因之一。

---

① 数据来源于拉美经委会(ECLAC)数据库。
② 根据世界银行 WDI 数据库整理得到。
③ 根据拉美经委会(ECLAC)数据库整理得到。

（五）"城市病"依然严重

城市中公共基础设施建设严重滞后，交通拥堵，住房紧张，大量农业转移人口居住于自建的"非正规住宅"，"贫民窟"连片。同时，能源供应紧张、噪声污染、大气和水资源污染严重。拉美国家毒品泛滥，"暴力跟着毒品走"，由毒品引发的犯罪活动特别猖獗。有人称墨西哥是"被毒品毁了的国家"，近年来毒品暴力活动不断升级。据统计，每年有2万多名移民在前往美国途中在墨西哥被黑帮组织绑架，绑架的对象主要是妇女、老人、中学生和儿童等弱势群体。[①] 2013年全国共报告与组织犯罪有关的凶杀案10095起，绑架案1695起，比2012年增加20.4%。[②] 虽然2013年逮捕了大毒枭米盖尔·安赫尔·特雷维诺，但墨西哥贩毒组织大量存在，民众所受的毒品威胁依然不减。

[①] 吴白乙编：《拉丁美洲和加勒比发展报告（2012—2013）》，社会科学文献出版社2013年版，第77—78页。

[②] 吴白乙编：《拉丁美洲和加勒比发展报告（2013—2014）》，社会科学文献出版社2014年版，第152页。

第四章 二元经济转型国际比较：差异性分析

世界各地二元经济转型发展呈现多元性。本章从差异性视角对三大类型国家和地区的二元经济转型进行国际比较，包括初始条件差异、二元经济转型中资本积累方式差异以及工业化道路差异。初始条件是一国进行制度安排和政策选择的重要参考因素，主要包括资源禀赋、文化背景、国际环境、经济发展水平；资本积累是一国经济发展的重要基础，尤其对处于转型初期的欠发达国家，主要表现为内生性和外生诱导性资本积累两种方式；工业化是二元经济转型的主导，其道路的选择对一国转型发展至关重要，包括产业、技术、发动方式、实现机制和国际经济联系选择五个方面。

第一节 初始条件差异

制度历时关联是指一种新制度的形成总会或多或少受到旧有制度的影响，即存在路径依赖。[①] 青木昌彦（2001）认为，"制度关联的历史路径即使在博弈结构已经改变之后也会在后续的制度中留下印记，这正是路径依赖的全部含义"。[②] 这里"印记"是指初始制度，而初始制度

[①] 新制度经济学的特色之一是从自然科学中引入"路径依赖"的概念。主要内容是说某一事物一旦为某种偶然事件所影响，就会沿着一条固定的轨迹或路径一直演化下去；即使有更好的方案，既定的路径也很难发生改变，即形成一种"不可逆的自我强化倾向"。诺斯认为路径依赖是分析理解长期经济变迁的关键，认为有两种力量规范制度变迁的路径：一种是报酬递增，另一种是由复杂的交易费用所决定的不完全市场。参见林岗《诺斯与马克思：关于制度变迁道路理论的阐释》，《中国社会科学》2001年第1期。

[②] ［日］青木昌彦：《比较制度分析》，周黎安译，上海远东出版社2001年版，第264页。

的形成总是受国家初始条件的制约。换言之,初始条件是制度创新的路径依赖。在一国二元经济转型过程中,初始条件影响转型过程中采取的制度安排和政策选择,其作用不可忽视。本书的初始条件从资源禀赋、文化背景、国际环境、社会经济发展水平四个方面进行分析。

一 资源禀赋差异

资源禀赋是一国进行技术选择和产业选择所面临的非常重要的紧约束,其在一国从二元经济结构向一元经济结构转型中所起的作用不可忽视。资源禀赋可从自然资源和人力资源两方面进行分析。

(一) 自然资源差异

自然资源包括生物资源、农业资源、森林资源、国土资源、矿产资源、海洋资源、气候气象、水资源等多种资源。而对于一国经济发展影响最大的主要是土地资源、水资源和矿产资源。在自然资源禀赋方面,拉美国家资源种类繁多,最为丰富,而先行工业化国家次之,后起工业化国家和地区自然资源最为贫乏。

1. 先行工业化国家:国内自然资源约束与利用海外资源

英国国土面积为24.41万平方公里(包括内陆水域),其中英格兰13.04万平方公里,苏格兰7.88万平方公里,威尔士2.08万平方公里,北爱尔兰1.41万平方公里。[①] 英国是先行工业化国家中能源资源最丰富的国家。二元经济转型初期,英国煤藏量丰富,质量好,离地表浅,开采和运输都很方便。燃煤技术和燃煤设备都比较完善,玻璃制造、酿造、制糖、火药、有色金属、盐业等都因使用廉价煤而得到较快的发展。英国铁矿也比较丰富,而且与煤矿邻近,这一优越条件促使其钢铁工业迅速崛起。

法国是欧洲国土面积第三大、西欧面积最大的国家,国土面积为63万平方公里。法国煤、铁资源相对贫乏,铁矿蕴藏量约10亿吨,品位低、开采成本高。工业化时期大部分煤不适合炼铁,煤矿分散在中央高原,采掘成本高,运输困难。因此,法国在工业化时期煤炭价格要比英国高得多,煤铁资源贫乏妨碍了冶金、化学和铁路的发展。虽然当时洛林是法国重要的铁矿产区,但由于技术方面的原因,在部分洛林割让给德国以前,法国并未很好地加以开发利用。

---

① 王青汉:《英国基础教育改革值得借鉴的几个特点》,《基础教育》2009年第9期。

德国国土面积为35.72万平方公里,全境矿产以煤、钾盐、磷矿和铀为主,其中煤和钾盐比较丰富。煤炭不仅煤种齐全,而且分布集中,硬煤主要集中在鲁尔区和萨尔区,褐煤主要分布于西部的莱茵煤田及东部的哈勒与莱比锡之间的科特布斯一带。其他矿物资料较匮乏,仅有少量的铁、石油和天然气等。总体来看,德国是自然资源较为贫乏的国家,在原料供应和能源方面很大程度上依赖进口。

虽然英国、法国、德国这些先行工业化国家在资源方面都有欠缺,但因发展较早,它们通过对外贸易、海外掠夺和建立海外殖民地等方式,在全球范围内寻求工业化发展所需的各种资源,英国最具代表性。16世纪中后期,英国通过海外贸易从非洲进口黄金、象牙、糖、香料和椰枣;17世纪初从亚洲进口生丝、香料、棉布和茶叶;后来从美洲进口烟草和榨糖;1895年之后,将水稻和糖的生产放在亚洲的朝鲜和中国台湾地区。"世界工厂"时期,世界各国在相当程度上变成了英国的原料供应地,例如,纺织业所需的棉花完全依赖美国、埃及、印度、巴西和西印度群岛等地的进口。先行工业化国家通过这样的方式不仅平衡了自然资源约束,而且为自身的经济发展提供了良好的资源条件和市场优势。

2. 后起工业化国家和地区:自然资源严重贫乏

后起工业化国家和地区面积小,人口密度大,自然资源极度贫乏,主要工业原料均依赖进口。

日本是一个多山的岛国,陆地面积约37.8万平方公里,包括北海道、本州、四国、九州四个大岛和其他6800多个小岛屿,国土3/4是山地,其余的土地是分散的小平原,耕地十分有限,日本山区覆盖着大面积的森林,森林资源丰富,森林覆盖率约67%[1],是世界上森林覆盖率最高的国家之一。日本以中小河流居多,流程短,落差较大,水力资源丰富,但由于地形险峻,雨水很快流入大海,能利用的水源并不多,整个国家的专属经济区面积约相当于国土的10倍。作为一个岛国,海岸线漫长且曲折,海洋资源相对丰富。从矿产资源看,有可露天挖掘的且成本较低的石英、石灰石以及纯度高、有国际竞争力的金、银、石油、天然气等。日本资源匮乏,90%以上依赖进口。

---

[1] 《日本概况》,http://news.xinhuanet.com/ziliao/2002-04/01/content_329931_4.htm.

韩国国土狭小，总面积为10.3万平方公里，其中2/3为山地，耕地面积较少，每农户耕地面积仅为2.22英亩（1955年），比日本还少①，除了大米和薯类能基本自给，较多农产品依赖进口。矿产资源较少，已发现的矿物有280多种，其中有经济价值的50多种，可供开采利用价值的矿物有石灰石、无烟煤、铅、锌、钨等，但储量不大。② 由于自然资源匮乏，主要工业原料如石油、铁矿石、铜、金、银等均依赖进口。

中国台湾包括台湾岛及其附属岛屿、澎湖列岛、金门群岛、马祖列岛、东沙群岛、乌丘列屿、南沙群岛的太平岛与中洲礁及周围附属岛屿。总面积为35873平方公里，可耕地面积仅占24%。作为岛屿地区，海岸线长，地处寒暖流交界，渔业资源丰富，因而有天然"海洋生物牧场"的美誉。中国台湾3/4的土地是山地，森林覆盖面积达60%，盛产木材，植物资源与生物资源丰富，是亚洲有名的天然植物园。中国台湾雨量充沛，受地形影响，河流落差大，蕴藏的水力资源丰富。但矿产资源种类较为单一，储量不丰，仅有少量煤、天然气、石油，金、银、铜、铁等，非金属矿产资源有经济价值较高与储量较多的大理石、石灰石、白云石、砂石、长石、蛇纹石、滑石、石棉、云母与硫黄等。总之，中国台湾地区森林资源、生物资源、渔业资源、水力资源等相对较为丰富，能源资源较为贫乏，90%的能源依赖进口。③

3. 拉美国家：自然资源丰富

拉丁美洲以自然资源丰富而著称，巴西、墨西哥不仅国土面积大，自然资源丰富，人口众多，还拥有石油、天然气、煤炭、水力、铀等多种丰富的动力资源，出产银、铜、铅、锌、铁、锰、硫酸等多种金属和非金属矿产，具有发展工业所需的各种原料，为经济发展和转型提供了基础。

巴西拥有丰富的土地、水、森林和矿产等自然资源。土地面积居世界第五位，占南美洲全部面积的48%，仅次于俄罗斯、加拿大、中国

---

① ［韩］宋丙洛：《韩国经济的崛起》，张胜纪、吴壮译，商务印书馆1994年版，第20页。
② 李靖宇、范凤：《中国与朝鲜半岛两国经贸合作战略升级的依据认证》，《亚太经济》2005年第3期。
③ 《2010台湾经济发展历程与策略》，http：//www.cepd.gov.tw/att/0017508/0017508。

和美国。其中，原始森林面积4亿多公顷，牧地面积24亿公顷，农业用地0.62公顷，位居世界第四位。巴西人均耕地、牧地较多，还有尚待开发的广袤内地。水力资源丰富，居世界第四位，全国有亚马孙河系、圣弗朗西斯科河系、巴拉圭河系三大河系。森林面积超过400万公顷，占世界森林面积的1/10，约占南美洲森林面积的1/2，森林覆盖率达到57%[1]，巴西生产优质木材：巴西红木、紫檀木、巴拉那松，人均森林资源远远超过世界平均水平。稀有金属铍、铌、钽等居世界第一位，铝、铁居世界第二位，也是世界四大产锰国之一，铀储量居世界第六位。[2]

墨西哥以矿业资源丰富而著称，天然气、金、银、铜、铅、锌等15种矿产品的蕴藏量位居世界前列，主要有石油、天然气、金、银、铜、铅、砷、铋、汞、镉、锑、磷灰石、天青石、石墨、硫黄、萤石、重晶石、氟石等。其中，白银的产量多年位居世界之首，素有"白银王国"之称。铋、镉、汞产量占世界第二位，锑产量居世界第三位，碘、水银位居第四。

（二）人力资源差异

人力资源主要从人口数量和人口质量两个方面分析。工业化初期，各地人口均出现了历史性增长，人口数量增长较快，但人口质量水平不一。而人口质量对经济发展的影响较大。根据研究，劳动力受教育的平均时间增加一年，GDP就会增加9%。[3]

1. 先行工业化国家：人口压力不大，人口素质较高[4]

先行工业化国家经济发展早，工业化期间人口出生率高，但由于卫生、医疗条件的限制，饥荒、疾病、瘟疫和战争等因素影响，人口死亡率较高。英、法、德三国在早期发展以及二元经济转型初期人口增长率呈现出低速增长状态，人口压力不大。英国1700年时人口数量约856.5万，到1820年时达到了2123.9万，转型初期的人口密度为87人/平方公里。19世纪中后期人口增长较为迅速，1871—1880年人口增

---

[1] 李放、卜凡鹏：《巴西："美洲豹"的腾飞》，民主与建设出版社2013年版，第47页。
[2] 吴红英：《巴西现代化进程透视：历史与现实》，时事出版社2001年版，第18页。
[3] 世界银行编：《1991年世界发展报告：发展面临的挑战》，中国财政经济出版社1991年版，第45页。
[4] 本部分人口数量数据来源于[英]安格斯·麦迪森《世界经济千年统计》，伍晓鹰等译，北京大学出版社2009年版。

长率达到了1.02%（见表4-1），1880年人口达到了3462.3万，之后人口增长速度开始变慢，1900年人口达到了4115.5万。经过两次世界大战，1950年人口数量达到了50127万。德国比英国人口增长更快一些，人口数量更多，在二元经济转型初期，1830年人口数量为2804.5万，转型初期的人口密度为79人/平方公里。到德国统一时人口数量达到了3929.1万，也步入了人口快速增长期，1871—1880年人口增长率达到1.03%，1891—1900年达到1.32%（见表4-1），1900年人口数量为5438.8万，1950年人口达到了6837.5万。法国与英国、德国两国不同，虽然人口基数比英德大，但人口增长率非常缓慢，1815年人口为3125万，转型初期的人口密度为50人/平方公里。1840年人口数量增长到3505.9万，从19世纪中期到末期法国年均人口增长率仅维持在0.22%（见表4-1），1866年法国人口数量仅为3808万人，被德国超过，1900年法国人口数量为4059.8万，被英国超过，经过了两次世界大战，法国人口仅比战前多了123万。

表4-1　　先行工业化国家人口年均增长率（1841—1900年）　　单位：%

国家	1841—1850年	1851—1860年	1861—1870年	1871—1880年	1881—1890年	1891—1900年
英国	0.25	0.55	0.83	1.02	0.78	0.96
法国	0.44	0.24	0.28	0.20	0.22	0.16
德国	0.77	0.64	0.78	1.03	0.89	1.32

资料来源：[英]H.J.哈巴库克、M.M.波斯坦编：《剑桥欧洲经济史（第六卷）：工业革命及其以后的经济发展：收入、人口及技术变迁》，王春法等译，经济科学出版社2002年版，第62页。

先行工业化国家的人口素质较高，其在19世纪将初等教育定为义务教育，到20世纪接受中等教育和高等教育的人口比例稳步提高。第一次世界大战前夕，英国、法国、德国的平均受教育年限分别为8.82年、6.99年、8.37年（见表4-2）。英国在工业革命期间，教育发展不断适应工业化发展需要，学校数量大大增加，教学内容逐渐合理化和科学化，教育质量得到明显提升，教育大众化局面开始形成。法国在大革命前夕，男性和女性的识字率分别为47%和27%[1]，产业革命后，识

---

[1] [美]R.R.帕尔默乔·科尔顿、劳埃德·克莱默：《启蒙到大革命：理性与激情》，陈敦全等译，世界图书出版公司2010年版，第93页。

字率提升到78%和66%，法国的职业教育发展较好。相对于英法两国，德国的教育水平更高一些，从19世纪20年代起，德国就注重教育发展，实行强制性的初等教育义务教育制。1816—1846年，普鲁士的国民学校由20345所增加到24044所，学生由116.7万人增加到243.3万人，学龄儿童的入学率从60%提高到82%，到20世纪60年代又提高到95%以上，而在德国的许多其他地方，学龄儿童的入学率甚至超过普鲁士的水平。[①] 文盲率从1841年的9.3%降低到1895年的0.33%，1890年德国的教育经费占国民产出的比例达到1.9%。[②] 第二次工业革命时期，德国已经初步形成了初等教育、职业教育、高等教育和业余教育为一体的全面教育体制。

表4-2　　三大类型国家和地区15—64岁人口的平均受教育年限　　单位：年

类型		1820年	1870年	1913年	1950年	1973年	1992年
先行工业化国家	英国	2.00	4.44	8.82	10.60	11.66	14.09
	法国	—	—	6.99	9.58	11.69	15.96
	德国	—	—	8.37	10.40	11.55	12.17
后起工业化国家和地区	日本	1.50	1.50	5.36	9.11	12.09	14.86
	韩国	—	—	—	3.36	6.82	13.55
	中国台湾	—	—	—	3.62	7.35	13.83
拉美国家	巴西	—	—	—	2.05	3.77	6.41
	墨西哥	—	—	—	2.60	5.22	8.22

注：以初等教育等量年计算，初等教育权数为1，中等教育为1.4，高等教育为2；且根据两性平均得到。

资料来源：[英]安格斯·麦迪森：《世界经济二百年回顾》，李德伟等译，改革出版社1997年版，第15、48页。

2. 后起工业化国家和地区：人口爆炸，人口素质高[③]

后起工业化国家和地区人口较为稠密，人口密度较高。

---

① Aubin, H. and Zorn, W., *Handbuch der deutschen Wirtschafts und Sozialgeschichte*, Bd. 2: Das 19., und 20., Stuttgart: Klett - Cotta, 1976, p. 490.

② 谭崇台：《发达国家发展初期与当今发展中国家经济发展比较研究》，武汉大学出版社2008年版，第301页。

③ 本部分人口数量数据来源于[英]安格斯·麦迪森《世界经济千年统计》，伍晓鹰等译，北京大学出版社2009年版。

1886年日本人口为3862.2万,比先行工业化国家二元经济初期的人口基数大,人口密度为103人/平方公里。人口年均增长率在1889—1900年达到了0.96%,1900年人口数量为4410.3万,在20世纪初到第二次世界大战之前增长率较高,1901—1920年达到了1.20%,1921—1938年为1.27%(见表4-3),第二次世界大战之前日本人口数量为7187.9万。战后日本人口在1952—1980年年增长率达到1.12%,20世纪80年代初增长率才开始下降。

韩国与中国台湾转型均发生在第二次世界大战后,由于医疗卫生条件改善、死亡率下降,在出生率较高的情况下实现了人口持续增长。韩国在1953年人口数量为2106万,人口密度为212人/平方公里,中国台湾1953年人口数量为885万[1],人口密度为246人/平方公里。20世纪五六十年代韩国人口增长率分别为2.20%、2.70%,同期中国台湾的人口增长率较韩国高,达到了3.90%和3.10%(见表4-3),到1970年两地人口数量分别达到了3224万和1456.5万,此后人口增长率开始下降,二元经济转型后期韩国和中国台湾的人口平均增长率约为1.10%,而此时速度仍高于先行国家人口增长率最快时期。

表4-3　　　　后起工业化国家和地区人口年均增长率　　　单位:%

日本	时期	1889—1900	1901—1920	1921—1938	1952—1980	1981—1985
	人口年均增长率	0.96	1.20	1.27	1.12	0.67
韩国	时期	1950—1960	1960—1970	1970—1980	1980—1990	1990—1995
	人口年均增长率	2.20	2.70	1.10	1.20	1.00
中国台湾	时期	1950—1960	1960—1970	1970—1980	1980—1990	1990—1995
	人口年均增长率	3.90	3.10	2.10	1.30	1.10

注:表中有的两个相临期间的起止时间相同,根据原始资料,在计算人口年均增长率时,重叠年份所对应的数据都有涉及。

资料来源:李仲生:《发达国家的人口变动与经济发展》,清华大学出版社2011年版,第87页;李仲生:《发展中国家的人口增加与经济发展》,世界图书出版公司2012年版,第167—168页。

从人口素质看,日本早在明治维新时期就大力发展教育,实施强制

---

[1] 根据世界银行WDI数据库整理得到。

性的义务教育，普及初等教育，提高国民的文化知识水平，这一点比英国还早；创办高等教育机构，培养各种高级管理人才；发展实业教育，1872年设立了东京技术工业学院，是当时世界上最大的技术大学，造就了一支质量较高的劳动力队伍。19世纪80年代末，日本义务教育接受率达到了50%，先后实行了三年、四年和六年义务教育制。1905年义务教育接受率达到了95.6%①，大学生人数在19世纪末期迅速发展，学生人数每十年增加1倍，1925年国民大学就学率居世界第二位。② 从表4-2可以看出，日本的平均受教育年数与发达国家相当。而韩国在二元经济转型初始阶段人口素质不高，但重视对教育的投入，到20世纪八九十年代可以与英国、法国、德国等先行工业化国家并驾齐驱，以22—24岁受高等教育的人口比例指标看，1985年韩国的比例为32%，英国为22%，日本、德国和法国均为30%③，1992年平均受教育年限也赶上了发达国家水平（见表4-2）。中国台湾地区的教育水平在二元经济转型初始阶段较低，但发展较快，一方面加大教育投入，另一方面调整教育结构，注重职业教育发展，为经济转型服务。20世纪90年代初，已经赶上了发达国家的教育水平。韩国、中国台湾两地人口素质水平后来居上，这与两地大力发展教育、注重人才培养是分不开的。

3. 拉美国家：人口数量多，人口素质低

从人口数量看，巴西在转型之初，人口基数不大，远未形成人口压力。1822年独立时，人口大约有380万，19世纪中叶之后，巴西人口增速开始加快，1850年人口为723万，到1890年达到1433万。巴西人口逐渐增多的原因是人口自然增长率较高。到1930年人口数量达到3357万，是1900年的2倍，1950年已经达到5218万人，这时的人口基数已经很大，1950—1985年人口数量年均增长率约为2.65%，之后缓慢下降，1986—2010年年增长率约为1.44%（见表4-4）。墨西哥人口稠密，1880年人口为1039.9万人，1940年达到2039.3万人，居

---

① ［日］南亮进：《经济发展的转折点：日本经验》，关权译，社会科学文献出版社2008年版，第24页。

② 谭崇台：《发达国家发展初期与当今发展中国家经济发展比较研究》，武汉大学出版社2008年版，第302页。

③ ［韩］宋丙洛：《韩国经济的崛起》，张胜纪、吴壮译，商务印书馆1994年版，第197页。

民中的1/3生活在城市里，2/3生活在农村地区。① 后来，人口增长速度加快，1950—1975年人口年均增长率高达3.12%（见表4-4），1975年人口达到6171.1万人，之后增长率才缓慢下降，1976—1995年年均增长率达到了2.13%，1995年为9450.5万人，之后到2010年年均增长率又降为1.33%。②

表4-4　　　　拉美国家人口年均增长率（1950—2010年）　　　　单位：%

国家	1950—1955年	1956—1960年	1961—1965年	1966—1970年	1971—1975年	1976—1980年
巴西	3.06	2.92	2.96	2.59	2.38	2.35
墨西哥	3.02	3.23	3.18	3.12	3.05	2.62
国家	1981—1985年	1986—1990年	1991—1995年	1996—2000年	2001—2005年	2006—2010年
巴西	2.25	1.88	1.57	1.50	1.29	0.95
墨西哥	1.92	1.93	2.05	1.47	1.27	1.24

资料来源：根据拉美经委会（ECLAC）数据库整理。

从人口质量看，19世纪大多数巴西人口是文盲，受教育的人数很少，只有富有阶层的子女才有接受教育的机会。据统计，1872年巴西自由居民中仅有1/5的人识字。③ 墨西哥的人口素质也不高，从表4-2可以看出，拉美国家的平均受教育水平明显低于前两类国家和地区。与后起工业化国家和地区相比，巴西与墨西哥在20世纪50年代初平均受教育年限仅低于韩国和中国台湾一年多，而后差距越来越大，到90年代初，仅为其一半左右的水平，人口素质远远落后于前两大类型国家和地区。

二　文化背景差异

（一）先行工业化国家：基督教文化圈

基督教文化是欧美等信仰基督教的国家在长期的历史发展过程中形

---

① ［墨］M.韦翁奇茨克·信达：《墨西哥经济发展的经验教训——工业化、外资和技术转让》，《国外社会科学》1986年第12期。
② 根据拉美经委会（ECLAC）相关数据库整理得到。
③ ［英］贝瑟尔编：《剑桥拉丁美洲史（第三卷）：从独立到大约1870年》，中国社会科学院拉丁美洲研究所组译，社会科学文献出版社1994年版，第703页。

成的,其以基督教神学的基本观念为核心,并融入了近代资产阶级传统,构成了"西方文化"的本质。先行工业化国家均属于基督教文化圈范围。

有人将以基督教文化为核心的西方文明比喻成"蓝色文明",蓝色象征着海洋,它诱人冒险、进取和征服,这也是对基督教扩张主义文化的一种比喻。基督教文化的这种扩张性鼓励人们从事探险活动,不断地去探索、征服未知世界。即使是在人类已经基本了解这个世界后,最积极、怀有最大热情去探索外层空间的,仍然是原基督教文化圈内的国家。美国著名历史学家斯塔夫里阿诺斯认为:"与欧洲其他大宗教完全不同,基督教浸透了普济主义、改变异端信仰的热情和好战精神"。[①]"从一开始,基督教就强调四海一家,宣称自己是世界宗教;从使徒时代到现在,积极传教一直是基督教会的主要特点。而且,为了使异端和不信教的人皈依基督教,基督教会总是毫不犹豫地使用武力","(基督教)这种好战性和努力改变异端信仰的精神显然是欧亚其他民族所缺乏的"。[②] 基督教是由犹太教发展而来的,其好战性源自犹太游牧民所崇拜的复仇和惩罚之神。基督教作家常用战争作为比喻,将人世间看作上帝与撒旦交战的战场,其首领在执行"到世界各地去,将福音传播给每一个人"的命令时,常常采用种种强有力的方法。马克斯·韦伯曾说,基督教的理性主义是合理的主宰世界。[③] 因此,近代西欧的扩张与基督教的扩张主义、好战传统不无关系,也促使先行工业化国家通过海外扩张等方式进行资本原始积累。

同时,基督教文化肯定劳动的价值,视劳动为神所赋予的责任,将不劳而获视为羞耻,将劳动视为"神召",敢于担当。这不仅促进了资本主义经济的繁荣,而且为资本主义经济注入敬业、务实、平等、效率、公平、主动、积极、服务和禁欲等优良精神;肯定和保护了私有财产存在的合理性价值,并以"十戒"的形式固定下来。

(二) 后起工业化国家和地区:儒教文化圈

在黄河流域兴起的中华文明以儒学文化形态一直延续到现代,传播

---

① [美] 斯塔夫里阿诺斯:《全球通史——1500年以后的世界》,吴象婴等译,上海社会科学院出版社1992年版,第11页。
② 同上书,第13页。
③ Weber, M., Gerth, H. H., *The Religion of China*, New York: Free Press, 1951, p. 248.

到日本、韩国等东亚国家,成为它们占统治地位的文化,在长达 2000 年的历史中儒学文明与文化一直没有被其他传统的文化体系所超过。①在东亚地区的文化领域中,儒家文化占据着重要的地位。儒家社会始终如一地提倡个人和家庭自制,认真对待工作任务、家庭和责任。儒家文化最显著的特点是:提倡节俭,强调"祸生于欲得,福生于自禁"。换言之,人们能够在消费上节嗜欲,俭美食,用才用制,乃直接关系到国家社稷之存亡;重视教育,儒家学派的创始人孔子也是著名的教育家,他倡导"有教无类""学而优则仕"等思想,强调教育的普遍性和重要性,打破了旧日统治阶级垄断教育的局面,变"学在官府"为"私人讲学",使传统文化教育惠及整个民族;儒家文化鼓励人们勤勉刻苦,努力工作。"民生在勤,勤则不匮",只有勤劳,才能创造财富。儒家文化的本质是实用主义,追求实事求是,其核心思想是"中庸",劝诫人们维持平衡,避免极端。另外,后起工业化国家和地区民族单一,语言单一,再加上吃苦耐劳、勤奋好学的国民性,使这个地区更容易接受外界信息,发展较为灵活。

(三)拉美国家:多元的混合性文化

拉美国家形成多元的混合性文化不仅由于其悠久的历史,还与长时期备受殖民者的蹂躏有关。拉丁美洲最初是印第安人居住的地方,后来由于葡萄牙、西班牙殖民者的入侵与殖民统治,拉美国家几乎都有着印第安人—伊比利亚人的社会背景,其文化特征是伊比利亚半岛的中世纪文化强加于印第安本土文化的一种混合体,即多元的混合文化,该地区 85% 以上的拉美居民都信仰天主教,因此也有学者将拉美地区称为"亚基督文化圈"。

"巴西文化"的混合性体现在具有多重民族的属性,由三股源流汇合而成,一股是土著居民的印第安文化,另一股是葡萄牙人带来的欧洲文化,还有一股是非洲黑奴带来的非洲文化。墨西哥文化的混合性体现在印第安人与欧洲人的融合上。在悠久的历史中,印第安人早在 5000 多年前就进行农耕活动,且逐步发展为璀璨的古代文明,是拉美三大印第安文明的摇篮之一。1519 年闯入墨西哥的西班牙人通过征服与殖民

---

① [韩]黄秉泰等:《儒学与现代化:中韩日儒学比较研究》,刘李胜等译,社会科学文献出版社 1995 年版,第 475—476 页。

活动,斩断了土著文明发展进程,带来了种族变化。殖民地时代结束时墨西哥人口中白人占18%,混血种人占22%,印第安人占60%。[①] 1970年,墨西哥的印欧混血人(即梅斯蒂索人)已占到全国人口的91.7%,而印第安人仅占7.8%。这种独特的混合性文化已成为墨西哥的主流文化,虽然有些土著居民仍保留其传统文化,但已处于主流文化的边缘。墨西哥约有92.6%的居民信仰天主教。[②] 拉美国家多元性的混合文化带有极大的兼容性、统一性和多样性,还具有传承性与平和性。

三 国际环境差异

随着经济全球化不断深入,世界各国都卷入了世界分工和国际贸易体系中,任何一国的经济发展都离不开其他国家,因此,国际环境对于一国经济发展与转型具有重要作用。1492年,哥伦布远航发现美洲新大陆,真正揭开了经济全球化进程的序幕。根据不同历史特征,经济全球化大致分为三个阶段:第一个阶段为经济国际化阶段,从1492年到第二次世界大战结束;第二个阶段为区域经济一体化阶段,第二次世界大战后到20世纪80年代中期;第三个阶段为全球经济一体化阶段,20世纪80年代至今。三大类型国家和地区在二元经济转型初期处于经济全球化的不同发展阶段,面临的国际环境有很大的差异性。

(一)先行工业化国家:经济国际化阶段

先行工业化国家的二元经济转型总体上处于经济全球化第一阶段——经济国际化阶段,这一阶段表现为一个主权国家顺应市场经济发展的客观要求,参与国际分工,跨越国界从事生产和交换,其他各国的市场受到主权国家的保护和调节。因此,二元经济转型时期先行工业化国家在国际市场上是真正的行为主体,拥有着全球性的资源与市场优势。英国、法国和德国三国基本上是进口原材料和初级产品,输出制成品,贸易条件是明显有利于这三个国家的。因此,先行工业化国家享有很多特殊的优异条件,如发展空间大、竞争对手少、廉价的资源和劳动力、拥有着广阔的殖民地、占有技术发展先机、基本没有种种规则的约束和限制等,它们是当时世界经济发展的主导力量。而亚洲、非洲和拉

---

① [英]贝瑟尔编:《剑桥拉丁美洲史(第三卷):从独立到大约1870年》,中国社会科学院拉丁美洲研究所组译,社会科学文献出版社1994年版,第56页。

② 徐世澄:《一往无前的墨西哥人》,时事出版社1998年版,第113页。

丁美洲的广大殖民地、半殖民地和附属国等是先行工业化国家的原材料提供地和产品市场，这些国家和地区丰富的自然资源绝大部分是被先行工业化国家控制的，通过不平等的海外贸易和殖民掠夺等手段，被迫为先行国家的经济发展服务，促使其能较轻松和平地解决发展引起的内外矛盾或转嫁危机。

（二）后起工业化国家和地区、拉美国家：区域经济一体化与全球经济一体化阶段

后起工业化国家和地区、拉美国家这两大类型国家和地区发展阶段基本相似，虽然拉美国家发展早一些，但它们独立后主要受先行工业化国家的压迫与制约，第二次世界大战之后才进入经济发展快速时期。日本发展也较早，明治维新之后发展较快，但受到两次世界大战的影响，尤其是第二次世界大战的影响，经济崩溃，转型进程几乎全部中断。因此，后起工业化国家和地区的转型也大约是在第二次世界大战之后启动的，因此，这两大类型国家和地区经济转型面临的国际环境处于经济全球化的第二阶段——区域经济化阶段和第三阶段——全球经济一体化阶段。在区域经济一体化阶段，区域内一些国家突破主权国家的界线，以共同利益为基础，从相互独立的个体经济整合为一个新的经济体系；这个阶段催生了很多区域性贸易集团、区域经济一体化协议或组织。在全球经济一体化阶段中，经济行为主体在一定程度上具有超主权的特性；一些主权国家是被排除在外的，政府不能像经济全球化第一阶段那样保护和调节本国市场，也不能像第二阶段那样建立起政府间协调机制，并携手共同对市场实行监管。后两大类型国家和地区的二元经济转型就是在经济全球化第二、第三两个阶段进行的，"地球村"日益缩小，世界发展相互依存性显著增强，由于发展较晚，如"双刃剑"一样，面临着"后转型效应"。

首先，处于"中心—外围"的国际经济格局。从国际环境看，作为后转型国家和地区，丧失或缺乏先行工业化国家拥有的发展机会和环境，随着国家独立和经济发展，后转型国家和地区仍未摆脱对发达国家的依附关系，在世界市场中处于弱势地位。由于发达国家仍然控制着国际分工、国际贸易、国际生产要素流动体系的支配权，多数发展中国家只能处于国际分工体系的底层，生产和出口初级产品及附加值低的制成品。先行工业化国家仍然掌握着世界市场上许多商品价格的决定权。普

雷维什认为,世界经济存在着"中心"和"外围"的格局①,"中心"是指主导国际经济体系的以先行工业化国家为主的发达国家,"外围"是指以后转型国家和地区为代表的发展中国家和地区。因此,后转型国家和地区面临着不合理的国际经济秩序,全球贸易保护盛行,同时能源危机、生态恶劣和环境污染等外部压力巨大,使它们的转型异常艰难。而随着后起工业化国家和地区于20世纪八九十年代完成二元经济转型,也逐渐向中心国家靠近,而拉美国家依旧在外围的边缘地区,世界经济格局逐渐演变为"中心—半边缘—边缘"。

其次,借鉴经验,吸取教训。先行工业化国家转型过程是自身不断摸索、不断开拓的过程,开辟了崭新的转型道路,积累了很多经验,而后转型国家和地区可以借鉴先行国家的经验,吸取教训,少走弯路,采取更可行的赶超战略,将先行国家数百年摸索的道路浓缩为捷径,有效解决转型中遇到的挫折与困难,从而大大加快转型进程。

最后,利用先行工业化国家资金、技术和设备的后发优势。先行工业化国家工业化起步早,技术水平高,产业发展较为完善。再加上先行工业化国家拥有充裕的资金、先进的技术和广阔的市场,后转型国家和地区可以大力引进外资,借用其技术,利用其市场为本地经济转型服务,从而加快本地产业结构升级,促进技术创新,增强经济发展动力,加快转型进程。

显然,"后转型效应"既使后转型国家和地区经济发展处于十分不利的时空和境地,又提供了某些有利的机遇和条件。如今,后起工业化国家和地区在第二次世界大战后日趋复杂的国际形势下已经完成了二元经济转型,而拉美国家仍处于转型之中,在全球经济一体化日益加深的阶段,表现为金融全球化、贸易全球化、跨国公司全球扩张、信息全球化、人力资本全球流动,世界各国的联系更加紧密,经济安全面临着新的威胁与挑战,更需要采取新的举措以应对新的国际环境促进转型发展。

四 社会经济发展水平差异

先行工业化国家二元经济转型初期的经济发展水平相比其他两大类

---

① Prebischb, R., "Commercial Policy in the Underdeveloped Countries", *The American Economic Review*, Vol. 49, No. 2, 1959, pp. 251–273.

型的发展水平要高。

先行工业化国家是整个世界经济发展的领头者，二元经济发展之前的原始资本积累与原工业化①助推了经济发展。从表4-5可以看出，英国在1700年人均GDP为1250国际元，这一时间比英国开始二元经济转型的时间早60年左右，而1820年达到了1706国际元；法国在转型初期的人均GDP为1135国际元；德国为1328国际元。从人均GNP看，德国为302美元，法国为242美元，英国为227美元。

表4-5　　　　　人均GNP、人均GDP国际比较

统计口径	时期	英国	法国	德国	日本	韩国	巴西	墨西哥
人均GNP（1965年美元）	二元经济转型初始阶段	227（1765—1785年）	242（1831—1840年）	302（1850—1859年）	136（1886年）	—	—	—
人均GDP（国际元）		1706（1820年）1250（1700年）	1135（1820年）	1328（1830年）	860（1885年）	770（1950年）	794（1890年）	674（1870年）
	1950年	6939	5271	3881	1921	770	1672	2365
	1960年	8645	7546	7705	3986	1105	2335	3155
	1970年	10767	11664	10839	10040	2522	3057	4320
	1980年	12931	15106	14114	13428	4114	5198	6289
	1995年	17495	18558	17125	19849	11818	5296	6027

注：括号中指的是年份。

资料来源：人均GNP数据来源于［日］南亮进《日本的经济发展》，景文学等译，对外贸易教育出版社1989年版，第13页；人均GDP数据来源于［英］安格斯·麦迪森《世界经济千年统计》，伍晓鹰等译，北京大学出版社2009年版，第53—59、137—139、178—182页。

除日本之外，后起工业化国家和地区同拉美国家在转型之前都是先行工业化国家的殖民地，发展完全或部分受先行工业化国家的控制。日

---

① 这一概念最早由F. 门德尔斯（F. Mendels, 1969）提出，而后不断完善，主要指在以生产和工场制度为基础的产业革命兴起之前的一种以乡村工业的迅速发展为特征的工业化。参见Mendels, F., "Proto‑Industrialization: The First Phase of the Industrialization Process", *The Journal of Economic History*, Vol. 32, No. 2, 1972, pp. 241-261。

本发展较晚，后来由于奉行军国主义发动战争导致经济发展停滞。因此，这两类国家和地区的发展水平相对较低。从拉美国家看，巴西与墨西哥于19世纪20年代脱离葡萄牙、西班牙的殖民统治，但政治上的独立并没有实现经济上的独立，依然保持着殖民地时期的经济结构，为欧美国家提供农产品、矿产品等原料，直到19世纪80年代才开始发展经济，转型之初巴西人均GDP为752国际元，墨西哥为674国际元，均大大低于先行工业化国家早期的水平。

从后起工业化国家与地区看，日本与拉美国家的转型时间相仿，转型之前明治维新改革促进了资本主义发展，"殖产兴业"政策使日本建立了较为完备的基础设施体系，日本转型之初人均GDP为860国际元，人均GNP为136美元（按照1965年美元计），可见，日本转型之初经济发展水平大大低于先行工业化国家。韩国和中国台湾第二次世界大战后脱离日本的殖民统治，随后步入二元经济发展阶段，因此发展水平较低，当时的韩国人均GDP仅为770国际元。到1960年时，两地经济发展不仅远远落后于先行工业化国家，也落后于拉美国家，直到20世纪80年代才赶上拉美国家，此时日本已经与先行工业化国家经济发展水平拉平。

综上所述，先行工业化国家与后起工业化国家和地区在自然资源禀赋上是缺乏的，但人口素质较高，而拉美国家恰恰相反；从文化背景上看，先行工业化国家和拉美国家的文化更为复杂，都受基督教文化的影响，而后起工业化国家和地区由于规模较小，统一的语言与民族更具均质性和同一性，容易接受外来文化；从发展阶段看，拉美国家与后起工业化国家和地区在第二次世界大战后发展较快，面临的国际环境大体相似，而先行工业化国家发展较早；从经济发展水平较，先行工业化国家发展水平较高，其他两大类型国家和地区经济发展水平较低。因此，从类型学上讲，可将三类国家和地区概括为：先行工业化国家代表了规模相对较大、自然资源短缺、人力资源丰富且高质的劳动力过剩的开放二元经济；后起工业化国家和地区代表了规模较小、土地的人口压力大、自然资源短缺、人力资源丰富且高质的劳动力过剩的开放二元经济；拉美国家代表了规模较大、自然资源丰富和人口素质相对较低的劳动力过剩的二元经济。

第二节 二元经济转型中资本积累方式差异

在刘易斯模型中，经济发展的核心问题是资本积累。或者说，如何把储蓄率和投资率从4%—5%或更低的水平提高到12%—15%甚至更高的水平。[1] 资本积累的来源是储蓄，储蓄可以转化为投资，从而转化为机器设备、厂房、交通工具、基础设施等物质资本。根据凯恩斯的国民收入决定理论，在开放经济条件下，一定时期内，一国储蓄的总供给由国内储蓄和国外储蓄两部分构成。国内储蓄包括政府或公共部门的储蓄和私人国内储蓄，政府储蓄来自政府税收用于公共消费后的余额，私人国内储蓄包括企业储蓄和家庭储蓄；国外储蓄包括官方的国外政府储蓄或外国援助和私人国外储蓄，私人国外储蓄包括国外商业银行借款或债券融资以及国外私人直接投资。[2]

从世界史来看，各国资本积累方式有个共同点，转型初期大都以牺牲农业为工业发展积累资金，转型中通过提高储蓄率促进现代部门的经济增长推动二元经济转型。但本书涉及的三大类型国家和地区的资本积累由于国际环境与文化背景的差异，其实现资本积累的方式有所不同。

一 内生性资本积累

先行工业化国家在二元经济转型中，国内总投资占国民总产出的比例出现明显增长，工业化完成后，资本积累率基本上保持了12%—14%的水平（见图4-1）。在早期资本形成过程中，随着资本积累率的提高，人口、国民总产出也出现同步增长趋势，例如英国1761—1860年（见表4-6），资本、人口和实际产出呈现同步稳定增长的趋势，资本增长率（1.4%）快于人口增长率（1.1%），实际产出增长率（2.0%）快于资本增长率和人口增长率，因此人均资本、人均产出呈现不断增加的趋势，相应的资本积累也不断提高。从总体上看，由于先行国家的人口增长率缓慢，国民总产出的增长率较快，人均国民产出呈

---

[1] Lewis, W. A., "Economic Development with Unlimited Supplies of Labour", *The Manchester School*, Vol. 22, No. 2, 1954, pp. 139–191.

[2] 谭崇台：《影响宏观经济发展质量的要素——基于发展经济学理论的历史考察》，《宏观质量研究》2014年第1期。

现快速增长的趋势,人均产出的增长又为资本积累提供了储蓄来源,如此良性循环,资本得到进一步积累,因此,先行工业化国家的资本积累是一种内生性积累的结果。

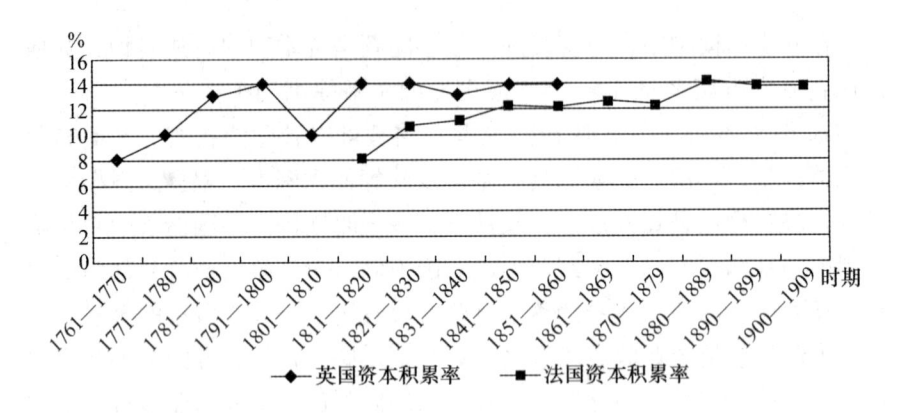

图4-1　英国、法国二元经济转型中资本积累率的变动

注：受限于数据的可获得性,所做的图只是示意,并不影响研究结论。

资料来源：[英] M.M.波斯坦、D.C.科尔曼、彼得·马赛厄斯编：《剑桥欧洲经济史(第七卷)：工业资本：资本、劳动力和企业》(上册),王春法等译,经济科学出版社2004年版,第91—239页。

表4-6　英国资本、人口和国民产出的增长率(1761—1860年)　单位：%

时期	资本	人口	实际产出(GDP)	人均资本	人均产出
1761—1800	1.0	0.8	1.1	0.2	0.3
1801—1830	1.4	1.4	2.7	—	1.3
1831—1860	2.0	1.2	2.5	0.9	1.3
1761—1860	1.4	1.1	2.0	0.3	0.9

资料来源：[英] M.M.波斯坦、D.C.科尔曼、彼得·马赛厄斯编：《剑桥欧洲经济史(第七卷)：工业资本：资本、劳动力和企业》(上册),王春法等译,经济科学出版社2004年版,第84页。

从先行工业化国家的资本积累方式看,国内资本积累主要通过农业革命为工业化提供积累资金,这也是其他类型国家和地区采取的主要方式。同时,它们利用自身发展的国际环境,在传播宗教思想的同时,通过殖民掠夺和海外贸易为二元经济转型提供资本积累来源。

英国主要通过殖民掠夺、海外贸易、奴隶贸易等方式进行资本积累。其一，殖民掠夺。16世纪末17世纪初，英国在北美和西印度群岛建立第一批殖民地，到18世纪最后30年，英国已成为世界第一商业和殖民强国，确立了海上霸权和世界贸易中心的地位。产业革命的推进，又进一步助长对外扩张和殖民势力，19世纪英国加紧侵略亚洲和非洲，维多利亚时代英国已成为所谓的"日不落"帝国。1800年，英国所占殖民地面积为1130万平方公里，1850年扩大到2000万平方公里，1876年进一步增加到2250万平方公里，1800—1876年的77年间，殖民地面积翻了一番，成为当时世界上最大的殖民帝国。[1] 尤其是在丧失"世界工厂"地位之后的一段时间内，即19世纪的最后20年，英国更是加紧抢占殖民地，企图通过殖民扩张来保证获得廉价的原料来源、有利的投资场所和广阔的工业品出口市场。通过投资、债权、不等价交换等方式攫取海外收入，获得巨大利润，有力地支撑了英国经济。到1914年，英国占有55个殖民地，殖民地面积约是本国面积的100倍，殖民地人口约是本国人口的8.5倍。[2] 它的殖民地遍布南北美洲、大洋洲、亚洲和非洲。其二，海外贸易。16世纪和17世纪初的英国被称为"海盗国家"，海上实力逐渐壮大，对外贸易额从1698年的11900万英镑增加到1802年的72800万英镑，100年左右的时间增加了5倍多[3]，殖民地贸易具有极大的掠夺性质。以东印度公司为例，通过片面的"自由贸易"，英国可获得商品价格20倍的暴利。[4] 在七年战争后的55年间，英国通过东印度公司从印度掠夺的财富多达50亿英镑。[5] 其三，奴隶贸易。英国主要采取"三角贸易"进行奴隶交易，在非洲猎取黑人，运至美洲贩卖。到18世纪中叶，英国从事奴隶贸易的规模已占世界第一位，从奴隶贸易中获得的财富难以数计。利物浦是奴隶贸易的中

---

[1] 戎殿新、司马军编：《各国农业劳动力转移问题研究》，经济日报出版社1989年版，第196页。
[2] [美]斯塔夫里阿诺斯：《全球通史——1500年以后的世界》，吴象婴等译，上海社会科学院出版社1992年版，第314页。
[3] 高德步：《世界经济史》，中国人民大学出版社2011年版，第205页。
[4] 谭崇台：《发达国家发展初期与当今发展中国家经济发展比较研究》，武汉大学出版社2008年版，第412页。
[5] 王章辉：《英国和法国工业革命比较》，《史学理论研究》1994年第2期。

心，1771年在190艘英国贩奴船中，利物浦占107艘，1783—1793年利物浦商人在西印度群岛出售了30余万名黑奴，从中获利1200余万英镑，平均每年近111.8万英镑。① 英国作为当时最大的殖民帝国，从直接的殖民掠夺和独占殖民地市场方面获得大量财富。根据格雷戈里·金估计，1688年英国国民收入的10%来自海外。②

法国和英国一样，都曾通过对外扩张、掠夺殖民地和奴隶贸易等手段获取资本和开拓市场。相比于英国，法国的海外资本积累要弱得多。在殖民掠夺方面，16世纪末法国走上了殖民掠夺的道路，通过建立特权公司先后在北美洲、中南美洲、安德烈斯群岛和西印度群岛开辟了殖民据点，欧洲30年战争使法国获得了欧洲霸主的地位。其一，大革命之后法国在非洲、南亚、东南亚等国加紧侵略，积极扩军备战，重新瓜分世界。到1914年，法国占有29个殖民地，殖民地面积较1871年增加了约10倍，约是本国面积的20倍，殖民地人口约为6235万人，是本国人口的2倍③，成为世界上仅次于英国的第二大殖民帝国。第一次世界大战之后，法国作为战胜国，收回了曾被德国割占的领土，扩大了殖民地范围。到1924年，法国拥有殖民地1100多万平方千米，比法国本土面积还大18倍，殖民地人口5500万，比本土还多1500万④，大量殖民地为法国工业发展提供了原材料、劳动力和商品市场等各种有利条件。其二，海外贸易。殖民地的开拓使法国的对外贸易获得迅速发展。路易十三执政时期，法国建立22个特权公司以发展海外贸易，1716—1720年和1784—1788年，法国对外贸易扩大了5倍，对外贸易在世界贸易市场中所占比重由1720年的8%上升到1780年的12%。对外贸易的增长主要依赖殖民地贸易的发展，殖民地贸易主要集中在瓜德罗普岛、马提尼克岛、圣多明各岛等安德烈斯群岛，海外贸易主要通过波尔多、马赛、南特、卢昂—勒阿弗尔四个港口，其吞吐量占法国海外贸易

---

① D. P. Mannix and Malcolm Cowley, *Black Cargoes: A History of the Atlantic Slave Trade 1518 - 1865*, New York: Penguin Books, 1962, p. 72.

② Dean, P. and Cole, W. A., *British Economic Growth, 1688 - 1959*, London: Cambridge University Press, 1962, p. 3.

③ [美] 斯塔夫里阿诺斯：《全球通史——1500年以后的世界》，吴象婴等译，上海社会科学院出版社1992年版，第314页。

④ 马生祥：《法国现代化》（下册），河北人民出版社2004年版，第742页。

的90%。① 到大革命前夕，法国已成为仅次于英国的世界第二大贸易强国。其三，奴隶贸易也是法国原始积累的重要源泉，构成了法国在非洲殖民活动的基础。17世纪后期，法国参加了猎捕和贩卖黑人的活动，为法国带来了巨额财富。

相对于英法，德国对外扩张和殖民掠夺是建立在经济有了一定发展、实力有所增强的基础上的。德国在转型之前没有通过殖民掠夺进行资本积累，但通过王朝统一战争为实现国家统一创造了条件。俾斯麦通过"铁血政策"，先后与丹麦、奥地利、法国展开王朝统一战争，德国从法国获取了高达50亿金法郎的赔款，夺得了以铁矿和钾盐丰富而著名的阿尔萨斯和洛林两个地区，壮大了工业的力量，补充了原始积累的资金。统一之后的德国经济实力不断增强，对外扩张的欲望愈加强烈，"德国殖民联合会"（1882）、"德国殖民公司"（1884）以及"泛德意志协会"（1891）的成立以及与之有紧密联系的"德国殖民协会"等宣传帝国主义殖民扩张联合体②，进一步加速了对外扩张和抢夺海外市场的进程，德国在世界殖民地分割中比英法慢了一步，许多好的殖民地已经被他国捷足先登，德国只好到未占据的地方谋发展，殖民地范围集中在非洲大陆、东亚的中国、西亚的土耳其等国，到1914年，德国殖民地面积达3187030平方公里，人口达1307万人。③ 德国的殖民地多在非洲和太平洋上，人口和资源都较为匮乏，难以成为德国经济发展的原料来源和销售市场，德国在刘易斯转折阶段的殖民掠夺，对经济发展贡献不大，这也是德国从大陆强国政策转向世界强国政策，以武力发动两次世界大战、夺取世界霸权的基本动因。

综上来看，先行工业化国家主要通过内生性资本积累，包括原始资本积累、海外贸易及殖民掠夺等方式进行资本积累，促进本国二元经济转型。

二 外生诱导性资本积累

后起工业化国家和地区、拉美国家的经济发展最初是在政府主导的

---

① 马生祥：《法国现代化》（下册），河北人民出版社2004年版，第827—828页。
② 邢来顺：《德国工业化经济——社会史》，湖北人民出版社2003年版，第421—423页。
③ ［美］斯塔夫里阿诺斯：《全球通史——1500年以后的世界》，吴象婴等译，上海社会科学院出版社1992年版，第314页。

作用下进行的,通过制订庞大的工业化发展计划,进行大规模国内外投资,完成资本积累。因此,相对于发达国家高积累的内生性,发展中国家的资本积累是政府推行工业化的结果,是外生诱导的产物。主要资本积累有国内储蓄和利用外资两种形式。

(一) 两大类型国家和地区储蓄率的差异

1. 现象描述:两大类型国家和地区储蓄率的演变

后起工业化国家和地区中(见图4-2),日本储蓄率在二元经济转型时期一直很高,平均在30%以上,韩国和中国台湾在经济起飞的二元经济转型初期,由于脱离殖民统治不久,国民经济处于恢复中,储蓄率非常低,韩国在1956—1960年仅为4.2%,而中国台湾为9.1%,因此所需国外储蓄多一些,外资占比较大,这样才能满足经济发展需求。拉美国家由于经济发展起步较早,20世纪30年代初开始实行进口替代工业化战略为经济发展积累了资金,国民储蓄率相对于韩国和中国台湾要高一些,1956—1960年巴西和墨西哥的储蓄率均为13.5%。但韩国和中国台湾的储蓄率增长速度很快,尤其是中国台湾地区,到20世纪60年代初,中国台湾已经超过巴西和墨西哥,到70年代中期之后,储蓄率已经超过30%,直到实现二元经济转型,储蓄率才有所下降。而韩国的储蓄率在70年代中后期也超过了巴西和墨西哥,之后稳步增长,80年代中期之后,一直维持在30%的高水平上。相反,巴西和墨西哥的储蓄率虽然处于震荡状态,但总体在20%上下波动,储蓄率偏低使拉美国家更加依靠外资拉动经济发展。20世纪70年代中后期开始,后起工业化国家和地区的储蓄率水平超过拉美国家。

2. 原因分析:两大类型国家和地区储蓄率差异性的原因分析

后起工业化国家和地区的储蓄率水平明显高于拉美国家,主要原因有以下几点:其一,收入分配的影响。拉美国家的收入分配差距普遍大于东亚地区,收入分配不公使高收入阶层产生对高档奢侈品的更多需求,而低收入者没有进行储蓄的资本,导致全社会储蓄率偏低;而东亚地区收入分配相对公平。其二,储蓄—投资转化机制因素的影响。东亚地区采取控制公共消费、邮政储蓄利息收入免税、实施高利率等措施鼓励将更多的储蓄转化为投资;拉美国家的金融体系更多表现为政府干预与管制的不合理,使这种转化相对困难。其三,文化因素的影响。以儒家文化为主的东亚文化倡导勤俭、节制、刻苦以及重家庭、负责任,而

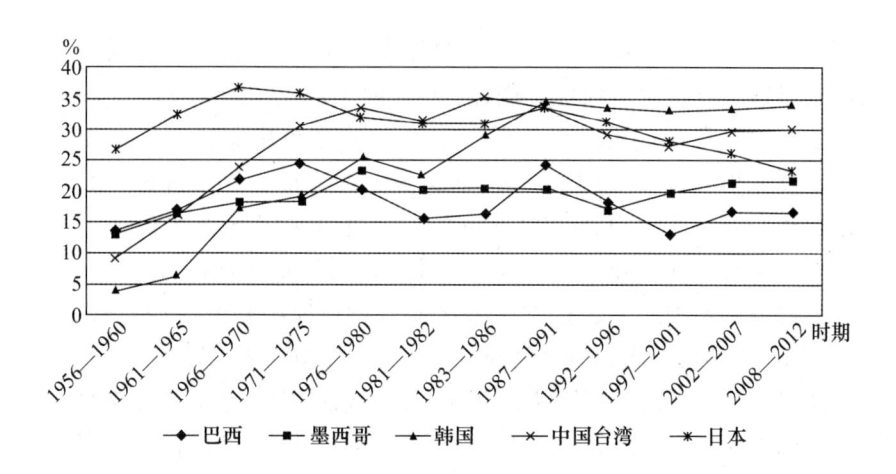

图 4 - 2 储蓄率比较

注：受限于数据的可获得性，所做的图只是示意，并不影响研究结论。

资料来源：世界银行 WDI 数据库；[美] 加里·杰里菲、唐纳德·怀曼：《制造奇迹：拉美与东亚工业化的道路》，俞新天等译，上海远东出版社1996年版，第78页；牟晓伟：《日本储蓄率变动及其影响研究》，博士学位论文，吉林大学，2012年，第48—52页。

与东亚不同，拉美文化中很少有鼓励人们节俭的成分；相反，"今朝有酒今朝醉"的消费观念成为拉美文化特征之一，再加上地缘关系，拉美国家受到超级强国美国的影响，超前消费和模仿消费对整个社会产生了很大的影响，也是国民储蓄率水平一直不高的原因之一。

(二) 两大类型国家和地区利用外资的差异

外资对拉美国家和后起工业化国家与地区做出了巨大贡献，克服了资金不足的局限，有利于扩大出口，提升产业结构，创造更多的就业机会。由于历史背景、外资结构构成、来源国和管理方式的差异，后起工业化国家和地区在利用外资方面更加积极。为了体现利用外资的差异性，本章后起工业化国家和地区主要以韩国和中国台湾为对象进行分析。

1. 现象描述：两大类型国家和地区利用外资的历史考察

拉美国家利用外资的历史要比韩国和中国台湾地区悠久得多，最早可以追溯到19世纪80年代二元经济转型初始阶段，主要通过引进、利用外国贷款和直接投资等形式促进经济发展，但也使国内经济沦为外国资本的附庸。墨西哥迪亚斯总统时期（1876—1911年），经济发展的

2/3 靠外国资本，主要是美国。当时外国资本较集中的投资领域为矿业、铁路建筑以及出口农业，因此，"矿业飞地""铁路飞地"和"农业飞地"大量存在，还出现外国资本控制的寡头集团，它们甚至有参政的权利。20 世纪 30 年代到第二次世界大战之前，在推进进口替代工业化初期，拉美国家总体上对外资的依赖性减弱。第二次世界大战之后，国内储蓄率降低和资本短缺对工业化发展的制约日趋明显，同时发展工业化也需要国外先进技术、市场渠道和管理经验的支持，从 20 世纪 50 年代中期起两国创造有利条件吸引跨国公司的投资。

韩国和中国台湾在刚刚步入二元经济发展初期，储蓄率非常低，急需外国资本促进本国经济的发展。从表 4-7 可以看出，利用外资的比例非常高，在 1956—1960 年韩国和中国台湾平均占比分别为 65.2% 和 40.5%，20 世纪 70 年代中期之后，随着储蓄率的升高，外资比重呈下降趋势，中国台湾在 20 世纪 70 年代初出现资本输出的势头。韩国和中国台湾分别于 1986 年、1984 年开始还债[1]，逐步摆脱外国经济控制的自主权。相反，拉美国家比以上国家和地区发展早，20 世纪 50 年代中后期储蓄率相对较高，外资比重较低，从 60 年代初到 80 年代初对外资的依赖性逐渐增强。受到债务危机的一定影响，外资比例严重下滑。20 世纪 90 年代初的金融自由化改革使外资比重再度升高。从外资构成看，各种类型资本逐利而来，投机资本所占比重较大，这种依靠外资的资本积累并非真正的资本积累，而是一种依靠外债的积累和风险的积累，蕴含着宏观经济潜在的风险因素。最近 20 年，巴西投资的增长与外部储蓄的上升紧密相连，外资的依赖尤为严重。1994 年以前，投资与国内储蓄之间呈正相关关系，这也体现了外部储蓄的补充作用，而 1994 年之后，这种关系发生了改变，国内储蓄与投资不再相关[2]。同时，吸收外部储蓄的需求带来了一些副作用，如不断升值的汇率和制造业在 GDP 中的低参与度即去工业化现象，以及经济结构失衡。

---

[1] ［美］加里·杰里菲、唐纳德·怀曼：《制造奇迹：拉美与东亚工业化的道路》，俞新天等译，上海远东出版社 1996 年版，第 88 页。

[2] Pastore Affonso Celso, "Pinotti Maria Cristiana, PAGANO Terence de Almeida. Investimentos, Poupanoas, Contas–Correntes e Cambio Real", Bacha Edmar Lisboa, Bolle Monica B, *Novos Dilemas da Política Economica：Ensaios em homenagem a Diontsio Dias Carneiro*, Rio de Janeiro：LTC, 2011, pp. 161–178.

表4-7 巴西、墨西哥、韩国和中国台湾外资所占比重的比较   单位:%

时期	巴西	墨西哥	韩国	中国台湾
1956—1960	13.3	14.4	65.2	40.5
1961—1965	2.8	9.6	54.2	14.3
1966—1970	5.1	12.3	39.0	3.8
1971—1975	16.5	15.9	30.9	2.3
1976—1980	17.1	15.4	17.1	-6.1
1981—1982	25.0	19.7	20.6	-12.1
1983—1986	7.3	-6.1	1.7	-81.0

注:外资比重=外国储蓄/总投资额。

资料来源:[美]加里·杰里菲、唐纳德·怀曼:《制造奇迹:拉美与东亚工业化的道路》,俞新天等译,上海远东出版社1996年版,第78页。

总体来看,第二次世界大战后初期,韩国和中国台湾主要投资大部分来源于外资,而巴西和墨西哥则主要依靠国内资金。随着时间的推移,情况向相反的方向转化,拉美对外资的依赖增加,而外资在后起工业化国家和地区的作用却急剧下降。

2. 两大类型国家和地区外资结构的差异性分析

首先,外资构成差异性分析。从表4-8分析,拉美的外资成分偏重于私有部门的投资,尤其是外国直接投资和私人银行提供的贷款,1971—1975年巴西私人资金的流入量占外资总额竟高达86.6%,墨西哥竟高达88.9%。从外国直接投资占外资总额的比例考察,墨西哥占比为22.8%,巴西为34.6%。后起工业化国家和地区注重公共部门的资金引用,在韩国和中国台湾,1961—1986年双边和多边贷款占外资流入量1/3以上,且大部分的公共资金为双边贷款,20世纪60年代初,这一比例尤其大,很大一部分为优惠性贷款,美国、日本援助的比例大一些。两类国家和地区不同的外资构成带来的影响不同。一方面,影响日后的偿债能力。公共部门作为出借者没有私有部门苛刻,据记载,在拉美债务危机前夕,巴西和墨西哥的贷款利率分别为12.7%和14.5%,而韩国贷款的平均利率仅为11.3%;巴西和墨西哥的债务有70%和77%为浮动利率,而韩国仅有41%,这样20世纪80年代国际利率上涨对韩国损失较小;公共部门资金还期较长,而拉美的私人投资占主导的外资成分具有灵活性,给宏观经济发展带来极大的不稳定。另

表 4-8　四个国家和地区长期净外国资本的类型（1961—1986 年）

时期	公共部门 双边（%）	公共部门 多边（%）	私人部门 私人银行（%）	私人部门 外国直接投资（%）	平均总额（百万美元）
巴西					
1961—1965	57.1	7.8	-3.2	38.3	316.2
1966—1970	15.1	16.2	29.0	39.6	544.8
1971—1975	5.3	8.1	52.0	34.6	2834.4
1976—1980	3.0	4.4	66.7	25.9	6701.0
1981—1982	5.2	6.1	61.2	27.5	8570.3
1983—1986	2.1	20.2	54.9	23.0	5018.0
墨西哥					
1961—1965	7.3	14.3	36.4	42.0	352.8
1966—1970	7.4	16.7	34.1	41.8	555.1
1971—1975	3.0	8.1	66.1	22.8	2064.8
1976—1980	1.7	5.5	72.6	20.2	5469.6
1981—1982	4.1	7.3	70.2	18.3	11160.4
1983—1986	11.9	24.7	33.1	30.2	1857.5
韩国					
1961—1965	84.0	1.8	12.6	1.6	259.7
1966—1970	39.7	1.7	55.1	3.5	369.7
1971—1975	34.9	14.9	38.7	11.5	854.1
1976—1980	18.1	16.3	60.4	5.2	2026.8
1981—1982	19.6	18.0	59.3	3.1	2748.0
1983—1986	6.0	14.6	67.6	11.8	1783.3
中国台湾					
1961—1965	77.8	0.5	8.9	12.8	98.1
1966—1970	23.7	11.1	39.4	25.8	138.0
1971—1975	35.6	16.2	30.2	18.0	287.6
1976—1980	37.9	-3.3	47.2	18.2	581.2
1981—1982	19.1	-3.2	61.3	22.8	757.5
1983—1986	-42.9	-3.6	-97.3	43.8	-580.5

资料来源：[美] 加里·杰里菲、唐纳德·怀曼：《制造奇迹：拉美与东亚工业化的道路》，俞新天等译，上海远东出版社 1996 年版，第 68 页。

一方面，影响经济发展的推动力。拉美国家中外国直接投资占很大一部分，投资者对资产拥有控制权，一旦与工业化阶段中的关键领域结合，相对于政府和地方资本，外国资本拥有更大的经济和政治权力。而韩国和中国台湾主要来源于美国的双边援助，这些资金直接转移到两地政府手中，政府完全可以支配资金的用途，因而加强了自身控制权。

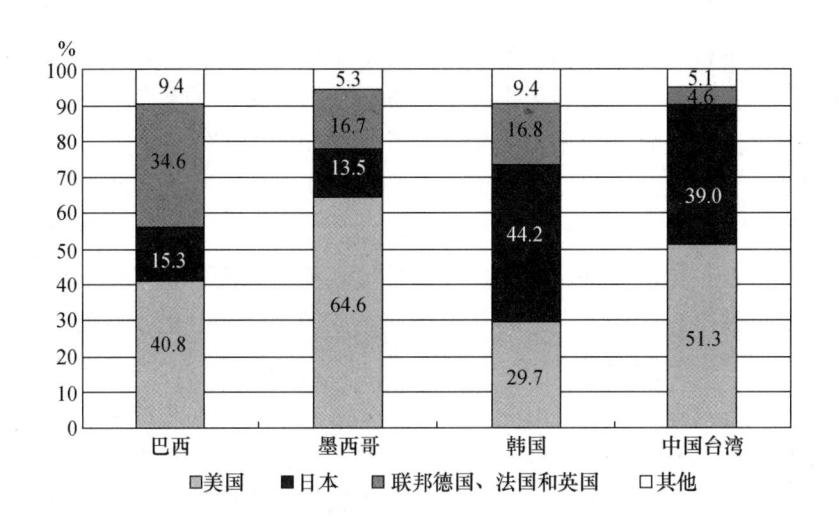

%
地区	美国	日本	联邦德国、法国和英国	其他
巴西	40.8	15.3	34.6	9.4
墨西哥	64.6	13.5	16.7	5.3
韩国	29.7	44.2	16.8	9.4
中国台湾	51.3	39.0	4.6	5.1

图 4-3 四个国家和地区长期净外国资本的来源（1971—1986 年）

注：百分比反映了各提供地在外资总额中所占的比例。表中数据经四舍五入。

资料来源：[美]加里·杰里菲、唐纳德·怀曼：《制造奇迹：拉美与东亚工业化的道路》，俞新天等译，上海远东出版社1996年版，第71页。

其次，外资来源国差异性分析。从图 4-3 可以看出，1971—1986年韩国和中国台湾有双重的外资来源，充分反映了美国、日本两国在该地域的双重霸权。其中，在中国台湾，美国的资金所占的比重稍大一些，而在韩国的外资中日本的资金比例稍大一些。相反，在墨西哥和巴西两国，美国资本完全占有相当大的比例与优势，所占比例分别达到64.6%和40.8%。从来源国分析，东亚地区主要集中于美日两国的抗衡，中国台湾地区和韩国由于美日的双重介入，使其利用美日间的矛盾在多样化的投资渠道中拥有更大的回旋余地和控制权。而在拉美国家，美国所占比例更大一些，虽然巴西投资比例中联邦德国、法国与英国的比例似乎可以与美国的比例抗衡，但由于战争耗竭，第二次世界大战后三方集中于发展本国经济,况且由于三国利益关系很难统一起来与美国进行争夺,美国对拉美国家有实质的控制权。以上资料收集的年限仅限于1971—1986年,如果从更长的时期分析,美国的支配地位会更加突出,尤其是20世纪60年代初,出于政治霸权考虑,美国几乎是韩国和中国台湾双边资金的唯一来源。

最后,外资管理差异性分析。从外资利用对象看,后起工业化国家和地区在奉行出口导向模式时,利用外资主要是为满足企业扩大生产规模和引进技术装备的资金需求,以增强其在世界市场的竞争力。而拉美国家大量利用外资,后来衍生出外债并不是用于生产建设,而是进入消费领域,并没有还本付息的能力,有的即使进入生产领域,也是投入建设周期长、收效慢的工程项目,所以外债的偿债能力较差。从外资的控制权分析,拉美国家缺乏宏观上控制外债规模的力度,过度乐观估计本国初级产品出口的能力,认为偿还外债不成问题,而且出于政治上的考虑,一届政府为刺激经济增长举借外债,偿还并没有成为自身考虑的内容,对国有企业和私人部门竞相举借外债听之任之。而东亚地区对外债管理要更加具有条理性,中国台湾地区外债规模小,韩国虽然在1984年成为世界第四大债务国,但控制在世界银行规定的范围内,而且能够积极地利用出口获得的收入进行还债。

综上所述,先行工业化国家的资本积累由于所处的国际环境和自身经济发展,资本积累是内生性结果,资本积累的方式主要通过转型前的原始资本积累、殖民掠夺及海外贸易方式完成。而后起工业化国家和地区、拉美国家作为发展的迟来者,资本积累主要通过推行工业化和进口替代的经济发展战略以提高储蓄率和利用外资,是外生诱导的产物,这两大区域的储蓄率与利用外资又存在着显著的差异。

第三节　二元经济转型中工业化道路差异

工业在二元经济转型过程中发挥着非常重要的作用,一方面通过工业扩张吸收农业剩余劳动力,带动城市化发展;另一方面为农业提供现代科学技术和市场,进一步促进农业部门的资本积累,提高农业劳动生产率。因此,工业化是实现二元经济转型的主导力量。所谓工业化道路，就是实现工业化的原则、方式和机制的统称，要解决的是如何实现工业化的问题。[①] 简新华等（2004）认为，工业化道路主要包括产业选择、技术选择、资本来源的选择、发动方式选择、发展方式的选择、实现机制选择、城市化模式的选择、国际经济联系选择八个方面的内容。而二元经济转型过程中工业化可着重从以下五个方面分析。第一，产业选择，即工业化中的重点产业和优先发展的产业、产业结构的类型及各种不同产业之间相互关系的确定和调整；第二，技术选择，即工业发展中采用的技术进步类型，是运用劳动偏向型的技术，还是资本偏向型技术；第三，发动方式选择，即工业化进程是靠民间发动，还是由政府推进，抑或两者的结合；第四，实现机制选择，即工业化是由市场机制主导，还是由计划机制的作用来完成，抑或两者结合；第五，国际经济联系选择，即工业化过程中是实行对外开放、发展外向型经济，还是闭关锁国、发展内向型经济。纵观世界各国工业化发展历程，工业化道路不是唯一的，也不是一成不变的。各国的工业化道路会因为各国资源禀赋、文化背景等初始条件的不同而有所不同，也会随着国家经济社会制度、比较优势、国际市场环境等方面的变化而变化。

一 产业选择

按照不同的标准，产业划分类别具有差异性。按照产业投入要素的比例，可划分为劳动密集型产业、资本密集型产业以及技术密集型产业。

（一）先行工业化国家：劳动密集型—资本密集型—技术密集型

先行工业化国家的工业化都是由产业革命推动的，英国作为产业革命的发源地，18世纪70年代开启了工业化进程，法国于1815年前后开始产业革命，德国稍晚一些，19世纪30年代中期启动工业化。由于当时人们主要以食物和衣服为主要需求品，工业化伊始以棉纺织业为主导的轻工业是市场需求自然而然的结果。劳动密集型的产业特征改变着先行工业化国家的就业结构和城乡人口分布。1783年英国纺织业占当时产值的35.4%，位居第一位，第二位为食品业，占2.4%。[②] 随着纺

[①] 简新华、向琳：《论中国的新型工业化道路》，《当代经济研究》2004年第1期。
[②] 中国科学院经济研究所世界经济研究室编：《主要资本主义国家经济统计集（1848—1960）》，世界知识出版社1962年版，第206页。

织业的高速发展,带动了钢铁等重工业发展,对燃料、染料的需求使煤炭工业和合成染料等化学工业逐渐兴起,海外市场的扩大也推动了交通运输业的发展。1850年以后,英国进入刘易斯转折阶段,工业化进入了以钢铁、化工等资本密集型为主导的新阶段。根据《剑桥欧洲经济史（第七卷）：工业资本：资本、劳动力和企业》（上册）记载,1850年以后,棉纺业完全可以称为一个工厂工业,称为资本密集程度相当高的工业,工资成本不断下降。[①] 可见,棉纺业的劳动密集型产业性质已经逐渐向资本密集型产业过渡,而且比重逐渐降低,1924年纺织业产值比重降低到10.8%,煤炭产量从1840年的4260万吨增长到1914年的2.7亿吨;1867年英国的硫酸产量为15.5万吨,占世界全部产量的31%。[②] 法国在大革命之前已经引入英国的纺纱技术,产业革命伊始主要是以棉纺织业为主的劳动密集型产业为主导,和英国类似,轻工业带动了冶铁业、机器制造业、化学工业等资本密集型产业发展,到20世纪20年代,汽车、航空、化学和电冶铁等新兴部门成为主要增长部门。德国于19世纪30年代中期,在纺织业领域开启了产业革命进程,工业化初期,轻纺工业发展相当快,一度成为主导产业,随着第二次产业革命到来,德国工业重点转向重化工业,钢铁、采煤等重工业部门成为新的增长点。1870—1913年,德国生铁产量增长12.2倍,钢产量增长132.2倍。[③] 此后,德国的化学、电气、造船、工程机械制造又成为新的主导部门,1913年德国重工业就业比重超过了轻工业。[④] 可见,德国劳动密集型产业占主导的时间较短,向资本密集型产业转型较快。第二次世界大战后三国均进入以知识技术密集型产业为主导的发展时期。

总体来看,先行工业化国家二元经济转型初期均以劳动密集型产业为主导,刘易斯转折阶段前后逐渐过渡到以资本密集型产业为主导,经历了两次世界大战,三国又重新投身经济发展和工业建设,到二元经济

---

① [英] M. M. 波斯坦、D. C. 科尔曼、彼得·马赛厄斯编：《剑桥欧洲经济史（第七卷）：工业资本：资本、劳动力和企业》（上册）,王春法等译,经济科学出版社2004年版,第161页。

② 简新华、余江：《中国工业化与新型工业化道路》,山东人民出版社2009年版,第113页。

③ 同上书,第156页。

④ 王章辉、孙娴：《工业社会的勃兴：欧美五国工业革命比较研究》,人民出版社1995年版,第325—326页。

转型后期，技术密集型产业为主导的工业化格局逐渐在先行工业化国家显现。

（二）后起工业化国家和地区：劳动密集型—资本密集型—技术密集型

日本于1886年开始现代经济增长时以纺织业为先导启动工业化进程，20世纪20年代重化工业逐渐得到发展。第二次世界大战之后，日本根据自身劳动力丰富的比较优势，继续发展以纺织业为主的劳动密集型产业；1955年进入刘易斯转折阶段，产业结构开始向资本密集型产业占优转变，1956—1970年日本轻工业增长速度为7.97%，而重工业增长速度为15.8%，致使日本轻、重工业的比例变为18.7∶66.3[①]；20世纪70年代初，日本实行科技立国，技术密集型产业逐渐得到发展，并成为主导产业。

韩国二元经济转型初始时期，进口替代工业化发展战略为经济发展奠定了基础，20世纪60年代初实行出口导向工业发展战略，以轻纺工业为主导，劳动密集型产业占优的产业结构吸收了大量农业剩余劳动力，解决了就业问题；随着刘易斯转折阶段的到来，韩国于1973年将产业发展政策转向资本密集型产业；后来由于石油危机和自身经济发展的需要，20世纪80年代韩国确立了"技术立国"发展战略，发展技术密集型产业。

中国台湾地区与韩国产业发展过程较为相似，20世纪60年代初劳动密集型产业占主导，70年代中后期资本密集型产业占主导，20世纪80年代进入二元经济转型后期推进技术密集型产业发展。因此，后起工业化国家和地区大体遵循了劳动密集型—资本密集型—技术密集型占主导的产业发展导向。

（三）拉美国家：从劳动密集型向资本、技术密集型过渡较快，资源密集型产业占主导

巴西与墨西哥于19世纪80年代启动工业化进程，直到20世纪30年代之前主要以农、矿产品等初级产品出口为主要的经济增长来源，同期两国食品、纺织业等轻工业有所发展，但比重较小。20世纪40年代

---

① ［日］南亮进：《日本的经济发展》，毕志恒、关权译，经济管理出版社1992年版，第107页。

两国进入水平型进口替代工业化发展阶段，由于替代的是非耐用消费品，两国极大地增强了轻工业品的生产能力，纺织、食品等行业得到大力发展，形成了劳动密集型产业占优的产业结构。

20世纪60年代末期，垂直型的进口替代主要保护耐用消费品、中间产品和部分资本货，资本密集型和技术密集型产业部门得到发展。随着重工业部门，特别是冶金、机械、电器、运输工具及石化产业的迅速增长，20世纪70年代以后，重工业增加值在整个制造业增加值中的份额逐渐超过了轻工业。1974年巴西重工业比重为52.89%，1979年达到54%。[①]

1980—1999年，巴西制造业中资源密集型产业[②]的比重明显上升，劳动密集型产业呈下降趋势。墨西哥技术密集型产业由1980年占整个制造业的27.3%上升至1999年的32.1%，资源密集型产业则由46.7%降至45.1%[③]，仍以资源密集型产业为主导。

根据联合国工业统计数据库的数据，结合谢文泽（2008）的划分标准，梳理出巴西与墨西哥的产业结构变化（见表4-9）。巴西2005年资源密集型产业占比为46.88%，2011年增加到48.23%，同期劳动密集型产业占比从13.93%下降到12.79%，资本、技术密集型产业占比从39.2%下降到38.96%。从墨西哥资源密集型产业占比看，2005年为48.04%，增加到2010年的49.13%，而劳动密集型产业占比从6.51%增加到10.66%，这主要是客户工业发展的作用，资本技术密集型产业占比从44.83%降低到39.92%。根据吴白乙（2014）的研究，2008年巴西与墨西哥技术密集型产业比重均不足1/4。[④]

总之，目前拉美国家资源密集型产业占主导地位。从整个工业化历程考察，两国大体遵循了劳动密集型产业到资本、技术密集型产业的发展趋势，但非熟练劳动力比重仍然较大，当就业压力非常严重时，并没有采取适当发展劳动密集型产业来吸纳劳动力，过早地过渡到资本技术

---

① 张宝宇：《巴西的产业结构与产业结构政策》，《拉丁美洲研究》1986年第6期。
② 资源密集型产业，在生产要素的投入中需要使用较多的自然资源才能进行生产的产业。资源密集型产业包括食品和饮料、烟草、木制品、造纸和纸制品、矿砂及石油产品、非金属矿产品、家具、橡胶和塑料、皮革。
③ 苏振兴：《拉美国家关于新工业化道路的探索》，《拉丁美洲研究》2003年第3期。
④ 吴白乙编：《拉丁美洲和加勒比发展报告（2013—2014）》，社会科学文献出版社2014年版，第12页。

表4-9　　　　　　巴西和墨西哥产业结构的变化　　　　　　单位:%

产业类别	子产业类别	巴西 2005年	巴西 2011年	墨西哥 2005年	墨西哥 2010年
资源密集型产业	食品饮料	18.33	20.17	23.74	22.25
	烟草	0.71	0.68	2.30	2.07
	皮革、鞋类	1.79	1.76	0.64	0.62
	木制品	1.47	1.05	0.26	0.17
	造纸和纸制品	3.61	3.31	2.90	2.45
	成品油、石油产品	12.26	10.83	7.82	12.03
	橡胶塑料	3.84	3.94	2.66	3.35
	非金属矿产品	3.21	3.96	6.79	3.92
	家具	1.66	2.53	0.93	2.27
	总和	46.88	48.23	48.04	49.13
劳动密集型产业	纺织	2.22	1.83	1.78	1.22
	服装、皮毛品	1.51	2.59	0.82	1.55
	办公用品及计算机	0.59	2.63	0.23	0.42
	电子机械与设备	2.27	2.88	2.65	3.94
	家电及通信设备	2.28	—	0.74	2.61
	印刷出版	3.14	1.15	—	0.46
	其他交通设备	1.81	1.71	0.29	0.46
	回收	0.11	—	—	—
	总和	13.93	12.79	6.51	10.66
资本、技术密集型产业	化工	11.28	11.18	18.78	11.12
	基本金属制品	8.67	5.27	6.67	7.14
	不锈钢制品	4.12	4.26	2.31	3.35
	机械和设备	5.80	6.91	3.35	3.03
	医疗及精密光学	0.84	—	0.29	0.44
	机动车	8.49	11.34	13.43	14.84
	总和	39.20	38.96	44.83	39.92

资料来源：UNIDO，Industrial Statistics Database，http://www.unido.org。

密集型产业，主要发展具有比较优势的资源密集型产业，产业升级非常缓慢，技术密集型产业发展不强。作为拉美地区的两个人口大国，大量农业剩余劳动力无法得到安置，转移到城市的劳动力给社会带来了不稳定因素。产业发展的选择致使巴西与墨西哥二元经济转型进程受到阻碍。

二 技术选择

按照技术进步的不同途径，可分为建立在技术创新基础上的技术进步与建立在技术引进基础上的技术进步。按照要素投入不同，技术进步可以分为劳动偏向型技术进步、资本偏向型技术进步与中性型技术进步。若技术进步导致资本—劳动比率下降，则此类技术为劳动偏向型技术；若技术进步导致资本—劳动比率上升，则此类技术为资本偏向型技术；若技术进步导致资本—劳动比率不变，即资本与劳动同比例下降，则此类技术为中性型的。

（一）先行工业化国家：以技术创新实现技术进步，以资本偏向型为主的技术选择

先行工业化国家二元经济转型中的技术进步，由于没有先例可供咨询与借鉴，技术进步很大程度上是建立在技术创新基础上的，且主要以资本偏向型技术为主。英国从珍妮机到蒸汽机的一系列技术创新都是节约劳动的，据史料记载，一台珍妮机可以代替十几个工人的劳动，用蒸汽机对劳动的替代更是惊人。后来科学家用马力来计算蒸汽机的功率，1800年英国有321台蒸汽机，总功率为5120马力，平均每台16马力，1826年有1500台，总功率有375000马力，平均每台25马力。[①] 到1833年，英国一个工人可以看管4台动力织布机，其效率是手工织布的20倍，而这种织布机在英国当时有10万架之多。自动走锭纺纱创造效率更是惊人，一台机器的产量相当于数百名手工纺纱工的产量。[②] 德国的技术创新主要集中于重工业领域，1861—1900年德国人在医学、热能、光学、电学、磁学等领域的发现数量超过了英国和法国两国的总

---

① ［苏联］门德尔逊：《经济危机和周期的理论与历史》（第二卷下册），郭吴新等译，生活·读书·新知三联书店1977年版，第641页。

② 简新华、余江：《中国工业化与新型工业化道路》，山东人民出版社2009年版，第105页。

和①，德国的技术进步也主要是资本偏向型技术。法国相对于英国和德国，劳动力较为充裕，因此工业化初始阶段技术多以劳动偏向型为主要形式，后来在人口增长几乎停滞的情况下才大规模使用资本替代劳动力的技术。总之，先行工业化国家技术选择主要是资本偏向型的。

（二）后起工业化国家和地区：以技术引进实现技术进步，劳动偏向型到资本偏向型的技术路线

后起工业化国家和地区资源匮乏，它们充分利用自身发展的后发优势，通过向先行工业化国家引进先进成熟的技术以促进本国发展，在技术引进的基础上进行模仿创新，形成适用技术，促进自身经济发展。后起工业化国家和地区二元经济转型中工业化速度快，用很短的时间完成先行工业化国家数百年的经济发展历程，其主要原因在于发挥后发优势，引进适用技术促进产业结构升级，实现经济持续增长。日本在第二次世界大战之前，二元经济转型初期阶段，通过利用低资本—劳动力比率，采用劳动偏向型的技术经历了资本浅化式增长，使其丰富的非技术劳动力得到了最大限度的利用。第二次世界大战之后，韩国、中国台湾根据自身劳动力资源丰富的比较优势，从欧美引进劳动偏向型技术，大力发展劳动密集型产业；随着剩余劳动力逐渐被城市工业吸收，刘易斯转折阶段两地转向发展资本密集型产业；二元经济转型后期相应过渡到技术密集型产业占主导，这时引进的技术类型多为资本偏向型技术，同时注重培养自主创新能力，日本、韩国、中国台湾分别在20世纪70年代初、80年代初、90年代初提出了"技术立国"发展策略，国际市场上形成了较强的竞争力，促进了二元经济转型。

（三）拉美国家：以技术引进形成技术依赖，以资本偏向型为主的技术选择

拉美国家同样作为后发国家，并没有像后起工业化国家和地区一样，实现技术引进、消化、吸收，进而再创新的技术路线，而是通过引进技术形成了对国外先进发达技术的依赖。从技术选择看，资本、技术密集型产业一直是政府所重点发展的产业类型，主要引用资本偏向型技术。目前来看，拉美国家的技术进步还未达到创新发展的重点上来，技术创新氛围不强，创新主体的创新意愿不够，科技成果转化率不高

---

① 邢来顺：《德意志帝国时期科技发展特点及其成因》，《史学集刊》2003年第1期。

(详情见第五章第二节有关内容),严重制约着拉美国家转型进程。

三 发动方式选择

(一) 先行工业化国家:内生性的民间力量

先行工业化国家的工业化都是由产业革命推动而不断发展的,虽然法德两国受英国工业化的影响,但从总体来看,先行工业化国家的工业化均具有自发性和内生性的特点。

英国工业革命前夕,圈地运动迫使土地所有权发生改变,农业生产开始商品化;农业的发展与繁荣促进人口持续增长,为工业化提供了廉价劳动力与广阔的市场;资本原始积累的形成与广阔的世界市场为工业化发展创造了条件。"原工业化"不断发展壮大,催生了产业革命,蒸汽机的发明促进纺织业发展,采矿业与冶金业并行发展,英国的经济结构发生了变化,工业逐渐占主导地位,在世界史上具有重要地位的产业革命在英国的发生几乎是浑然一体、自然而然的进程,这是一种自发产生和发展的内生性工业化。

与英国工业化初期的突飞猛进式增长不同,法国的工业化是渐进而缓慢的。产业革命前,工业制造业已出现消费品的生产,主要以纺织品生产为主,多是强调质量、需要手工的轻工业奢侈品,首饰、地毯、花边、瓷器和精美家具是法国革命前的主要工业项目,生产规模小,但工艺非常复杂。同时,法国与其他国家的对外贸易逐步开展,商人银行开始出现,资本原始积累为工业化提供了原料、资金等基础。1789—1814年的法国大革命推翻了封建制度,为工业革命创造了良好的环境,其间法国通过了专利法。拿破仑于1804—1810年通过了5部法典,提供了完善的法律架构。1815年之后法国经济逐渐得到恢复性发展,纺织业、交通运输业、冶铁业逐渐发展起来,工业化正式启动,在整个过程中政府极少干预,以小农经济为主导的法国社会工业发展非常缓慢。

与英国、法国相比,德国政府在工业化进程中发挥了重大作用。德国在工业化开始时政治上还未实现统一,广泛的农奴制改革为工业化提供了资本与大量自由劳动力;拿破仑占领期间,普鲁士采用大陆封锁的保护政策,战争之后又采取了关税保护政策,刺激了普鲁士境内工业发展;19世纪20年代末期,工场手工业得到广泛发展,萨克森地区出现了较为先进的生产棉、麻纺织品的手工厂,莱茵河左岸地区出现采矿、冶金、金属加工等行业的手工工场,机器工业也逐渐发展起来;同时,英国取消对机器出口的限制,这为德国产业革命提供了条件。产业革命的前夜,德国已经具备充分的条件,1834年关税同盟的建立成为推动产业革命起步的重要契机。

(二) 后起工业化国家和地区、拉美国家:外部推动

受先行工业化国家的影响,这两大类型国家和地区的工业化均是在政府推动下启动与发展的。日本与拉美国家启动工业化的时间相仿,明治维新改革大大促进了工业化的发展。废藩置县,统一全国政权,实现货币统一,加速了统一市场的形成和发展;学习西方文化,引进西方技术,修筑铁路,兴办工厂,实行土地制度改革为工业化提供条件。通过"殖产兴业"第一阶段(1870—1880年)的发展为日本工业化正式启动奠定了基础。巴西与墨西哥在19世纪20年代初独立之后,殖民地时期的经济结构仍原封不动地保存下来,还遭受欧美国家的侵略与威胁,政治上非常不稳定。巴西于1888年废除奴隶制,推翻君主制,建立了联邦共和国,开始了自主发展之路;1876年地方考迪罗菲利奥·迪亚斯建立专制独裁统治,墨西哥开始工业化。韩国与中国台湾在第二次世界大战之后摆脱了殖民统治,战后经济得到恢复后,在政府的指导与推动下开始了工业化进程。总之,后起工业化国家和地区、拉美国家主要是由政府引导,通过外部因素的作用推动工业化发展。

四 实现机制选择

(一) 先行工业化国家:以市场机制为主导

在先行工业化国家的工业化过程中,英法主要以市场机制为主导,德国的政府调控强一些,坚持市场与政府调控相结合。

英国最先启动工业化进程,主要依靠自发力量实现工业化,政府发挥的作用较小,主要通过间接手段作用于工业化,通过各种法律、社会和政治制度的影响来引导理性经济人自由发挥个人才能和配置资源,在很短的时间内用"无形的手"建立起一个有利于工业化的社会结构。[①]法国工业化过程中主要是向英国学习,既崇尚英国工业化的市场自由,但是又不愿放弃小农经济和政府干预。法国政府在工业化进程中也没有起到特别大的推动作用,小农经济长期存在,小规模工业企业都是顺应

---

① [意] 卡洛·M. 奇波拉编:《欧洲经济史 (第三卷):工业革命》,吴良健等译,商务印书馆1989年版,第254页。

市场规律出现的。总体来看，法国缓慢而渐进的工业化道路更多的是遵循市场规律的结果。相比于英法两国，德国工业化过程中国家发挥着强大的作用。在工业化加速阶段，政府实行的社会改良、铁路等基础设施建设，有力地促进了工业化；后来政府在国家统一、制度改进、战争获利、军火采购、建设和经营铁路等方面极大地推动了工业化进程，通过介入教育和工业技术领域为工业化提供大量高质量人才，如创办技术大学等，特别是对铁路的大量投入不仅有利于统一国内市场，还对钢铁和采煤等重工业发展起到重要的推动作用。

（二）后起工业化国家和地区：市场机制与政府调控相结合

后起工业化国家和地区在工业化发展过程中实行政府调控与市场机制相结合，创造了东亚奇迹。

首先，根据自身比较优势发展外向型经济。所考察的三个国家和地区市场规模小，国内消费不足，日本于20世纪50年代中期，韩国和中国台湾于20世纪60年代初从进口替代工业化发展战略转型为出口导向型发展战略。其次，能够根据经济发展阶段与国际市场环境的变化，适时调整产业政策，助推产业结构升级，实现二元经济转型。20世纪50年代，日本根据自身劳动力丰富的比较优势，放弃进口替代工业化发展战略，借发达国家第二次世界大战后产业转移的机遇，承接劳动密集型产业，吸收了大量剩余劳动力，解决了就业问题，为工业发展奠定了基础。随着"亚洲四小龙"的崛起，劳动密集型产业的优势逐渐丧失，日本实施"倾斜生产方式"实现产业合理化，促进重化工业发展，二元经济转型后期实施"技术立国"促进技术密集型产业发展。韩国和中国台湾也是如此，20世纪60年代承接日本的产业转移，发展劳动密集型产业，70年代向资本密集型产业过渡，80年代发展技术密集型产业。最后，这三个国家和地区在技术引进、吸收与创新的过程中政府不但严格把关，而且给予资金支持，走出了技术引进—技术模仿—技术创新之路。

（三）拉美国家：政府调控与市场机制协调不够

拉美国家工业化进程中政府调控与市场机制协调不合理，使二元经济转型受阻。首先，未能根据自身发展情况及时调整经济发展模式。20世纪30年代之前，拉美国家完全根据国外市场需求的变化实施初级产品出口加工模式，最终被资本主义经济危机给予了有力的回应，完全的市场化而缺乏政府的有效调控在拉美国家是行不通的。随后，两国又实行了两阶段进口替代工业化发展战略，最终以债务危机爆发而终结，完全按照政府操作而没有遵循市场规律运行在拉美国家也行不通。吸取教训之后，20世纪90年代初实行自由化改革，在市场机制占主导地位的同时，政府又加以宏观调控，拉美国家目前正在进行的转型正是对政府与市场关系所做的回应。其次，产业政策未能及时调整，拉美国家资源密集型产业一直占据主导地位，劳动密集型产业占比不大，而城市中又存在大量失业人员，非正规经济比重较大，产业发展并没有与促进就业相关联。最后，政府对技术引进把关不严格，很多企业不但不进行自主创新，而且利用法规漏洞，通过引进技术谋取利润。与后起工业化国家和地区相比，拉美国家的政府干预更强一些，但扭曲性政府干预更难执行，工业化进程屡受挫折，而后起工业化国家和地区顺应市场规律，工业化更为顺畅。

五 国际经济联系选择

（一）先行工业化国家：外向型经济为主

先行工业化国家在二元经济转型中实行对外开放，发展外向型经济。英国是世界上第一个开始自由贸易的国家，工业化中期开始降低关税，1813年取消东印度公司的贸易垄断权，1846年和1849年分别废除谷物法和航海条例，1860年取消关税保护。1688年英国出口产值比重仅为5%—6%，到1788年达到14%，1880年达到36%。[①] 第二次产业革命后，出口产品受到美国、德国等国的冲击，但1913年出口产值比重仍高达33%。1830年之前的法国经济较为保守，在实行短暂的贸易保护后，1830年开始自由贸易，降低煤、羊毛线的进口税，关税从17.2%下降到4.1%，法国对外贸易产值占GDP的比重在1815年仅为8.4%，到1830年上升到13%，1870年达到41%[②]，输出工业制品占全部出口的80%。德国工业化之后，采取了战略性的贸易保护措施，国家统一之后，外向型经济发展战略逐渐确立起来。第二次产业革命的推动使德国工业化实力大大增强，化学、电气、机械等领域逐渐走在世

[①] 简新华、余江：《中国工业化与新型工业化道路》，山东人民出版社2009年版，第119页。

[②] 同上书，第134页。

界前列，出口产品主要有机器、电工器材及化学药品等工业品，进口产品则有原料、燃料和粮食。总之，先行工业化国家主要通过大规模的对外贸易发展外向型经济，从世界范围内获得廉价的食品和工业原料，同时开辟海外市场，推进从农业国向工业化发达国家的转型。

（二）后起工业化国家和地区：内向型—外向型

日本工业化伊始实行进口替代的内向型发展战略，主要对纺织、食品等轻工业实行保护，日本轻工业平均关税率由1893年3.78%提高到1913年的26.13%[①]，第一次世界大战之后关税率有所下降。随后，日本着重发展军事工业为海外战争做准备。第二次世界大战之后，日本在经济恢复期间，也启动了内向型的进口替代工业化发展战略，为后期经济起飞打下了坚实的工业化基础。为了拓展与扩大市场，日本于20世纪50年代中期开始实行出口导向的外向型工业发展战略，工业上取得巨大成功，创造了经济奇迹。韩国和中国台湾地区自第二次世界大战恢复后，20世纪50年代到60年代初实行进口替代工业化的内向型发展战略，由于国内市场狭小与外汇需求加人，中国台湾地区与韩国分别于1962年、1965年启动了出口导向工业化发展战略，根据本国充裕的劳动力的比较优势，充分利用国外资源、技术，将产品出口到国外，扩大了市场需求。因此，后起工业化国家和地区经历了从发展内向型经济向外向型经济的转变。

（三）拉美国家：外向型—内向型—外向型

巴西与墨西哥在19世纪80年代开始启动工业化进程之后，经济上奉行自由主义的外向型经济发展战略，主要以农、矿产品等初级产品出口为主要经济支柱，巴西主要以出口咖啡为主，墨西哥主要出口贵金属、铜、锌、石墨、铝和锑等工业金属，直到20世纪30年代资本主义经济危机的爆发，外向型经济走向终结。在深刻意识到外向型发展弊端的基础上，两国决定立足自身发展本国经济，于20世纪三四十年代启动了进口替代工业发展战略，构筑贸易壁垒，为本国制造业部门提供税收优惠等激励措施，减少消费品进口，引进美国和欧洲先进技术，保护民族工业，集中力量发展非耐用消费品。伴随着国内产品市场逐渐饱

---

① ［日］大川一司、筱原三代平、梅村又次编：《长期经济统计（第14卷）：贸易和国际收支》，东洋经济新报社1974年版，第81页。

和，购买原料、中间产品、资本货所需外汇量激增，拉美国家从原来的"水平型进口替代"阶段向"垂直型进口替代"阶段[①]转变。这一阶段中，被替代进口的是耐用消费品和一些资本货，两国不仅保留了前一阶段保护民族工业的做法，还对资本货和耐用消费品进口施加限制，以减少竞争。长期的内向型经济使本国的出口部门缺乏活力，而国内市场的长期保护难以形成国际竞争力，外资依赖逐渐加重，20世纪80年代债务危机的爆发又给拉美国家以深刻教训，它们于20世纪80年代末90年代初启动了自由化改革，又重新启动外向型经济发展模式。因此，拉美国家自工业化以来，经历了外向型经济、内向型经济，再到外向型经济的转变历程。

从以上五个方面分析三大类型国家和地区二元经济转型中工业化道路的差异性，总结如表4-10所示。先行工业化国家采取的是市场机制作用的以产业革命推动的工业化道路，后起工业化国家和地区采用政府推动的外向型赶超工业化道路，拉美国家则采用政府推动的内向型赶超发展战略的道路。前两种类型的国家和地区均有合理的产业结构升级、适时的技术路线选择，在工业化进程中遵循市场规律，并进行有效的宏观调控，根据自身经济发展情况与国际市场环境的变化选择经济发展战略，找到了适合自身的工业化道路，成功实现二元经济转型。而拉美国家二元经济转型中的工业化道路并不顺畅，产业升级过快，在二元经济转型初期农村剩余劳动力大量存在时，过早地由劳动密集型产业过渡到资本、技术密集型产业，没有根据二元经济发展转型阶段、劳动力市场结构变化进行合理的产业选择；技术引进过程中更多的是简单模仿，未能形成"引进—消化吸收—再创新"的良性循环；工业化的实现机制上，政府未能根据自身经济发展状况，准确把握国际环境发展动态并抓住有利机遇发展工业化；"外向型—内向型—外向型"的钟摆现象显示了在经济全球化趋势下没有准确把握好自主与开放的尺度，发展所处的国际环境要求一国在工业化中要进行开放，但发展工业化以促进二元经济转型就必须自主，两者不可偏废，也不能走极端，物极必反，拉美国

---

① 水平型进口替代，被替代进口的是一般性非耐用消费品，也称"容易阶段"；垂直型进口替代，被替代产品为耐用消费品和一些资本货，也称"艰难阶段"。参见江时学《拉美与东亚发展模式比较研究》，世界知识出版社2001年版，第28页。

家发展的历程也证明了完全依靠市场化与完全依靠政府干预都是行不通的，二者结合的工业化道路才是良性选择。

表4-10　三大类型国家和地区工业化道路的差异比较

主要类型	产业选择	技术选择	发动方式选择	实现机制选择	国际经济联系选择
先行工业化国家	劳动密集型—资本密集型—技术密集型	以技术创新实现技术进步，以资本偏向型为主的技术选择	内生性的民间发动	市场机制为主（德国政府调控与市场机制相结合）	外向型
后起工业化国家和地区	劳动密集型—资本密集型—技术密集型	以技术引进实现技术进步，劳动偏向型到资本偏向型的技术路线	外部推动	市场机制与政府调控相结合	内向型—外向型
拉美国家	从劳动密集型向资本、技术密集型过渡较快，资源密集型产业占主导	以技术引进形成技术依赖，以资本偏向型为主的技术选择	外部推动	政府调控与市场机制协调不够	外向型—内向型—外向型

资料来源：根据本书第四章第三节内容整理得到。

第五章 二元经济转型国际比较：规律性总结

不同类型国家和地区的二元经济转型呈现差异性，又具有一致性。本章在二元经济转型历史性分析的基础上，根据所考察国家和地区转型发展零散的经验事实，从中提炼出典型化事实①，最后抽象出二元经济转型的一般规律，包括工农业与城乡协调发展规律、技术创新驱动规律、制度创新规律，三大规律的总结既为发展中国家实现转型提供可行性的依据，也为我国跨越刘易斯转折阶段提供方向指引。

第一节 二元经济转型中的工农业与城乡协调发展

工业与农业作为二元经济转型的两大部门，互相促进，互相作用，二元经济转型过程也是工农业协调发展的过程。产业发展依托于区域，农业依托于农村，非农产业依托于城市。如果说工农业协调发展是经济结构的时序调整或纵向调整的话，那么城乡协调发展是社会发展的必然趋势，属于经济结构的空间调整或横向调整。因此，一个经济体二元经济转型的过程也是城乡协调发展的过程。

一 二元经济转型中工农业协调发展

（一）典型化事实

工业化国家在步入二元经济之前均发生了农业革命，从表5-1可以看出，农业革命早于工业革命30—60年，农业制度革命确定了土地

---

① 典型化事实是一种能够反映经济运行的真实和基本特征的具有代表性的关键性事实，是经济学研究工作的主干部分。参见王诚《从零散事实到典型化事实再到规律发现》，《经济研究》2007年第3期。

制度，农业技术革命通过改进耕作制度，引进与种植甜菜、马铃薯、油菜、萝卜、甘蓝、苜蓿等新作物，改良与推广畜牧品种，使用耕机、条播机、收割机、打谷机，甚至还出现了蒸汽犁、排水机器等新式农具以及农业机械，提高了农业劳动生产率，农业革命为工业革命奠定了基础。二元经济转型初期，在农业革命的影响和带动下，农业发展为工业化在产品、外汇以及市场方面做出了贡献。工业化发展带动农业剩余劳动力转移，促进农业实现资源优化配置，实现了工农协调发展。随着经济发展，各国根据自身情况对工农两大产业进行了调整，英国将农业转移至海外，集中精力发展工业，而法国工农业则是同步缓慢发展。不同的道路导致转型进程不同，第二次世界大战之后，工业化国家通过农业现代化，实现工农业平衡发展，于20世纪60年代中后期顺利实现二元经济转型。从后起工业化国家和地区来看，日本和韩国处理工农关系方面较为相似，二元经济转型初期重工轻农，到刘易斯转折阶段才开始重视农业，小农经济一直占主导地位，尤其是日本农业，长期以来形成了单一生产结构与小规模生产，忽略了粮食安全，不仅制约了转型进程，而且在转型后期付出了巨大代价。而中国台湾在转型初期就重视农业发展，转型过程中注重妥善处理工农关系，因此转型较为顺利。而拉美国家自进入二元经济发展阶段以来，工农发展经历了较长时间的失调，巴西进入刘易斯转折阶段推进农业现代化，工农逐步走向了协调发展。墨西哥在二元经济转型中经历了重农轻工—工农协调发展—重工轻农的发展战略历程，工农业至今未能实现协调发展，20世纪90年代市场自由化，墨西哥农业未形成强有力的竞争力，仍在刘易斯转折阶段艰难跋涉。在成功实现二元经济转型的国家和地区中，法国是先行工业化国家中实现工农业协调发展的典范，中国台湾是后起工业化国家和地区的典

表5-1　　　　工业化国家农业革命和工业革命的发生时间

项目	英国	法国	德国
农业革命	1690—1700年	1750—1760年	1790—1800年
工业革命	1760年	1815年	1834年
间隔时间	约60年	约55年	约35年

资料来源：[意]卡洛·M.奇波拉编：《欧洲经济史（第三卷）：工业革命》，吴良健等译，商务印书馆1989年版，第379页。

型代表，为我们提供了有益的启示。而英国、日本和墨西哥在二元经济转型工农业协调发展中出现了很多问题，值得后来者吸取教训，予以借鉴。

1. 法国经验

二元经济转型之前及转型初期，法国农业革命（1750—1760年）比工业革命早半个多世纪，其中农业制度革命建立起小农土地所有制，使法国成为一个小农制国家。而农业技术革命提高了农业劳动生产率，为工业化发展奠定了基础。在刘易斯转折阶段，法国十分重视农业和农民问题，1881年设立农业部，地方建立"农业改良服务站"，政府出资兴办农业院校，设立农业奖励基金，建立农业信贷银行；农业合作社的出现提高了小生产者的竞争力和抗危机能力；在农业内部结构中，畜牧业在农业生产中的比重逐渐增加。1896年法国工业再次低空起飞带动农业实现新增长，农业专门化、商品化和机械化方面取得重大进展，质和量齐头并进。1896—1913年法国成为欧洲最大的农业生产国，其中酒产量占欧洲第一位，小麦占第二位，土豆占第三位，甜菜占第四位。[①] 国内各大地区形成了专门化生产：富庶的北部地区和巴黎盆地种植甜菜和粮食，诺曼底和各山区从事畜牧业，南方和布列塔尼的炎热地区种植水果和时令蔬菜，朗格多克种植葡萄，专门化的生产促使农产品走向商品化。第三共和国后期，法国的农业合作社有了新进展，农产品结构更加适应工业和城市居民需要，20世纪30年代农业机械化处于初期阶段。总体来看，第二次世界大战之前法国转型过程中工业和农业的发展步调均比较缓和，农业没有做出巨大牺牲，但也没有特别显著的变化，使法国在整个发展时期粮食进口量很小[②]，没有过度依赖国外市场，工农业保持了较为平衡的发展水平。但是，法国农业仍以小农经济为主体，直到二元经济转型后期才有所改变。第二次世界大战后，法国工业发展实现了飞跃，汽车工业、飞机工业、石油加工工业、电气制造业得到进一步加强，建立了海洋开发、宇航、原子能、塑料等新兴工业部门，工业生产年平均增长率在1950—1959年为6.1%，1960—1969

---

① 马生祥：《法国现代化》（下册），河北人民出版社2004年版，第786—787页。
② ［意］卡洛·M. 奇波拉编：《欧洲经济史（第三卷）：工业革命》，吴良健等译，商务印书馆1989年版，第382页。

年增长率达到了5.4%。① 工业发展对于改造传统农业起到了巨大作用，法国注重农业机械化、农业电气化、农业生产的化学化和生物技术现代化，提高经营效率，加快了农业现代化步伐；逐渐以大农场和大合作社代替小农经济，促进土地集中化；建立最适度规模农场——中型家庭农场以实现规模经营；将农业机械化纳入国民经济发展计划，积极鼓励推进农业生产机械化；重视农业科研与农业教育改革；实行专业化经营，形成22个大农业商品产区，细分为470个小区。20世纪60年代中期，法国农业机械化基本实现，20世纪70年代中期，农业现代化实现，工农业实现了协调发展。

2. 中国台湾经验

中国台湾在二元经济转型初期就重视农业发展，转型过程中注重妥善处理工农关系，实现了工农协调发展，转型较为顺利。二元经济转型初期，中国台湾坚持"以农业培养工业，以工业扶持农业"方针，推行优先发展农业的政策，为工业化奠定基础，农地改革极大地调动了农民的积极性，农业生产大幅度增加。20世纪50年代，中国台湾农产品及其加工品占总出口的比重高达90%，每年可创汇1亿余美元②，成为创汇主力。因此，农业发展不仅解决了中国台湾发展初期的吃饭问题，而且支持了进口替代工业化。工业上形成了糖、茶、菠萝、香油等农副产品加工业，以及水泥、玻璃、木制品、造纸、化肥、纺织、石油、面粉、塑胶原料及制品、人造纤维、自行车、缝纫机和家用电器等进口替代工业。20世纪50年代岛内生产总值年均增长率为8.3%，其中农业为6.4%，工业为11.5%，以农产品为主的出口增长率达到20%。③ 20世纪60年代初，中国台湾的工业发展从内向型转向出口导向的外向型发展战略，且出口导向从农业部门开始，食品加工业成为第一个非农业出口"爆炸"的产业部门，也从一定程度上说明当时中国台湾农业的商品化程度。农业产品多元化发生于非农业产出和非农业部门多元化之前，并且刺激了后者，从这个角度看，中国台湾农业发展也在一定程度上推动了工业发展。同时，在启动外向型经济发展阶段时，放弃不利于

---

① 复旦大学世界经济研究所法国经济研究室编：《法国经济》，人民出版社1985年版，第79页。
② 郭相枝：《转型期的台湾经济与社会》，时事出版社1991年版，第168页。
③ 贺涛等：《台湾经济发展轨迹》，中国经济出版社2009年版，第5页。

所有出口者尤其是农民利益倾向，这也是同其他地区的不同之处，促进了和谐的工农关系形成。总之，中国台湾农业在二元经济转型初期为工业发展做出了产品贡献、资本贡献、劳动力贡献、外汇贡献。

进入刘易斯转折阶段，农业劳动力的大规模转移使农业生产下降，1969年中国台湾工业生产总值首次超过农业，农业生产也出现自20世纪50年代中期以来的第一次负增长。① 对此，台湾当局对农业政策进行调整，从过去注重农业生产与增加粮食自给转为农业、农村和农民生活的全面发展。1969年中国台湾颁布"农业政策纲要"，推出降低农业生产成本、改善农产品运销制度、扩大农场经营、推行农业机械化等措施，稳定农产品供给和增加农业收入。1970年3月，中国台湾通过"现阶段农村经济建设纲领"，包括三大目标和十项基本对策。② 工业方面，1974年开始实施"十大建设"，通过建立和发展钢铁、造船、石油化工和核能工业等十项重工业和化学工业，提高重工业在工业生产中的比重，促进产业结构升级。在工业发展的基础上，又进一步加大农村投入，提倡设置农业生产专业区。20世纪70年代末期，中国台湾启动了"第二次土地改革方案"，鼓励扩大农业经营规模和提高机械化。这些措施推动和刺激了农业生产的发展，对推动部门间均衡发展起到了积极作用。

二元经济转型后期，中国台湾重化工业占据主导地位，并逐渐向技术密集型产业升级过渡，高级制造业和高科技产业得到迅速发展。同时，将科技作用于农业发展，重视农业科技在农业生产中的运用，提高农民科学文化水平，通过科技化带动产业化。20世纪80年代末，中国台湾基本实现了农业现代化。③

3. 英国教训

英国在二元经济转型之前，农业革命（1690—1700年）先行发生为工业化准备了条件，以"圈地运动"为主要形式的英国农业制度革

---

① 贺涛等：《台湾经济发展轨迹》，中国经济出版社2009年版，第19页。
② 三大目标是指实现农业现代化、提高农业经营效益、增进农民福利。十大对策为：第一，扩大农场经营规模；第二，调整农产品价格；第三，革新农产品运销；第四，加强农村社区建设；第五，改善农业生产结构、禁止农场再分割；第六，加速农地重划；第七，减轻农业税赋、建立重要农产品平准基金；第八，加速农业机械化；第九，改善农业金融和投资；第十，强化农业组织活动。
③ 杨殿闯、李伟伟：《台湾工业化、城镇化加速时期农业政策调整的经验与特点》，《世界农业》2013年第12期。

命对农民进行彻底剥夺，丧失生产资料和生活资料的大批农民为工业革命提供了大量廉价劳动力，同时通过土地掠夺使财富集中在少数人手中，为机器大生产提供条件。通过农业技术革命提高了农业生产率，从而促进了工业发展。伴随着英国工业发展越发强大，殖民地范围也在扩大。为了自身利益考虑，英国在大力发展工业及促进出口的同时，对农业采取了相反的态度，把农业转移到海外，将殖民地、附属国当作自己的农业生产基地，并力图以廉价的生产成本以维持自身工业品的竞争能力。也就是说，英国为了经营和保持庞大的殖民帝国，按照区域比较利益原则实行了区域内部分工，牺牲了对本土虽有重要意义但生产成本较大、经济利益较小的农业部分，结果造成了本土农业的衰落。英国进入刘易斯转折阶段，农业剩余劳动力日趋短缺，再加上农业生产率不高，农业发展日渐衰落，粮食自给自足率从 1850 年的 90% 多下降到 1870 年的 79%，1900 年降低到 39.6%，1910 年进一步降低到 35.6%[1]，20 世纪 30 年代甚至降低到 30% 以下，脂肪和肉类自给率不到 15%。除粮食外，大部分农业原料也需要进口，19 世纪中叶作为世界第一棉织业强国的英国，全部棉花竟都需要进口。[2] 当时，英国的小麦、面粉和其他谷物的主要供应者是加拿大、澳大利亚和阿根廷；饲料的主要供应者是阿根廷和亚洲的殖民地；肉类的主要供应者是澳大利亚、新西兰、阿根廷；乳制品由澳大利亚、新西兰供应。[3] 到第一次世界大战前夕，英国人已经变成"周末人"民族，即英国人所需的面包总量在英国土地上能生产的只能满足一周的五分之一，从星期六下午到星期一早晨。[4] 由此可见，英国为了工业发展而将农业转移海外，完全忽视了农业发展，导致工农业发展极其不平衡。

随着英国经济实力的下降和殖民帝国的瓦解，依靠海外的粮食供应无法持续。第二次世界大战爆发，英国粮食供应空前紧张，战后国际收

---

[1] 孔祥智：《英国在工业化、城市化进程中是怎样处理工农关系的》，《前线》1999 年第 4 期。

[2] 戎殿新、司马军编：《各国农业劳动力转移问题研究》，经济日报出版社 1989 年版，第 196 页。

[3] 罗志如、厉以宁：《二十世纪的英国经济——"英国病"的研究》，商务印书馆 2013 年版，第 136 页。

[4] 高德步：《英国工业化过程中的农业劳动力转移》，《中国人民大学学报》1995 年第 3 期。

支问题越来越严重,不得不发展农业生产以缓解国内粮食供应问题,缓解自己在农业上的不利处境。英国通过鼓励发展农场、扩大土地规模以达到规模经营,重视农业科研与农业教育,大量增加农业投资,鼓励发展农业合作组织,限制农业劳动力的"超常"转移从而保证农业劳动力资源等措施重视农业发展,但农业在长期衰落之后要再度成为国家的重要产业部门,显然并非易事,其间付出了巨大的代价,到20世纪60年代英国才进入了现代农业国家行列。[1]

4. 日本教训

日本在刚刚启动二元经济转型时期,充分依靠后发国家优势,通过向西方国家引进新技术与新设备加速工业化发展。20世纪初,"富国强兵"政策和军国主义驱使日本集中发展重化工业,1901—1938年重化工业增长率为9.88%。[2]然而,日本却忽视了农业发展,农业增长极其缓慢。第二次世界大战之前主要是以佃农和家族经营为主要特点的小农经营,1891—1900年日本农业生产实际增长率为1.26%,1900—1911年为2.1%,之后农业生产出现了恶化,1912—1926年仅为1.3%。[3]第二次世界大战之后,1945年农业生产指数下降到1933—1935年的58%[4],全国陷入严重的粮食危机。日本于1947—1949年开展农地改革,刺激农业生产积极性,农业逐渐得到恢复并获得较快发展,为刘易斯转折阶段工业的高速增长创造了有利条件。进入二元经济转型后期,日本在重化工业发展基础上,工业增长再创新高,创造了"日本奇迹"。农业方面,1961年颁布了以提高农民收入为主的《农业基本法》,放宽对土地占有和流动的严格限制,扩大农业经营规模,号召农民"选择性扩大"生产具有比较优势的农产品。政府对主食稻米实行特别优厚的价格保护政策,加之日本的水田占耕地的一半以上,种植水稻较之其他粮食作物单位面积所需劳动时间少,有利于土地规模较小的日本农民进行兼业劳动获取其他收入。同时,由于日本对农业实行保

---

[1] 中国科学院中国现代化研究中心编:《世界现代化进程的关键点》,科学出版社2010年版,第278页。
[2] 李仲生:《发达国家的人口变动与经济发展》,清华大学出版社2011年版,第114页。
[3] 同上书,第121页。
[4] [日]桥本寿朗、长谷川信、宫岛英昭等:《现代日本经济》,戴晓芙译,上海财经大学出版社2001年版,第311页。

护，综合运用贸易扭曲、国内价格支持和生产者高额补贴等措施，兼业农户数量不断扩大，较短时间内实现了农民收入大幅度提高。据统计，1980年日本总农户为466.1万户，兼业农户占比为87.1%，农户收入中非农收入占比为73.6%。1953年日本农民比城市职工低17.9%，1977年农户平均年收入增加到46711万日元，比城市职工家庭年收入多34.1%。[①]

由于日本的粮食生产向稻米倾斜，麦豆杂粮类产量迅速减少，粮食生产结构发生了急剧变化。以大豆为例，1955年自给率为40%，1960年下降到28%，1965年自给率再度降低到11%，1994年跌至历史最低2%。小麦与饲料的自给率分别从1965年的28%、55%下降为1998年的7%、29%，只有稻米的自给率从1965年的95%上升为2001年的103%。[②] 总体考察，日本1960年粮食自给率还高达83%，此后不断下降，1975年下降到43%，1999年则只有27%。[③] 麦豆与饲料产量减少，供求缺口扩大，粮食生产与消费结构形成矛盾，日本"食、农不一致"问题十分突出。从国际环境看，20世纪七八十年代，世界粮食产量连年增加，日本国力增强和日元的大幅度升值，"粮食安全"问题依靠世界市场完全可以解决。可见，日本规避自身的比较劣势，充分利用世界市场，导致"粮食安全"问题被长期淡忘。总体来看，虽然日本很好地解决了农民低收入问题，但其国内小农经济模式没有根本改变。相比大农业，小农经济生产效率低、商品率低，日本农业生产无法满足国家社会经济发展对粮食的需求，只能依靠粮食进口，粮食安全受到威胁，20世纪80年代之后，日本成为世界上粮食进口较多的国家之一。为此，日本付出了巨大的代价。农业作为国民经济的基础部门，农业不稳定制约着经济平稳运行，1998年东南亚金融危机对日本致以重创，进入21世纪日本国民对"粮食安全"的关注空前高涨，先后出台《食料·农业·农村基本计划》《食料·农业·农村白皮书》及其他多

[①] 李晓韬：《当农民致富遇上粮食安全——日本农民致富模式的启示教训》，《改革与开放》2010年第2期。

[②] 朱明德：《日本的粮食安全问题与粮食结构调整》，《粮食科技与经济》2003年第1期。

[③] 王裕雄、张正河：《刘易斯转折点与中国农业政策调整——基于东亚国家和地区的经验借鉴》，《经济问题探索》2012年第5期。

种措施提高粮食自给率。

5. 墨西哥教训

19世纪80年代初到20世纪30年代之前,墨西哥秉持"重农轻工"的方针,主要依靠初级产品出口发展模式大力发展农业带动经济发展,工业发展极其缓慢。

1929—1933年大危机之后到20世纪60年代中后期,墨西哥大力发展进口替代工业化,农业上开展以培育和推广良种、施用化肥和人工灌溉为主要内容的"绿色革命",1940—1965年农业年平均增长6.3%[①],玉米和小麦在60年代基本自给,墨西哥成为拉丁美洲第一个不需要大量进口粮食的国家。[②] 当时的墨西哥被誉为第三世界农业发展的典范,农业的发展不仅满足了广大农村和城市人口的粮食消费,也为工业发展提供原料;大宗农产品出口赚取了大量外汇,为工业发展积累资金;而农业繁荣也提高了农村购买力,反过来又为工业品扩大了市场,促进了以满足国内市场需求为主的"进口替代"工业化的迅速发展,20世纪30年代初到60年代中后期墨西哥的工农业基本上保持同步增长,实现了平衡发展。

但随着进口替代工业化逐渐深化,弊端初露,20世纪60年代中后期政府对农业的投资逐渐减少,"重工轻农"发展策略形成,农产品产量降低,农业衰退反过来又阻碍工业的发展。20世纪70年代初,墨西哥逐渐由粮食出口国变为粮食进口国,1980年食用玉米的1/3需从美国进口。1992年8月,墨西哥加入北美自由贸易区,根据协定,一半的美国农产品在协定生效后立即获得向墨西哥出口的免税地位,鉴于美国农业拥有自然条件、技术设备、政府补贴等方面的优势,墨西哥农业处于明显不利地位。以玉米为例,墨西哥玉米生产的成本是美国的2—3倍,同时,美国农场还享受各种各样的政府补贴,从而在竞争中能够轻而易举地挤垮墨西哥生产者。20世纪90年代,墨西哥农业遇到了严峻的挑战,1994年恰帕斯州农民革命爆发,这也是墨西哥农民多年遭受痛苦的一种极端反抗。债务危机后的墨西哥一直忙于偿还债务,工业

---

① 苏振兴、徐文渊:《拉丁美洲国家经济发展战略研究》,北京大学出版社1987年版,第224页。

② 高波:《墨西哥现代村社制度——现代化进程中的农民与国家》,博士学位论文,北京大学,2000年,第47页。

也一直处于低迷状态。

　　刘易斯转折阶段之后，墨西哥农业市场化程度逐步提高，2008年后全部开放本国农产品和服务市场。面对开放的农业，墨西哥没有及时调整农业结构，农业生产方式也相对落后。相反，美国、加拿大凭借其先进的农业生产技术补贴政策，将大量廉价的农牧业产品输入墨西哥国内市场，使墨农业面临日益严峻的挑战。农业投资逐年减少，农业生产资料供应不足，产值逐年下降，农民收入锐减，许多中小农户破产。墨西哥享有"玉米故乡"之誉，但目前玉米产量却不能满足国内需求。面对重重挑战，墨西哥政府实行鼓励发展农业的政策，尽一切努力保护本国的农业。利用其地理和气候优势，在中部和西北部地区建立西红柿等蔬菜产区，在南部地区主要生产热带水果，开展规模经营，形成产供销一条龙经营。这一战略已取得一定成效，给本国不景气的农业带来了一定的活力。在经济全球化和贸易自由化浪潮的冲击下，竞争能力才是解决农业问题的决定性因素。因此，在全球化背景下，墨西哥农业正在艰难前行。从工业来看，产业升级缓慢，仍主要依靠墨美边境的出口加工工业带动，主要加工组装汽车、电子、家电、服装等产品出口到美国，也促进了边境地区一些城市的发展。21世纪以来，工业、农业处于低迷状态，2000—2013年农业年均增长率为1.41%，工业年均增长率为1.45%。农业产值比重一直维持在3.5%左右，工业产值占35%左右。[①] 可见，墨西哥农业发展仍然非常滞后，在刘易斯转折阶段处理好工农关系，任重而道远。

　　（二）规律性总结

　　根据以上分析，所考察国家和地区在转型中处理工农关系上都经历了艰难的历程，从完成转型的国家和地区来看，无论经历多少磨难与艰辛，最终都要实现工农协调发展，这样转型才能顺利进行；如果处理不当，即使完成了转型，也会留下"后遗症"，制约经济的平稳运行。拉美国家，尤其是墨西哥，多年来未处理好二者的关系，导致二元经济转型阻滞。因此，工农业作为二元经济转型的两大部门，二者不能顾此失彼，既要发挥工业的主导作用，也要重视农业的基础作用，保持工农业协调发展是二元经济转型的关键。

---

① 根据世界银行WDI数据库整理得到。

从典型化事实分析，二元经济转型不同阶段工农两大产业的作用、地位有差异。二元经济转型初期，农业作为国民经济的主要部门，存在着大量剩余劳动力，工业刚刚起步，工业品供给能力不足，因此，农业要发挥好对工业的促进作用，主要表现为产品贡献、要素贡献及外汇贡献占主要地位。随着工业发展和积累能力的提高，竞争能力不断增强，在大量吸收农业剩余劳动力的同时，提高农业部门的资源配置效率，对农业部门的资金依赖与产品依赖也会逐渐减弱。进入刘易斯转折阶段后，一方面，农业劳动力从无限供给变为有限短缺，农业产出减少致使粮价上涨，工业部门的发展在加强农业部门的资本积累的同时，通过提供先进的机械设备和生产技术以提高农业生产率应对可能出现的粮食危机。另一方面，工业化进入中期或中后期发展阶段，工业生产能力不断增强，市场供给日益扩大，工业化需要农村市场的作用，因而农业的市场贡献占据主导地位。这个阶段的农业发展最为重要，从世界各个国家和地区的发展历程来看，很多国家和地区为了推进工业化进程，极易忽视农业的发展，若过渡得好，转型较为顺利，若过渡不好，容易出现转型停滞，陷入"中等收入陷阱"。二元经济转型后期，工业化进入高级发展阶段，通过对传统农业进行改造，为农业部门现代化改造提供科学技术，促进农业机械化与现代化，推进农业生产向高质量、多品种、深加工方向发展，农业的专业化与规模经济逐渐形成，从这一角度看农业部门对工业发展的产品贡献再次凸显。

二 二元经济转型中城乡协调发展

（一）典型化事实

从三大类型国家和地区的城乡关系发展考察，先行工业化国家的城市化是在工业革命的推动下，自发形成并逐步扩散的，自发性与无序性是其早期城市化发展的主要特点。当时各国忙于工业化，无暇顾及城市与乡村的发展，采取自由放任的发展理念，在二元经济转型初期，甚至在刘易斯转折阶段"城市病"问题严重爆发，尤其是英国最为严重。英国在转型过程中集中于工业发展，未注重城乡关系的处理，"城市病"极其严重，付出了极高的代价，直到第二次世界大战之后才得以恢复，城市化得到有序发展，实现城乡统筹。而德国在总体上实现了城乡协调发展，坚持城市要素向农村流动，实现小城镇聚集，为我们提供了经验与启示。后起工业化国家和地区中的日本、韩国城镇化发展过程与先行工业化国家相似，二元经济转型中经历了从城乡对立到城乡统筹的发展过程，但这个过程要相对短暂得多，而且"城市病"也没有先行工业化国家严重；中国台湾在转型中自始至终坚持了城乡统筹发展，城市规模与数量适度，城镇化速度与质量同步提升，大中小城市同步发展，避免了"城市病"。总体来看，后起工业化国家和地区的城乡发展历程要比先行工业化国家的曲折少很多。拉美国家人口城市化过度发展，城市社会环境及基础设施非常落后，同时没有为广大农村地区提供一个良好的范式和经济发展的空间，主要表现为过度城市化与忽视乡村发展，极力推进城市化而忽略城市管理，农业"二元化"、农村"边缘化"和农民"贫困化"现象十分突出，导致城乡关系处于失调状态，转型中矛盾丛生，为我们提供了可资借鉴的教训。在成功实现二元经济转型的国家和地区中，德国是先行工业化国家中实现城乡协调发展的典范，中国台湾是后起工业化国家和地区的典型代表。而英国、拉美国家在二元经济转型中，城乡发展中出现了诸多问题，值得后来者反思与借鉴。

1. 德国经验

虽然德国在二元经济转型中出现过城市住房拥挤、卫生条件差、传染病流行等"城市病"问题，但很快得到化解，同时注重小城镇发展，促进了城乡协调发展。

一方面，建立城市群而非孤立的大城市发展。德国基本上保留了原有的老城区，使其成为商业中心，然后在老城四周有计划地扩建城市设施和住宅[①]，这样不仅解决了中心城市由城市化带来的问题，防止人口过分集中，也推动了邻近小城镇发展。因此，德国工业化过程中崛起的是城市群，而非单个大城市。德国10万以上人口的城市1800年只有2个，到1850年有4个，到1910年增加到45个，1880—1912年5万以上人口的城市由41个增加到94个。[②] 德国把大城市周围的小镇和农村合并到城市，因此原来纯粹的农村变成城市的郊区，或者城市的一部分，或直属某一城市。虽然农村地理位置依旧，然而农村的经济和社会面貌却在发生日新月异的变化，逐渐向城市靠拢，也缓解了城市就业压力，1900—1910年，德国劳动人口

[①] 萧辉英：《德国的城市化、人口流动与经济发展》，《世界历史》1997年第5期。

[②] [意] 卡洛·M. 奇波拉编：《欧洲经济史（第三卷）：工业革命》，吴良健等译，商务印书馆1989年版，第24—25页。

的失业率控制在2.6%以下，最低年份达到1.2%。[①]

另一方面，坚持城市经济向农村延伸。在工业化高潮时期，不仅城市人口增加，而且城市在地域上向四周延伸。如柏林由于不断向外扩展，囊括了8个小城镇、56个村庄和29个地主庄园[②]，加强城市的辐射作用，坚持城市要素不断向农村倾斜和转移，城市经济为农村提供了先进的科学技术和生产设备，加速了农业生产的机械化，尤其是推动了农业生产向专业化、商品化转变。固定在农村从事农业生产的农民为城市服务，农村成为城市的有机组成部分，两大区域融为一体。19世纪90年代，德国已经出现专门面向市场的菜园、果园和蔬菜水果生产区。蔬菜生产基地有埃尔富特、纽伦堡、巴姆贝格郊区；水果生产基地有柏林、汉堡、威特劳郊区。

2. 中国台湾经验

中国台湾在二元经济转型中自始至终坚持了城乡统筹发展，城市规模与数量适度，城市化速度与质量同步提升，大中小城市同步发展，避免了"城市病"。它主要通过实施分散化的城市化发展策略，促进农村工业化、推行农村职业教育、实行城乡一体化的社会保障体系实现城乡统筹发展。

首先，分散化城市发展政策。中国台湾自始至终贯彻实施分散化的城市化发展策略，20世纪70年代提出设置"生活区"和"地方生活圈"，以地方中心和普通市镇为代表的中小城市成为各种服务的主要提供地，成为城市体系的主体。进入刘易斯转折阶段，南部五大城市人口趋于饱和，接近大城市的中等县辖市和工商业较为发达、交通较为便捷的中心镇逐渐成为农业劳动力转移的主要载体，形成了以台北、高雄两大人口逾百万的大城市为核心，以基隆、新竹、台中、嘉义和台南五个人口20万以上的中等城市为骨干，以板桥、三重、永和等20个人口在10万—20万的城市为纽带和数十个中心镇为细胞的多层次、较为合理的城市空间构型。[③]

---

① 邢来顺、周小粒：《德意志帝国时期社会现代化的历史考察》，《华中师范大学学报》2008年第4期。

② 王章辉、黄柯可：《欧美农村劳动力的转移与城市化》，社会科学文献出版社1999年版，第223页。

③ 韩俊：《台湾农业劳动力转移问题探析》，《台湾研究集刊》1988年第4期。

其次，分散化工业布局。中国台湾的农村工业和城镇工业几乎同时兴起，因此农村非农产业的发展水平要比其他国家和地区高，有利于就地吸纳农业剩余劳动力，促进城乡统筹发展。1966年，加工工业新增加劳动力27.2万，其中台北吸纳了23%，其他主要城市吸纳了22%，小城市吸纳了9%，而农村地区却吸纳了46%。20世纪70年代初期，中国台湾工商企业有50%、制造业企业有55%设立在农村和小城镇，其中食品加工、纤维、纺织、化学等工业的中小企业比例更大。[①] 20世纪70年代末，中国台湾推行的经济开发计划又进一步促进了这种发展趋势，"农户兼业化"成为普遍现象，一方面避免了土地撂荒，另一方面为工业提供了必不可少的劳动力资源。

最后，实行全岛统一的社会保障制度，各城市社会保障基本无差异，避免人口为享受更好的社会保障而向大城市聚集，其中与人口迁徙密切相关的社会保障主要为健康保险和养老保险等公共服务。1994年制定"全民健康保险法"，养老保险基本涵盖所有养老保障形式，采取具有强制性的参保措施，尤为特别关注低收入人群及弱势群体，基本实现了全民覆盖。

3. 韩国经验

二元经济转型初期，韩国也曾出现城市人口过分集中的现象，相当部分人口流向首尔这一大城市，造成交通拥挤、住房紧张、污染严重，引发"城市病"。中小城市以及农村非农产业不发达，地区发展不平衡加剧。农村基础设施极其落后，农民生活水平尤为低下。韩国很快意识到这个问题的严重性，刘易斯转折阶段之后，在消除城市病的同时，注重统筹城乡发展。

第一，农村工业化。韩国进入刘易斯转折阶段后，高度重视农村工业发展，鼓励实行农村工业化政策，把发展农村工业作为"国家"开发战略。1967年当局制订了农民家庭副业区计划，旨在促使由10户以上农户集中的传统家庭企业的发展。进入20世纪70年代，开始推行新村运动。其中，一个重要内容就是发展副业生产，开办新村工厂，主要从事编织、服装、刺绣等工艺品生产，拓宽了农村剩余劳动力的就业，对于农村劳动力大量流入城市就业起到了一定程度的抑制作用。20世纪80年代，韩国又把大力发展乡村工业摆在了发展的战略地位，提高农民收入，包括采取卫星

---

① 黄安余：《大陆与台湾农业劳动力转移比较研究》，《江海学刊》2005年第2期。

式农村工业、群体式农村工业、间隙式农村工业等多种形式，1983年韩国有农村工业1357家，雇工百万余人，1984年开始还建成一大批农村工业小区，建成投产的企业开工率为95%以上。①

第二，重视农村职业教育，提高农民素质。韩国农民教育是促进城乡一体化的重要政策，始于20世纪60年代，现已形成三个层次，包括4H教育、农渔民后继者教育和专业农民教育。其中，4H教育影响最大，其目标是使农民具有聪明的头脑（HEAD）、健康的心理（HEART）、健康的身体（HEALTH）、较强的动手能力（HAND）。

第三，建立城乡一体的社会保障制度。韩国农民所享受的社会保障分为社会保险、公共救济和社会福利三部分，其中农民社会保险主要包括国民年金和医疗保险。《国民年金法》于1988年1月开始实行，1995年7月开始扩大到农村和渔村，农民和渔民义务加入。韩国的国民年金被视为所有保障制度的核心，在养老保障体系中起着重要的作用。韩国的医疗保险面向全体农民，1963年，韩国颁布了第一部《医疗保险法》，20世纪90年代开始在全国农村强制实施，覆盖90%的农民，另外10%的贫困农民由政府提供医疗救济费用。

4. 英国教训

英国二元经济转型过程中集中发展工业化，对城乡发展完全处于放任的状态，"城市病"集中爆发，城乡关系对立。"城市病"主要体现在以下几个方面：

第一，环境污染严重。煤炭作为支撑工业革命的核心燃料，带来严重的大气污染及多种呼吸道疾病，18世纪英国伦敦共发生25次毒雾事件，19世纪40年代之前，类似事件不止14次，每次毒雾都大大提高了支气管炎等呼吸道疾病的发病率和死亡率。在19世纪末期的几次毒雾事件中，死于支气管炎的人数竟比平时高出160%左右。② 同时，工业废水污染产生很多病菌并诱发瘟疫，19世纪30—60年代，英国共发生四次流行霍乱，夺去11.91万条生命。③

---

① 薛清生：《韩国高度重视农村工业的发展》，《科学与管理》1995年第1期。
② Clapp, B. W., *An Environmental History of Britain Since the Lndustrial Revolution*, N. Y.: Longman, 1994, p. 43.
③ Dyos, H. J. and Wolff, M., *The Victorian City*, London: Routledge and Kegan Paul, 1973, p. 636.

第二，住房拥挤，生存环境恶化。住房不仅表现为空间拥挤，缺少阳光，恶劣的卫生状况使当时英国城市居民的健康大受影响。

第三，犯罪现象猖獗。据统计，在英格兰和威尔士因刑事罪而被捕的法律案件，1805年为4605起，1842年增加到31309起。[1] 城市犯罪率是农村的2—4倍。[2] 学者将这一时期的英国称为"史册中最为黑暗的犯罪时代"和"匪徒的黄金时代"。极为恶劣的城市生存环境使英国城市死亡率高于农村，19世纪30年代，英国农村人口平均死亡率为1.82%，而城市高达2.62%[3]，英国农村人口平均寿命为50岁左右，而工业城市中工人平均寿命仅30多岁。[4] 可见，英国二元经济转型初期的农业剩余劳动力转移是一种从低死亡率向高死亡率地区的流动。虽然英国农村平均寿命高于城市，但并不代表当时英国农村比城市生活得好，很多农民在圈地运动的过程中，除了去工厂做工，绝大部分成为游民、失业者和贫民，游离在农村与城市之间，甚至一些人成为流浪汉，只能到处行乞，生计毫无着落。由于国家的重心在工业，农村仍是以传统农业为主，随着二元经济转型中农业剩余劳动力的减少，农村越发落后。

虽然英国实现了工业化，但在这一过程中付出了巨大的代价，充满了对抗、冲突、艰辛和苦难。19世纪末期，英国"城市病"有所缓解。直到第二次世界大战之后，英国通过制定多项城市规划、为城乡提供均等化的公共服务、保护和发展都市农业等方式才促进了城乡协调发展。

5. 拉美教训

拉美国家在二元经济转型中城乡关系主要表现为过度城市化与忽视乡村发展。

"过度城市化"一方面表现为城市化发展迅速，巴西的城市化率由1965年的51%提高到2013年的85%，墨西哥的城市化率由1960年的51%增加到2013年的79%，实现"三级跳"；另一方面表现为城市首

---

[1] [德]恩格斯：《英国工人阶级的状况》，中共中央马克思恩格斯列宁斯大林著作编译局译，人民出版社1956年版，第176页。
[2] 杜恒波：《英国农村劳动力转移的启示》，《农村经济》2004年第3期。
[3] Derek Fraser, *The Evolution of the British Welfare State*, London: Macmillan, 1984, p. 60.
[4] 华飞：《英国的"迈达斯灾祸"——对第一个工业化国家"城市病"的探讨》，《都市文化研究》2008年第1期。

位度高、环境承载能力差。自20世纪60年代起,巴西、墨西哥开始进行大都市规划,人口主要向少数几个大城市集中。巴西呈现出"双城带动"城市化格局,即里约热内卢和圣保罗两个城市齐头并进。从城市首位度①来考察(见图5-1),1960年以来巴西一直在12%以上,墨西哥的大城市集中现象更为明显,其城市首位度一直在20%以上。由于人口过多流入城市,城市承载力面临威胁,出现城市空气质量恶化、水源被污染、城市噪声超标、交通拥堵等问题。世界资源研究所的研究报告认为,墨西哥城的污染严重危害儿童发育。②

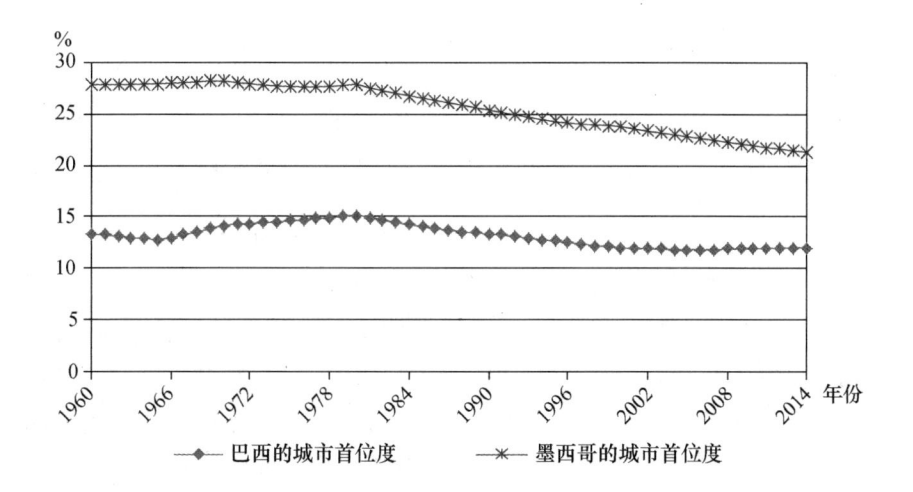

图 5-1　巴西和墨西哥的城市首位度示意

资料来源:根据世界银行 WDI 数据库整理得到。

拉美国家过度城市化致使"城市病"异常严峻。

其一,非正规就业人数较多。大批农业剩余劳动力涌入城市,劳动力供大于求,只能从事非正规职业,拉美国家城市中存在着规模庞大的

---

① 城市首位度,即最大城市人口占城市人口总量的比例。
② 袁东振:《混乱和无序:拉美城市化的教训》,《科学决策》2005年第6期。

非正规经济部门。① 从图5-2可以看出，21世纪以来巴西非正规就业比重有所下降，但仍在35%以上，墨西哥有增加的趋势，比重一直在40%以上，2012年竟然高达46.4%，接近就业人数的一半，形势堪忧。

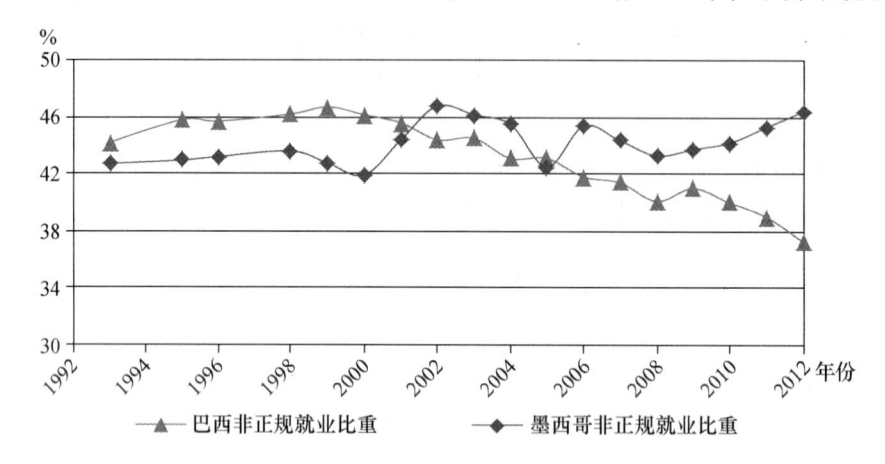

图5-2 巴西和墨西哥非正规就业比重变动情况

资料来源：根据拉美经委会（ECLAC）数据库整理得到。

其二，"贫民窟"② 问题突出。拉美国家住房的供需矛盾极为尖锐，正规住房供应量有限，一些贫困家庭和低收入家庭只好自建住房，贫民窟遍布各大城市。1950—1985年墨西哥首都60%新增面积是由非正规住房扩展的③，1964—1986年巴西3/4新建住房是非正规住房，1980—2003年墨西哥全国一半以上的新建住房是非正规住房，2/3的城市新增人口居住在非正规住房中。④ 近20年来，拉美国家贫民窟人口占城市

---

① 根据国际劳工署1972年的定义，非正规部门具有以下特征：易于从事；依赖本地资源；事业为家庭所有；小规模经营；劳动密集型和适用性技术；运用在正规学校体系之外获得的能力；不接受管理和竞争性市场。非正式部门主要是以生产或提供劳务的方式，创造就业机会和收入，既包括服务业（如沿街叫卖、在街头擦皮鞋、卖彩票等活动），也包括制造业（如用传统的手工操作方法制作简单的劳动密集型产品）。

② 根据巴西地理统计局的定义，贫民窟是指50户以上，无建设规划、占用他人或公共土地、缺乏基础设施的生活区。参见［巴西］费尔南多·奥古斯都·阿德奥达托·韦洛索、莉亚·瓦尔斯·佩雷拉、［中国］郑秉文主编《跨越中等收入陷阱：巴西的经验教训》，经济管理出版社2013年版。

③ 吴白乙编：《拉丁美洲和加勒比发展报告（2013—2014）》，社会科学文献出版社2014年版，第22页。

④ Brendan McBride and Matthew French, *Affordable Land and Housing in Latin American and the Caribbean* (Volume 1), Nairobi: UN-HABITAT, 2011, p.12.

人口的比重一直很大（见图5-3），巴西1990—2001年在30%以上，21世纪以来有所下降，占比仍在25%以上。墨西哥的贫民窟现象稍逊于巴西，贫民窟人口占城市人口的比重从1990—2001年的20%左右下降到21世纪以来的15%左右。贫民窟内缺少适当的卫生服务和干净的用水，基础设施很差，难免引发疾病等问题，大面积贫民窟不仅加剧了城市贫困，更导致社会分化，是滋生犯罪和社会动荡的"温床"。

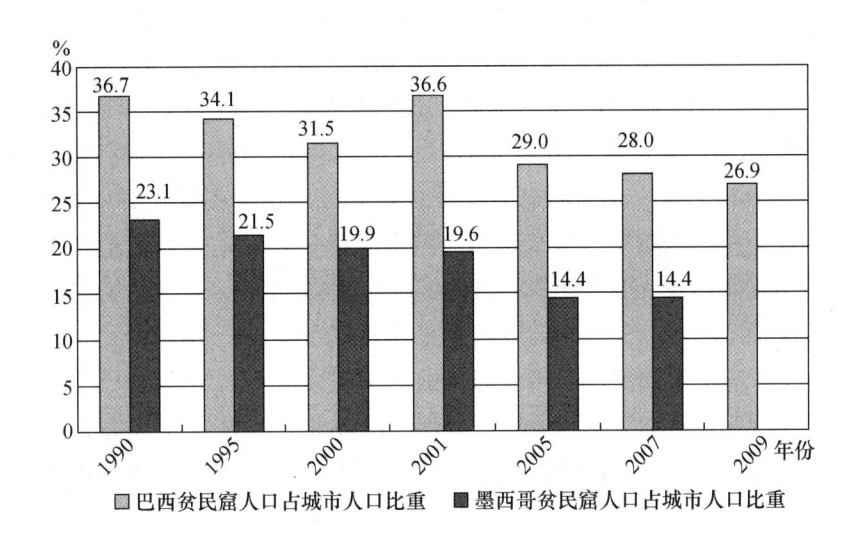

图5-3 巴西和墨西哥贫民窟人口占城市人口比重示意

资料来源：UNSD：Millennium Indicators Database，http：//mdgs.un.org/unsd/mdg/Data.aspx。

其三，社会治安不良，犯罪问题严重。拉美国家是世界上唯一一个在2000—2010年凶杀率上升的地区，而在世界大多数地方，凶杀率甚至下降了50%左右，而同期内拉美竟然上升了12%。[1] 据统计，巴西凶杀率从2000年的十万分之二十六点二增至2010年的十万分之二十六点七，远远超过世界卫生组织定义的"暴力泛滥"的凶杀率底线（十万分之十）。毒品犯罪一直很猖獗，墨西哥尤甚。2011年墨西哥的涉毒暴力活动由北部边境向全国其他地区蔓延，社会不安全指数大幅攀升。在2011年全球和平指数排名中，墨西哥从2007年的79位下降到2010年

---

[1] 吴白乙编：《拉丁美洲和加勒比发展报告（2013—2014）》，社会科学文献出版社2014年版，第88页。

的107位，2011年下降到121位。[1] 2013年墨西哥与犯罪有关的凶杀案达到10095起，绑架案1695起，比2012年增加了20.4%。[2]

长期以来，拉美国家忽视农村地区发展，表现为农业"二元化"、农村"边缘化"和农民"贫困化"。

拉美国家农村中突出的现象是地区发展极不平衡。墨西哥的北部、西北部以及东北部和巴西的东南部及南部地区是现代农业区，这里农业商品化、外向化和现代化程度较高，通过较少的人力、大量投资及现代技术创造了全国一半以上的农业产值。而墨西哥的中部、南部及东南部和巴西的东北部、北部及中西部则是传统农业区，那里大部分农民在贫瘠的土地上以传统的生产方式从事农业生产。其结果，一方面导致了城乡和地区间收入差距的扩大，据统计，在20世纪70年代，墨西哥传统农业区有89%的农户年平均收入在5000比索以下，而城市家庭年平均收入在24000比索以上。巴西人口众多的东北部地区人均收入只相当于东南部地区的1/3。另一方面是农村收入的差距扩大，据巴西地理统计局统计，1970年巴西农村50%的贫困者占有农业收入的22.4%，1980年下降为14.9%，同期5%的农村最富有者占有的农业收入由23.7%上升为44.2%，其中1%的最富有者1970年占有农业收入的10.5%，1980年上升为29.3%。[3]

土地是"三农"问题的核心，拉美国家的土地分配和占有制度极其不均等。墨西哥1910年爆发革命时，九成以上的农村家庭没有土地[4]，经过多次土地改革，1917—1992年向农民分配1亿多公顷土地，但是土地分配的速度赶不上农村人口增长的速度，当墨西哥政府于1992年停止分配土地时，农村地区仍有近500万人没有土地。[5] 巴西的

---

[1] 吴白乙编：《拉丁美洲和加勒比发展报告（2011—2012）》，社会科学文献出版社2012年版，第154页。

[2] 吴白乙编：《拉丁美洲和加勒比发展报告（2013—2014）》，社会科学文献出版社2014年版，第152页。

[3] 戴羿：《南朝鲜、台湾与墨西哥、巴西经济发展模式比较》，《经济社会体制比较》1989年第4期。

[4] 吴白乙编：《拉丁美洲和加勒比发展报告（2013—2014）》，社会科学文献出版社2014年版，第32页。

[5] 谢文泽：《城市化率达到50%以后：拉美国家的经济、社会和政治转型》，《企业家日报》2014年9月28日。

土地集中率位居世界第二，第二次世界大战后巴西一直没有出台有效的土地改革方案，也未进行彻底的土地改革，因此土地占有不平等的现象在巴西广大农村长期存在，少数的大地主控制着农村绝大部分土地。根据2006年巴西农业普查，拥有10公顷以下土地的小农户约占农户总数的50%，仅拥有全国2%的土地；拥有100公顷以上土地的大型农户占农户总数的10%，却拥有全国78%的土地。[1] 2007年巴西农村仍有1000多万无地农民[2]，大量失地农民被迫向城市迁移。农民贫困化主要表现为农村地区的贫困率较高，如2011年农村地区近50%的人口为贫困人口，其中一多半是赤贫人口。[3] 拉美农村除大中型农户、小农外，还有一些无地农民群体，由农村贫困人口转变为城市贫困人口。农村边缘化主要表现为农村地区基础设施落后，经济、社会发展指标明显低于城市。

可见，拉美国家城市过度超速发展不仅没有把拉美国家推向高收入经济体行列，反而使其长期滞留在中等收入或中高收入经济体的行列中，农村地区非均衡性发展使城乡之间严重分裂。

(二) 二元经济转型中城市化与工业化耦合关联测度

1. 研究方法

耦合是指两个或两个以上的系统或运动方式之间通过相互作用，彼此影响，以致联合的现象，是在各子系统间的良性互动下相互依赖、相互协调、相互促进的动态关联关系。[4] 二元经济转型中工业化与城市化是相互影响、相互作用的，以工业化为主导，带动城市化发展，以城市化为载体，推动工业化发展。鉴于这种关系的复杂性与关联性，本章参考刘思峰（2008）、刘耀斌等（2005）的灰色关联分析法，运用耦合关联度模型，分析三大类型国家和地区二元经济转型中的工业化与城市化的耦合水平，以此刻画二者之间的耦合协调程度。

灰色关联分析法是建立在灰色系统理论基础上的一种分析方法，对

---

[1] 吴白乙编：《拉丁美洲和加勒比发展报告（2013—2014）》，社会科学文献出版社2014年版，第17页。

[2] 张桂梅、李中东：《拉美失地农民问题对我国的启示》，《中国国土资源经济》2007年第8期。

[3] 吴白乙编：《拉丁美洲和加勒比发展报告（2013—2014）》，社会科学文献出版社2014年版，第39页。

[4] 欧阳峣、刘智勇：《发展中大国人力资本综合优势与经济增长——基于异质性与适应性视角的研究》，《中国工业经济》2010年第11期。

于信息不完全、数据不连续等问题，较其他分析方法更能准确地反映各因素间的亲疏程度和规律，对于某种内涵和外延并不十分清晰的数据处理，要优于其他计量和数学方法。鉴于本书所采用的是长期的历史数据，尤其是先行工业化国家的数据难以保障其连续性，使用灰色关联分析法更能准确地反映测度结果。

2. 指标选择及统计性描述

城市化用人口城市化率来度量，即城镇人口与总人口的比例。工业化分别从产值和就业两个角度进行度量，产值角度采用工业产值比重来表示，即工业增加值占 GDP 的百分比，就业角度根据南亮进（1973）的研究，采用非农就业比重来表示，即非农就业人员与全社会总就业人数之比。采用这个指标还有另外一个原因，工业化发展会带动大批人口从农村流向城市，但流入人口的就业不一定都在工业部门，工业还会带动服务业发展，服务业就业人口比重增加也可算作工业带动。采用 X 表示城市化率，Y_1 表示工业产值比重，Y_2 表示非农就业比重。先行工业化国家城市化率的数据参见第三章；非农就业比重为 100% 与农业就业比重之差（以下国家和地区采用同样方法），而农业就业比重数据详见第三章有关内容；英国和法国工业产值比重来源于 B. R. 米切尔（2002），德国工业产值比重由 B. R. 米切尔（2002）、王章辉等（1999）、罗莹（2004）、李工真（2005）的数据整理得到。后起工业化国家和地区城市化率与农业就业比重数据参见第四章第二节有关内容；日本工业产值比重的数据依据李仲生（2011）与日本统计局数据库整理得到，韩国工业产值比重数据依据李仲生（2012）与世界银行 WDI 数据库整理得到，中国台湾工业产值比重参见第四章第二节有关内容。拉美国家的城市化率与农业就业比重参见第三章第三节有关内容，巴西的工业产值比重依据苏振兴（2000）、米切尔（2002）及世界银行 WDI 数据库整理得到，墨西哥的工业产值比重依据江时学（2005）、苏振兴（2007）、戎殿新等（1989）及世界银行 WDI 数据库整理得到。数据的统计性描述如表 5-2 所示。

3. 耦合关联度模型及计算步骤

第一，确定分析系统指标。在前面分析的基础上，城市化系统的指标体系用城市化率（X）表示，工业化系统的指标体系包括工业产值比重（Y_1）和非农就业比重（Y_2）。

表 5-2　　　　　三大类型国家和地区各变量基本统计特征

类型	指标	时间范围	观测值	平均值	最小值	最大值	标准差
先行工业化国家	X_e	1750—1970	30	62.17	1.00	80.40	18.71
	Y_{1e}		30	36.75	21.00	47.00	7.81
	Y_{2e}		30	83.93	52.00	97.50	12.77
	X_f	1830—1970	32	40.74	17.37	71.30	14.78
	Y_{1f}		32	37.84	22.00	48.00	5.71
	Y_{2f}		32	56.29	30.00	86.00	14.50
	X_g	1825—1980	26	54.02	16.50	93.90	23.00
	Y_{1g}		26	36.95	18.00	53.20	11.68
	Y_{2g}		26	63.32	40.00	94.10	17.45
后起工业化国家和地区	X_j	1920—1990	33	59.96	18.10	77.34	22.19
	Y_{1j}		33	35.83	25.00	43.67	5.19
	Y_{2j}		33	75.43	46.40	92.80	18.50
	X_k	1950—1997	34	56.52	24.40	78.91	16.60
	Y_{1k}		34	29.66	13.00	39.23	7.95
	Y_{2k}		34	66.32	25.90	88.70	19.02
	X_t	1947—1997	32	67.23	20.61	82.80	17.25
	Y_{1t}		32	39.73	21.10	47.50	7.16
	Y_{2t}		32	75.26	38.50	90.40	14.74
拉美国家	X_b	1910—2011	35	71.27	16.20	85.00	16.21
	Y_{1b}		35	33.68	12.40	46.00	8.40
	Y_{2b}		35	70.87	29.00	85.00	14.32
	X_m	1900—2011	42	69.27	35.10	78.69	9.97
	Y_{1m}		42	33.20	25.10	38.50	3.20
	Y_{2m}		42	67.49	30.00	87.00	19.73

注：下角标 e 代表英国，f 代表法国，g 代表德国，j 代表日本，k 代表韩国，t 代表中国台湾，b 代表巴西，m 代表墨西哥。

第二，数据无量纲化处理。由于两个系统原始数据的量纲不同，本部分运用极差标准化方法对数据进行无量纲化处理，以英国的工业化系统为例，公式为：

$$Y'_{je} = (Y_{je} - \min Y_{je}) / (\max Y_{je} - \min Y_{je}) \tag{5.1}$$

式中，Y_{je} 为系统指标的原始值，Y'_{je} 为无量纲化后的标准化值。

第三，计算灰色关联系数。关联系数是两个相比较的序列在第 t 时刻（或区域）的相对差值，本部分选择邓氏关联度计算关联系数，其公式为：

$$\varepsilon_{ij}(t) = \frac{\min\limits_{i}\min\limits_{j} |X'_i(t) - Y'_j(t)| + \rho \max\limits_{i}\max\limits_{j} |X'_i(t) - Y'_j(t)|}{|X'_j(t) - Y'_j(t)| + \rho \max\limits_{i}\max\limits_{j} |X'_i(t) - Y'_j(t)|} \tag{5.2}$$

式中，$\varepsilon_{ij}(t)$ 为 t 时刻城市化系统 i 序参量与工业化系统 j 序参量之间的关联系数，$X'_i(t)$ 和 $Y'_j(t)$ 分别代表 t 时刻城市化 i 序参量和工业化 j 序参量的标准化值，ρ 为分辨系数，其作用是提高关联系数之间差异的显著性，一般取值为 0.5。

第四，耦合关联度模型。将关联系数按样本数 n 求其平均值后得到一个关联度矩阵，以反映系统中指标之间耦合的错综关系及其密切程度，关联度公式为：

$$\gamma_{ij} = \frac{1}{n} \sum_{t=1}^{n} \varepsilon_{ij}(t) \tag{5.3}$$

式中，n 为样本数，γ_{ij} 为关联度。

在关联度矩阵基础上分别按行或列求其平均值，可以得到一个分析序列组中某一指标与另一分析序列组的平均关联度，这些平均关联度是用来判断系统相互影响的最主要因素。因此，根据其大小及对应的值域范围可以测度城市化对工业化的影响以及工业化各指标对城市化的影响，公式为：

$$D_i = \frac{1}{l} \sum_{j=1}^{l} \gamma_{ij} \quad (i = 1, 2, \cdots, m) \tag{5.4}$$

和

$$D_j = \frac{1}{m} \sum_{i=1}^{m} \gamma_{ij} \quad (j = 1, 2, \cdots, l) \tag{5.5}$$

4. 耦合测度结果及分析

根据上面的计算步骤，利用 MATLAB R2009a 软件，编制了工业化与城市化的耦合测度程序，根据耦合关联度模型，分别测算了三大类型八个国家和地区二元经济转型中的工业化和城市化的耦合关系，耦合关联度矩阵如表 5-3 所示。

表 5–3　三大类型国家和地区城市化与工业化的关联度矩阵

指标	先行工业化国家			后起工业化国家和地区			拉美国家	
	英国	法国	德国	日本	韩国	中国台湾	巴西	墨西哥
X 与 Y_1 的关联度	0.7033	0.5968	0.6649	0.5780	0.6129	0.6932	0.5194	0.5341
X 与 Y_2 的关联度	0.5838	0.6043	0.5509	0.7652	0.6800	0.6532	0.6586	0.6394
耦合平均关联度	0.6436	0.6006	0.6079	0.6716	0.6465	0.6732	0.5890	0.5868
耦合水平	均为中等关联度，英国接近较高关联度			日本和中国台湾为较高关联度，韩国近似为较高关联度			中等关联度	

关联度矩阵用以说明工业化与城市化间的耦合关系，其中最能反映耦合整体水平的为对关联度矩阵按行（列）求出的平均关联度。根据刘耀斌（2005）的研究，当 $0<\gamma\leqslant 0.35$ 时为低关联度，说明两指标间耦合作用弱；$0.35<\gamma\leqslant 0.65$ 时为中等关联度，两指标间的耦合作用中等；$0.65<\gamma\leqslant 0.85$ 时为较高关联度，两指标间的耦合作用较强；$0.85<\gamma\leqslant 1$ 时，则两系统指标的变化相对一致，耦合作用极强。从平均关联度看，先行工业化国家均处于中等关联度水平，其中英国最高为0.6436，接近较高关联度水平；后起工业化国家和地区中的日本和中国台湾处于较高关联度，韩国相对低一些，为 0.6465，若以两位小数点计算，也为 0.65，因此，可大致估算它们均处于较高关联度范围内；拉美国家的平均关联度最低，均在 0.6 以下，处于中等关联度。

总体来看，后起工业化国家和地区的耦合作用较强，先行工业化国家和拉美国家处于中等关联度，耦合作用中等；与其他两类相比，拉美国家耦合作用更弱一些。这基本上符合三大类型国家和地区二元经济转型的发展实际。先行工业化国家在转型过程中处于摸索的状态，经过一个多世纪的历程，尤其是英国用接近两个世纪的转型历程，才最后完成向一元经济的过渡，经历了很多波折与苦难，尤其是产业革命之后集中力量发展工业化，忽略了城市化发展，导致城市化发展相对落后，出现严重的"城市病"等问题。英国于 18 世纪 60 年代开始启动工业化历程，1840 年完成工业化初级阶段，1851 年城市化率才超过 50%。法国于 1815 年开始工业化，城市化却于 19 世纪 30 年代左右启动，到 20 世纪初法国初步完成了工业化①，1931年城市化率才超过50%。德国的工业化起步晚，发展速度快，19世纪30年代中期起步，完成于1910年，城市化率于1910年达到60%左右，进入稳步发展状态，二者在完成时间上基本是同步的，但转型过程中德国工业化超前发展，城市化的基础设施和环境治理相对滞后。因此，先行工业化国家的工业化发展速度快于城市化，工业化即将完成才开始集中精力促进城市化良性发展，不断进行弥补和修正，其间付出了很大的代价，为后来者提供了经验教训。后起工业化国家和地区是转型成功的典范，汲取先行工业化国家的经验教训，政府及时修正市场失灵，工业化与城市化基本协调发展，转型过程时间短，较为顺利。拉美国家在转型中出现了"过度城市化"现象，城市化速度大大快于工业化速度，工业化与城市化极不协调，目前仍处于转型艰难阶段，三大类型中转型最为落后，因此耦合关联度也最低。

（三）规律性总结

所考察国家和地区在转型中处理城乡协调发展上都经历了艰难的历程。从成功完成转型的国家和地区来看，无论经历多少艰辛与痛苦，最终都实现了城乡协调发展。拉美国家城市二元结构与农村二元结构并存，多年来未处理好二者的关系，导致转型开始的时间早，但发展绩效不高。因此，二元经济转型中妥善处理好城乡间的关系是非常重要的。

首先，城乡协调发展中城市化与工业化是相互促进、相互依托的。从经验实证考察，根据对三大类型国家和地区二元经济转型中城市化与工业化耦合关联测度结果的分析，成功完成转型的先行工业化国家及后起工业化国家和地区的耦合水平明显高于正在转型的拉美国家。因此，在二元经济转型过程中，合理协调城市化与工业化间的关系至关重要。从理论上说，随着一国工业化水平的提高，非农产业的就业人口和其家属向城市迁移，从而带动城市人口比重的增加，促进了城市化的发展；然而，城市规模的扩大，为工业发展提供了有益的外部环境，吸引了工业企业的进一步集中，城市化的良性发展促进了工业化进程。工业化是核心、龙头，是城镇化的"发动机"，可以促使区域资源得到合理配置，促进城镇的合理布局，从而推动城镇化，实现城乡协调发展；城镇

---

① 谭崇台:《发达国家发展初期与当今发展中国家经济发展比较研究》，武汉大学出版社2008年版，第558页。

化可以为工业化聚集资金、人才、市场交易的各项要素，进一步降低工业化的成本，实现和支持高水平的工业化。因此，二元经济转型中城市化与工业化是相互促进、相互依托的。

其次，城市化促进农业剩余劳动力转移，扩大农村市场需求。所考察国家和地区二元经济转型的经验证实，城市化的聚集效应可以促进工业扩张，增加城市基础设施建设，推动第三产业发展拉动就业，加大农业剩余劳动力转移需求，在改善城乡收入分配格局的同时，提高农民的人均收入水平，扩大农村市场需求，缓解二元经济转型中的需求约束。

最后，城市化有助于推进农业现代化。从成功完成转型的国家和地区来看城市化，一方面可以带动农业剩余劳动力转移，促进农业规模化与集约化经营，推进农业现代化进程；另一方面可以扩大对农副产品的需求，稳定农副产品的市场价格，从而调动农民从事农业生产的积极性，促进农产品深加工行业的发展，推进农业产业化。

有学者曾经做过这样的比喻："曲线的极短的一段近乎直线。我们截取的线段越短，它越接近直线。最后，你会认为它是直线的一部分，也可以是曲线的一部分。实际上，在这些截取的每一点上，曲线与它的切线不能被区割……所以，一门科学所能够完成的最基本进展在于使已经获得结果纳入整体中去思考。"一个国家和地区的二元经济转型是一个非常复杂的过程，不能简单地理解成"农业剩余劳动力转移"或者工业化、城市化，其过程应是工业化、农业现代化与城市化相互作用的良性循环过程。通过工业化与农业现代化的相互促进，带动农业剩余劳动力的乡城迁移，缩小农业与非农业的劳动生产率差距；通过城乡非农产业的合理分工，实现工业化与城市化协调发展，缓解就业压力；通过城市与农村两大区域的良性互动，激发农民的有效需求，既要努力推进农民工市民化，也要促进城市资源、要素向农村流动，实现城乡统筹发展。因此，工业化、农业现代化、城市化三者之间动态循环是保障农业剩余劳动力顺利转移从而实现二元经济转型的必要条件。

第二节　二元经济转型中的技术创新驱动

技术创新在二元经济转型中发挥着非常重要的作用。二元经济转型的核心问题是农业剩余劳动力转移，而技术创新是促进农业剩余劳动力转移的关键，农业技术创新能够促进农业劳动生产率的提高，有助于释放农业剩余劳动力；工业技术创新能够提升产业结构，提高经济运行效率，并通过资本节约型技术的选择和使用，扩大就业空间，吸收更多的农业剩余劳动力。同时，技术创新能够创造新产品，扩大市场需求，克服需求不足约束。随着一国经济发展，资源环境约束逐渐增强，通过技术创新能够降低生产成本，提高资源利用效率，突破转型过程中的资源与环境约束，实现两大部门平衡发展，进而推动二元经济转型。

一　二元经济转型中技术创新的路线选择

（一）典型化事实

先行工业化国家发展较早，可供学习和模仿的技术较少，只能通过自主创新促进本国转型发展，英国主要依靠以能工巧匠的经验积累和技术改良为主要形式的技术进步。虽然法国、德国在一定程度上吸收了英国纺织技术，但是，通过自主创新促进二元经济转型的贡献率也相对较大。如今的发展中国家作为后发国家，拥有可以向发达国家学习的机会，日本和韩国充分利用"后发展优势"，通过技术引进、模仿创新，最后走上自主创新的道路，完成了二元经济转型，为我们提供了诸多经验；而拉美国家长时期只注重技术引进，忽略了技术消化与吸收，且偏重资本偏向型技术引进策略，农村剩余劳动力转移得不到吸收，转型发展受到严重阻滞。

1. 韩国经验

从全要素生产率的角度考察韩国技术进步的水平，根据表5-4，韩国在二元经济转型初期与刘易斯转折阶段的全要素生产率达到了4.6%（1960—1980年），对经济增长的贡献率超过50%，二元经济转型后期有所下降，贡献率达到了39.2%。世界银行（1995）从整体上进行了考察，1960—1989年的全要素生产率为3.1021，对经济增长的贡献率为29.8%。

韩国二元经济转型的历程也是该国从技术模仿到技术创新大国的过程。自成立后到20世纪60年代初，经济处于非常落后的状态，农业严重落后于工业的发展，二元经济结构形成并逐渐深化。由于经济基础薄弱，科技发展缓慢，韩国只能通过引进国外先进技术和部分原材料进行生产，技术创新处于孕育的萌芽时期。

表 5-4　　　　　　　韩国 GDP 增长率及因素分析　　　　　单位:%

时期	GDP 增长率	各要素对 GDP 增长的贡献			全要素对经济增长的贡献率
		劳动投入	资本投入	全要素生产率	
1960—1980	8.5	1.9	1.9	4.6	54.1
1981—2002	7.4	1.4	3.1	2.9	39.2
1960—2002	7.9	1.7	2.5	3.7	46.8

资料来源: Solimano, A. and Soto, R., *Economic Growth in Latin America in the Late 20th Century: Evidence and Interpretation*, United Nations Publications, 2005, p. 25。

二元经济转型初期，韩国劳动力充足、成本低，实行出口导向工业发展战略，技术引进主要是偏向劳动的中低档技术，生产产品技术含量不高，出口商品以初级产品如丝绸、钨、服装、杂货以及鱼和鱼产品为主。20世纪60年代中后期进入刘易斯转折阶段，韩国加大科技投入，从国外引进的先进技术主要用于发展钢铁、机械、电子、汽车和石油等重化工业。从20世纪60年代中期到80年代初，企业主要通过技术学习和模仿创新获取和吸收国外技术，把技术研究与开发视为次要目标。韩国政府通过制订总体或者专项计划为技术创新提供方向引导，采用"技术开发准备金制度""企业技术开发资金制度""风险投资企业的支援制度"等措施，实行财政和税收优惠政策鼓励民间企业培养技术创新能力。同时，对引进技术进行严格控制和考核，从20世纪60年代起，韩国先后颁布了《科学技术促进法》等十余部关于技术创新的法律，并以此为准绳出台相应政策，促进企业技术创新。韩国政府只允许引进关键技术，并对每一项引进技术都提出相应的消化吸收目标，还利用审批和评价系统进行跟踪考核。1960—1984年韩国共引进3073项技术，其中得到消化吸收的技术达到70%。[1] 可见，韩国在起步阶段主要实施模仿创新，大大缩短了与先进国家的技术差距。

二元经济转型后期，随着劳动力供给的减少，韩国更加重视技术创新，实施"科技立国"战略，20世纪80年代后期，技术政策主要朝加强自主研发方向转移。这一时期韩国的技术创新分为两个阶段。一是技

---

[1] 胡志坚、冯楚健:《国外促进科技进步与创新的有关政策》，《科技进步与对策》2006年第1期。

术发展内在化阶段（1980—1990年）：不断加大科技投入，科技投资占当年GNP的比例从1981年的0.89%提高到1993年的2.31%，研究开发费用占当年GNP的比例从1980年的0.58%提高到1993年的2.3%[1]；同时加强海外人才的引进和培养，提高技术创新人才的质量。80年代初，韩国企业研究所从47家猛增至3825家，企业研究人员由数千人增至近9万人，每千名职工中拥有研究人员45.1人[2]，达到英国、法国等发达国家水平。二是技术自主创新阶段（1991年至今）：20世纪90年代进入以创新驱动为主的发展阶段，韩国政府提出了"建设以科技知识为推动力的头脑强国"口号，制订《尖端和科学技术发展基本计划》《为克服经济危机开发技术特别对策》等中长期科技计划，这一阶段以高技术含量、高附加值的高新技术产业为重点，发展高端制造业，通过强化技术创新能力和建立世界一流的科技创新园来加快技术自主创新。从全要素生产率考察，1960—1980年韩国全要素对经济增长的贡献率为54.1%，1981—2002年也达到39.2%[3]，充分证明技术创新在韩国二元经济转型尤其在转型初期及刘易斯转折阶段的重要作用。总结韩国二元经济转型中技术创新的特点，见表5-5。

表5-5　韩国二元经济转型中技术创新特点与产业结构演进

二元经济发展阶段	技术创新演进历程	技术选择策略	产业发展重点
二元经济转型初期（20世纪60年代初至60年代中后期）	技术的引进与消化	劳动偏向型技术	劳动密集型产业为主导
刘易斯转折阶段（20世纪60年代末期至70年代末期）	模仿创新阶段	资本偏向型技术	资本密集型产业为主导
二元经济转型后期（20世纪80年代初至今）	技术发展内在化阶段（1980—1990年）	知识偏向型技术	技术密集型产业为主导（高技术产业、高端制造业）
	技术自主创新阶段（1991年至今）		

[1] 米嘉：《以技术创新引领我国跨越"中等收入陷阱"——历史经验与现实分析》，《政治经济学研究》2013年第7期。

[2] 同上。

[3] Solimano, A. and Soto, R., *Economic Growth in Latin America in the Late 20th Century: Evidence and Interpretation*, United Nations Publications, 2005, p. 25.

2. 日本经验

从全要素生产率的角度考察日本技术进步的水平，二元经济转型过程中日本的全要素生产率呈增加的趋势（见表5-6）。根据麦迪森的估计，以全要素对经济增长贡献率为指标，1870—1913年为-13.2%，1913—1950年增加到16.1%，1950—1973年为54.9%，1974—1985年为49.08%，可以看出，日本在刘易斯转折阶段和二元经济转型后期全要素贡献率较高。根据世界银行统计，整个二元经济转型后期的全要素生产率的贡献率达到了59%。①

表5-6　　日本全要素生产率的长期变动（年平均复合增长率）　　单位:%

时期	劳动生产率	资本生产率	全要素生产率	全要素对经济增长的贡献率
1870—1913	1.89	-0.95	-0.31	-13.20
1913—1950	1.85	-1.85	0.36	16.10
1950—1973	7.69	0.06	5.08	54.90
1974—1985	2.20	0.34	1.33	49.08
1973—1992	3.13	-2.85	1.04	27.70

注：劳动生产率为平均每工作小时的GDP；资本生产率为平均每单位非居住用资本的GDP；全要素生产率是GDP增长对联合投入（劳动、人力资本、非居住用固定资产总量和土地）的加权平均的比率。表中部分两个相邻期间的起止年份相同，根据原始资料，重叠年份所对应的数据在计算相应结果时都有所涉及。

资料来源：[英] 安格斯·麦迪森：《世界经济二百年回顾》，李德伟等译，改革出版社1997年版，第19、174页；[日] 馆龙一郎：《日本经济》，东京大学出版社1991年版，第6页。

日本在发达国家中发展较晚，二元经济转型初期，技术进步主要是通过技术引进与改良实现的。1886年日本开启二元经济发展阶段，充分利用后发优势，引进劳动偏向型技术促进轻工业的发展，尤其是纺织业，吸收了大量劳动力。到20世纪10年代，日本在军国主义发展思想的指引下，通过简单的技术引进，偏向发展军工产业，建立了诸如海军兵工厂、东京炮兵工厂等许多军事工厂。同时，通过引进西方先进科技成果和设备，积极向西方学习先进技术，生产效率、产品性能与质量得到大幅度提高。这一阶段主要以资本偏向型技术为引进策略，通过消化

---

① 世界银行编：《1991年世界发展报告》，中国财政经济出版社1991年版，第45页。

吸收以及本土化处理，建立多种"试验场"加以研究和开发。当时日本不仅派遣政府官员、员工和技师到西欧学习新知识、新技术和创新管理方法，同时还重金聘请国外技术专家向国内企业传授新技术。日本在第二次世界大战前基本完成了机械化、电气化和燃料石油化的技术革命，并发展成为一个产业门类齐全、具有近代科技及教育水平的工业化强国。①

第二次世界大战后，日本工农业生产极度萎缩，经济全面崩溃，国内技术水平远远落后于发达国家。第二次世界大战后的日本把引进外国先进技术作为一项基本国策，变后进性为后发性。"一号机进口、二号机国产、三号机出口"成为当时日本产业界引进、消化国外技术和自主创新的不成文规则。战后大量城市人口返回农村务农，再加上士兵大量回乡，农村中存在着大量隐性劳动力，日本再次选择劳动偏向型的技术引进策略，1951—1953年为第一个技术引进高潮期，主要引进纺织工业技术、化学工业技术、电气机械工业技术等。进入刘易斯转折阶段，日本以重化工业为发展重点，1955—1970年又迎来了第二个技术引进热潮，15年中日本几乎吸收了全世界半个世纪开发的全部先进技术，节省了大约90%的研究开发费用和70%的研究开发时间。② 日本引进的技术几乎涉及所有部门，从轻工业到重工业，从基础工业到新兴工业部门，从经营管理方式到具体的生产工艺和生产技术等，都不同程度地吸收了国外先进技术③，并设置技术引进的目标和跟踪考核系统，保障引进的质量和效率。20世纪50年代以提高生产效率的技术为主，60年代以关系到工业生产的关键领域的技术为主。

二元经济转型后期，通过前期大规模的技术引进进行技术革新，日本缩短了与美欧等发达国家的技术差距，20世纪50年代初期日本一般技术落后于美欧20—30年，到60年代缩小到10—15年，70年代大多数技术已经消除了与美欧的差距。④ 日本在1967年成为世界第二大经济体之后，发觉到单纯依靠技术引进不能满足经济持续增长的需要，1969年发布的《科技白皮书》讲道："我国资本技术研发能力正在培养

---

① 任文侠：《日本工业现代化概况》，生活·读书·新知三联书店1980年版，第7页。
② 张季风：《日本经济概论》，中国社会科学出版社2009年版，第223页。
③ 王晓耕：《战后日本的外向型经济战略浅析》，《现代日本经济》1992年第4期。
④ 薛敬孝、白雪洁：《当代日本产业结构研究》，天津人民出版社2002年版，第126页。

起来，但国产技术水平还处于劣势……我国技术创新的意欲和努力还很欠缺。"① 自此日本进入以自主开发为主的技术进步阶段，分别于1974年和1978年实施了"阳光计划"和"月光计划"，用于研究开发新能源技术和节能技术，推动了这一研究开发目标的转向。在70年代后期日本自主技术开发能力得到前所未有的彰显。尤其是半导体技术、集成电路的生产发展极为迅速，日本成为当时世界电子元器件的供应基地。80年代初，美国将日本列为美国高技术领域的主要挑战国，日本在研究效率、开发速度、产品数量方面陆续超过西方发达国家。据资料统计，在一般性技术开发方面，日本的创新项目达到常规质量水平平均需要4个月，而美国需要11个月，欧洲需要12个月。② 日本的技术进步加速了产业结构向技术密集型产业的升级过程，1989年开始，日本的研究经费占GNP的比例一直居世界第一③，90年代信息产业兴起，这一系列的演变证明日本实现了从技术引进到技术创新的飞跃。从全要素生产率考察，1950—1973年日本全要素对经济增长的贡献率为54.9%，1974—1985年也达到49.08%④，大约在50%，也充分证明技术创新在日本二元经济转型时期尤其在转型后期的重要作用。总结日本二元经济转型中技术创新的特点，见表5-7。

3. 拉美教训

长期以来，美国既是拉美的主要投资国和出口市场，也是拉美所需资金和技术的主要来源，依靠这种"后院模式"，拉美国家在第二次世界大战后工业有了一定发展基础。面对劳动力资源丰富、国内市场广阔的有利条件，拉美并没有选择引进劳动偏向型技术，而是较早过渡到资本密集型产业，错失了与东亚国家竞争和国际经济联系带来的技术扩散和溢出机会。另外，巴西与墨西哥广泛接受外来投资，敞开大门，鼓励各跨国公司合资合作、设厂竞争，虽然增进了国民福利、促进了GDP的

---

① 张季风：《日本经济概论》，中国社会科学出版社2009年版，第215页。
② [瑞典]哈里森：《日本的技术与创新管理》，华宏慈等译，北京大学出版社2004年版，第43页。
③ 徐平：《苦涩的日本：从赶超时代到后赶超时代》，北京大学出版社2012年版，第101页。
④ 根据以下文献整理得到：[英]安格斯·麦迪森：《世界经济二百年回顾》，李德伟等译，改革出版社1997年版，第174页；[日]馆龙一郎：《日本经济》，东京大学出版社1991年版，第6页。

表 5-7　　日本二元经济转型中技术创新特点与产业结构演进

二元经济发展阶段	技术创新演进历程	技术选择策略	产业发展重点
二元经济转型初期	技术引进与技术改良阶段	劳动偏向型技术（19世纪80年代中后期至20世纪第一个10年末）	劳动密集型产业占主导（轻纺工业、纤维、煤炭、采矿等）
		资本偏向型技术（20世纪10年代初至第二次世界大战）	资本密集型产业占主导（冶金、化工、机械制造、军工）
		劳动偏向型技术（第二次世界大战之后）	劳动密集型产业占主导（棉纺产业、冶炼、煤炭、早期制造业）
刘易斯转折阶段	模仿创新阶段	资本偏向型技术	向资本密集型产业过渡（钢铁、煤炭、造船、机械等）
二元经济转型后期	自主创新阶段	资本偏向型技术（20世纪60年代初至60年代末）	资本密集型产业占主导（电力、电器、机械、汽车、石油化工、钢铁等）
		知识偏向型技术（20世纪70年代初至今）	技术、知识密集型产业占主导（信息产业、新材料、新能源、生物、宇航、医疗保健、光纤通信）

稳定增长，表面上节省了技术研发耗费、减少了投资风险和市场风险，但其代价是断送了本国自身技术研发能力和创立自主工业的机会，民族产业和本国市场被跨国公司控制，丧失了民族工业发展的独立性。从自身来看，拉美国家由于技术生产能力与美国等先进国家差距过大而缺乏足够的技术消化能力，从而造成引进技术资源的浪费，加剧对先进水平技术的依赖，导致整个国家经济体系的创新研发机制很弱，影响经济持续发展。

技术是以自然资源为基础的经济体多元化的关键因素[1]，然而以自然资源丰富著称的拉美国家却在很长时间内自主创新处于停滞的技术依赖状态，尤其是企业自主技术创新活动的深度与广度均十分有限。以汽车产业为例，巴西与墨西哥的汽车产业实现技术引进主要通过引进跨国公司来本地投资设厂，生产汽车在本国与周边国家的市场上销售。虽然

---

[1] 经济合作与发展组织发展中心、联合国拉美经委会编：《2014年拉丁美洲经济展望：面向发展的物流与竞争力》，中国社会科学院拉丁美洲研究所译，知识产权出版社2014年版，第96页。

这种模式使两国的汽车工业形成了大规模的汽车制造基地,拥有了很强的整车装配能力和零部件配套体系,但是,由于缺少独立研发新车型和关键零部件的能力,需要不断地从跨国公司进行新产品、新技术的引进以使本国汽车工业能够跟进世界汽车技术发展的前沿趋势,因此导致两国的汽车工业严重依赖国外的技术,陷入了"引进—复制—再引进—再复制"的恶性循环模式,是一种依附式的发展模式。相反,几乎同时起步的日、韩汽车工业走的是一条基于"引进—消化吸收—自主创新"的技术追赶路径,基于这条路径的发展,仅仅在二三十年的时间内就成长为具备很强国际竞争力的产业。[1]

从劳动、资本和全要素生产率三方面分别考察其对 GDP 的贡献(见表 5-8)。相比 1960—1980 年,巴西在 1981—2002 年劳动对 GDP 增长的贡献率降低了 0.6 个百分点,资本贡献率降低了 1.7 个百分点,全要素生产率的贡献率降低了 3.1 个百分点。全要素生产率对经济增长的贡献率在 1960—1980 年达到了 27.8%,而 1981—2002 年降低到 -61.1%。同期,墨西哥劳动贡献率降低了 0.3 个百分点,资本贡献率降低了 1.2 个百分点,全要素生产率降低了 2.9 个百分点。墨西哥全要素生产率对经济增长的贡献率在 1960—1980 年达到 30.9%,而 1981—2002 年降低到 -32%。巴西与墨西哥两国进口替代工业化时期的技术进步贡献率较高,债务危机后两国全要素生产率对 GDP 增长率出现长达 20 年的负增长,GDP 增长率明显降低,经济发展方式出现暂时停滞。即使拉美国家处于经济迅速发展时期,全要素的贡献率也低于后起工业化国家,债务危机之后贡献率为负数,由此可见拉美国家技术发展的落后程度。

进入刘易斯转折阶段,巴西采取四大类创新机制鼓励技术创新,墨西哥进行经济结构性改革,出台《国家科学技术计划(2001—2006)》(2001)、《科学技术法》(2002)一系列改革措施和激励政策。总体来看,拉美国家技术进步效率低下,阻碍了转型进程,主要体现在以下三个方面。

---

[1] 曹芳、黄乃文:《后发工业国技术从模仿到创新的路径、动力与选择机制》,《重庆工商大学学报》(社会科学版)2014 年第 3 期。

表 5-8　　　　　　巴西和墨西哥 GDP 增长率及因素分析　　　　　　单位:%

国家	时期	GDP增长率	劳动投入	资本投入	全要素生产率	全要素生产率对经济增长的贡献率
巴西	1960—1980	7.2	2.1	3.1	2.0	27.8
	1981—2002	1.8	1.5	1.4	-1.1	-61.1
	1960—2002	4.3	1.8	2.2	0.4	9.3
墨西哥	1960—1980	6.8	2.0	2.7	2.1	30.9
	1981—2002	2.5	1.7	1.5	-0.8	-32.0
	1960—2002	4.5	1.9	2.1	0.6	13.3

资料来源：Solimano, A. and Soto, R., *Economic Growth in Latin America in the Late 20th Century: Evidence and Interpretation*, United Nations Publications, 2005, p.20。

其一，缺乏技术创新意识与创新活力。一方面，长期的进口替代工业化战略致使企业缺乏创新意识。企业从国外引进技术，直接进行"拿来主义"，形成了技术依赖，不愿花费成本进行技术创新。即使20世纪90年代进行新自由主义改革，但制度变迁也没有完成，一些体制性障碍和弊端还依然存在，资源配置效率无法得到根本性改善，致使企业处在保护中成长，缺乏创新意识。以关税率为例，1995—2010年巴西的关税率仍一直高达13%，而韩国从8%下降到6%，美国仅为3%左右。[1] 另一方面，较差的营业环境不利于激发企业家的创新活力。拉美国家限制国内竞争的障碍较多，如法规环境烦琐、市场进入成本较高、资本市场能力欠缺以及劳动力市场僵化。以企业创建成本为例进行考察，从整个拉美地区看，不用和OECD高收入成员相比，仅与东亚及太平洋地区相比，程序数量最多达到9道，比后者多了2道，耗时最长54天，比后者多17天，费用达到人均收入的37.3%，而后者仅占人均收入的22.7%。[2] 再考察劳动力市场的配置情况，以强制性离职金为例，拉美地区企业需要为离职职工提供相当于月平均工资2.5倍的赔偿，而亚洲为1.5倍，欧洲为1.1倍。[3] 由此可见，拉美国家的微观领

---

[1] [巴西] 费尔南多·奥古斯都·阿德奥达托·韦洛索、莉亚·瓦尔斯·佩雷拉、[中国] 郑秉文主编：《跨越中等收入陷阱：巴西的经验教训》，经济管理出版社2013年版，第479页。

[2] 根据世界银行WDI数据库整理得到。

[3] 吴白乙编：《拉丁美洲和加勒比发展报告（2011—2012）》，社会科学文献出版社2012年版，第26页。

域存在着诸多问题，难以激发企业技术创新的活力。

其二，私营企业研发不足。从研发投入看（见表5-9），拉美国家的研发投资相对于其他两大类型的投入要低很多，尤其是相对于后起工业化国家和地区；巴西研发投入较墨西哥高，墨西哥仅有0.44%。拉美国家研发投资资金来源50%以上为政府和其他渠道，企业投入的资金较少，而后起工业化国家日本、韩国的企业投入资金在70%以上，先行工业化国家也在50%左右，后两大类型主要以私营部门资金为主。虽然英国的企业研发投资占45%，与拉美国家相当，但政府占比较少，其他渠道弥补了企业的不足。拉美国家企业间、企业与高校和研发机构间更是很少开展联合研发活动。根据郑秉文（2013）的研究，相对于政府和科研机构，企业进行的研发效率更高。在拉美国家，由政府和大学的研究实验室所产生的知识未能转化成企业环境下的创新，2009年巴西在科学期刊发表文章占全世界的2.7%，而专利只占0.1%[1]，更加证实了我们的结论。学术与应用知识之间的距离也表明，拉美国家的产、学、研结合不够，研发效率低下。

表5-9　　三大类型国家研发投资比重和资金来源渠道比较　　单位:%

类型	国家	企业	政府	其他	总计
拉美国家	巴西	0.50（42）	0.60（50）	0.10（8）	1.20（100）
	墨西哥	0.20（45）	0.20（45）	0.04（10）	0.44（100）
后起工业化国家	日本	2.50（74）	0.60（17）	0.30（9）	3.40（100）
	韩国	2.70（72）	1.00（27）	0.04（1）	3.74（100）
先行工业化国家	英国	0.80（45）	0.60（33）	0.40（22）	1.80（100）
	法国	1.10（48）	0.90（39）	0.30（13）	2.30（100）
	德国	0.90（50）	0.80（44）	0.10（6）	1.80（100）

注：括号外数据是指该类渠道来源的研发投资占总投资的比重。括号中数据是指研发投资中各类渠道来源的资金占该国研发投资总额的比重。"其他"这一类包括大学、非营利性企业和外国基金。表中为2010年数据。

资料来源：由联合国教科文组织（UNESCO）数据库整理。

---

[1] ［巴西］费尔南多·奥古斯都·阿德奥达托·韦洛索、莉亚·瓦尔斯·佩雷拉、［中国］郑秉文主编：《跨越中等收入陷阱：巴西的经验教训》，经济管理出版社2013年版，第51页。

其三，技术创新效率低下。从表 5-10 可以看到，与其他两大类型相比，拉美国家的创新效率相去甚远，巴西平均每 1000 名研究员中产生 4 个专利，墨西哥为 4.7 个，而日本达到了 40.6 个，德国最高，达到了 53.9 个；从每百万居民的专利数量这个指标看，其他类型国家是拉美国家的上百倍。

表 5-10　　　　　　三大类型国家技术创新效率比较

类型	国家	专利（每百万居民）	研究员专利数（千个）
拉美国家	巴西	2.8	4.0
	墨西哥	1.6	4.7
后起工业化国家	日本	210.7	40.6
	韩国	161.1	32.6
先行工业化国家	英国	93.0	24.5
	法国	110.2	29.9
	德国	203.6	53.9

资料来源：由联合国教科文组织（UNESCO）数据库整理。

（二）规律性总结

日本与韩国在 20 世纪 80 年代之前"技术模仿大于技术创新"，80 年代之后加快了技术创新的步伐，在二元经济转型中主要以技术引进实现技术进步，从劳动偏向型技术选择转向资本偏向型技术选择；坚持企业为技术创新的主体，确立"官、产、学一体化"研究体制；在技术引进的同时，并非只停留在技术模仿阶段，而是通过消化吸收进行模仿创新，高度重视对引进技术的精细化改良，形成"适用技术"，走的是一条"技术引进—消化吸收—技术创新"之路。提高了企业的生产效率，同时重视自有品牌，形成了强有力的民族工业，促进产业结构升级，缩小与国际先进水平的差距，将外生性后发优势转化为内生性能力，推动经济发展方式转变，实现跨越式发展。而拉美国家主要通过出让国内市场来换取跨国公司国际投资，虽然从表面上看增进了居民福利，节省了技术研发投资成本，减少了市场风险，却断送了自主技术研发和自创品牌进而形成民族工业的机会与前景，长期滞留于利用外生性后发的技术优势，忽略了技术的内生化发展，导致技术落后和技术依赖，难以形成自我持续性增长循环，在引进过程中并没有偏重资本节约型技术的采用，致使劳动力就业得不到解决，非正规就业比例较大，二元经济转型受到挑战。

通过所考察国家和地区的经验与教训可知，在二元经济转型不同阶段，技术创新形式、路线、强度是不同的。

第一，在二元经济转型初期，两大部门中现代工业部门弱小，农业劳动生产率低下，居民收入水平低下，社会有效需求集中于满足生存需要的农业和其他日用品产业上，产品的技术含量低，且技术进步缺乏科学知识积累的推动，经济发展更需要资本与劳动力投入，再加上经济发展所受到的资源环境约束与市场有效需求约束强度不大，增加要素投入是二元经济转型初期促进经济增长的主要方式，技术创新强度不大。这一时期劳动力供给十分丰富，资本要素高度稀缺，对于企业来讲，相对于使用资本，使用劳动力更有利可图。因此，二元经济转型初期，一个国家或地区通常引进与模仿技术，主要选择劳动偏向型技术创新路线。

第二，当一国经济发展进入刘易斯转折阶段，劳动力不再无限供给，用工成本上升，使企业倾向于采用劳动节约型的技术，投资于资本—劳动力比较高的产业；特别是随着经济发展，一国的资源与环境约束显著增强，再加上资本报酬递减规律的作用，资本积累不能无限地保持现代部门的经济增长，这时单纯依靠劳动和资本这两种生产要素投入实现经济扩张不再能够有效地对现代经济部门发挥作用，生产率不会发生实质性增长，转型的进程也会减慢。波特在《国家竞争优势》中指出：资源、廉价劳动力、本地要素等基本资源优势驱动的国家优势只能提供短暂而脆弱的出口能力。当一国进入刘易斯转折阶段，尤其是到刘易斯第二转折点时，需要进行生产要素禀赋结构的变化，从单纯依靠资本和劳动的投入向依靠技术进步与生产率提高的增长方式转变。著名经济学家林毅夫（2004）也认为，持续的技术升级是一国经济长期动态增长的最重要驱动力。一国若想顺利跨越艰难的刘易斯转折阶段，单靠模仿和引进技术已经不能满足需求，技术创新的强度也要增大，资本偏向型技术创新路线为最佳选择。

第三，一个经济体进入二元经济转型后期，边际劳动生产率大于零但小于制度工资的劳动力全部转移到城市非农产业，企业用工成本进一步上升，面临的竞争压力逐渐加剧，单纯的技术引进、模仿创新满足不了发展需要；技术创新强度进一步加强，倾向于以自主创新为主要形式的技术进步，技术选择则表现为以知识偏向型技术为主；微观市场主体技术创新路线的选择与国家整体的技术路线的选择是一致的，通过技术创新促进生产率的提高，提升产品竞争力，创新型国家逐渐培育起来。

二元经济转型不同阶段的技术创新路线选择是一个十分重要的问题，关系到技术创新对二元经济转型的作用。如果在二元经济转型初期，选择资本偏向型技术创新，就会影响非农产业对农业剩余劳动力的需求，从而不利于二元经济转型；当一个国家或地区进入刘易斯转折阶段，就需要根据要素禀赋和需求结构的变化，调整技术创新路线，从以劳动偏向型技术创新为主逐步转向以资本偏向型和知识偏向型技术创新为主，促进产业结构升级，带动生产方式转变，只有这样，才能最终实现二元经济转型。二元经济转型不同阶段技术创新的路线选择详见图5－4。

阶段	二元经济转型初期	刘易斯转折阶段	二元经济转型后期
创新形式	引进、模仿技术	模仿创新	自主创新
创新路线	劳动偏向型	资本偏向型	知识偏向型
创新强度	不大	较大	更大

刘易斯第一转折点　　刘易斯第二转折点

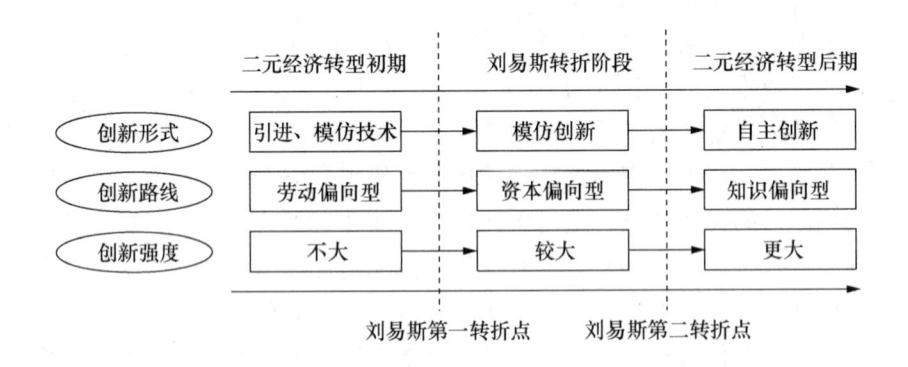

图5－4　二元经济转型不同阶段技术创新的路线选择

二　二元经济转型中产业结构的演变趋势

（一）二元经济转型不同阶段产业结构的演变

二元经济转型不同阶段，技术创新的路线选择是不同的，技术创新带来了产业结构的演变。

在二元经济转型初期，对于劳动力过剩的二元经济国家和地区来说，资源禀赋特征表现为劳动力相对丰富而资本相对稀缺，这一时期现代经济部门需要进行资本积累实现扩张，吸收农业转移出来的剩余劳动力，资本积累是转型初期的核心问题。这一时期工业需要大规模的基础设施的投入，城市化需要基建投资，人们只能维持基本生活，产品的技术含量低，且技术进步缺乏科学知识积累的推动，产业结构中工业比重渐进增强。二元经济转型这一阶段，技术选择倾向于劳动偏向型技术策略，产业结构中劳动密集型产业占主导地位，主要以农业、轻纺工业为主。

随着农业剩余劳动力不断向城市非农产业转移，二元经济转型进入刘易斯转折阶段，一国经济也进入工业化中期或中后期阶段，城镇人口大量增加，公用事业部门和社会基础设施需求加大，城镇基础设施建设也成为这一阶段投资需求的重点；大众居民温饱问题得到解决，生活水平的提高对产品的需求更加多样化，人们的需求重点转向了非生活必需品特别是耐用消费品，对于产品质量的要求随之提高；大型企业物质资本投入逐渐减少，企业倾向投资于资本—劳动力比较高的产业，或采用劳动节约型的技术，用资本来替代劳动。基于上述原因，二元经济转型进入刘易斯转折阶段后，产业发展的重点转向使用工业原料的资本品和耐用消费品的生产，这一阶段产业结构表现出以重化工业为主导的资本密集型特点。

当一个国家或地区进入二元经济转型后期，由于资源环境约束的增强、用工成本的进一步上升，企业也倾向于通过自主创新赢得市场竞争力。同时，人们对精神生活、生活质量和生活环境的需求大为提高，消费需求的高层次性和多样性，促进高加工度产业和高新技术产业的发展，也促进了现代服务业的快速发展。因此，进入二元经济转型后期，产业结构呈现为以高加工度工业、高新技术产业和现代服务业为表征的技术知识密集型特点。二元经济转型不同阶段产业结构的演变趋势见图5-5。

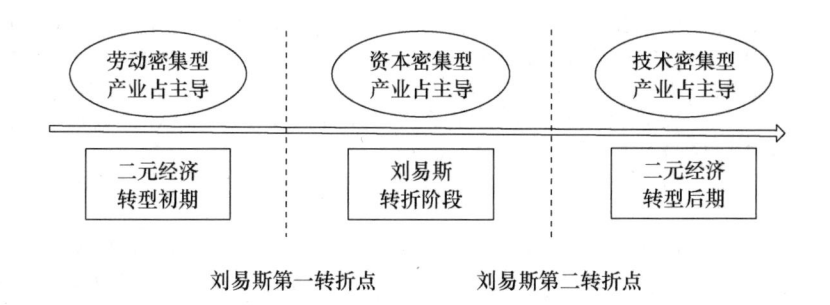

图5-5 二元经济转型不同阶段产业结构的演变趋势

（二）历史经验佐证

二元经济转型中上述产业结构演变趋势已被完成转型的先行工业化国家与后起工业化国家和地区所验证。

英国是第一个完成工业化和二元经济转型的国家，英国的产业结构大致遵循了从劳动密集型产业向资本密集型，再向技术密集型产业过渡的演进规律。二元经济转型初期，劳动密集型产业以"中间部门"[①]和棉纺织业为主。直到19世纪50年代初迎来刘易斯第一转折点，纺织业在拉动就业方面依然发挥着至关重要的作用，1851年该产业雇用了129.6万人，占当年就业总人口的13.2%，其中棉纺织业雇用了52.7万人，占总就业人口的5.9%，该年英国棉纺织业的出口产值占全部纺织业产值的60%左右，英国为出口而雇用的工人总数大致为34.3万人。[②] 伴随着劳动力成本的上升，英国的产业结构开始向资本密集型产业转型。棉纺业不同于以往，已完全成为一个工厂工业，成为资本密集程度相当高的工业，工资成本不断下降。[③] 到1867年，英国纺织业已拥有7万多台机械纺织机，基本淘汰了手工作业[④]，初步实现了资本代替劳动。据统计，1850年英国的消费品工业占制造业的60%，生产资料工业占40%，到1881年消费品工业占比下降为47%，生产资料工业占53%。[⑤] 可见，英国在刘易斯转折阶段资本密集型产业逐渐发展起来。二元经济转型后期，劳动力供给更加紧缺，需要有效的技术创新实现资本代替劳动，自80年代，英国工业以现代工场手工业和家庭手工

---

① 根据高德步（2003）的研究，英国在工业化早期发展过程中，存在着大量"中间部门"，即现代工场手工业和家庭手工业，这两种形式均以手工劳动为主，可能采用部分蒸汽动力或小型机器，主要依靠廉价劳动力，承接场外加工订货而存在，当时农业劳动力转移不是直接转移到大工厂，而是首先转移到这类行业中，"中间部门"对吸收剩余人口、缓解就业压力发挥着重要作用，因此属于典型的劳动密集型产业。

② ［英］克拉潘：《现代英国经济史》（中卷），姚曾廙译，商务印书馆2009年版，第47页。

③ ［英］M. M. 波斯坦、D. C. 科尔曼、彼得·马赛厄斯编：《剑桥欧洲经济史（第七卷）：工业资本：资本、劳动力和企业》（上册），王春法等译，经济科学出版社2004年版，第161页。

④ 李若谷：《世界经济发展模式比较》，社会科学文献出版社2009年版，第267页。

⑤ 刘世锦：《传统与现代之间——增长模式转型与新型工业化道路的选择》，中国人民大学出版社2006年版，第42页。

业为主的"中间部门"基本消失①，劳动密集型产业逐渐减少，但英国还是沉浸在原来的"世界工厂"荣耀之中，产业结构向技术密集型产业转变的速度非常缓慢。这在很大程度上阻碍了英国的转型进程，直到第二次世界大战之后，英国的技术密集型产业才占据主导地位，实现了二元经济转型。

最能说明问题的是后起工业化国家和地区在二元经济转型中产业结构的演进。日本1955年前后进入刘易斯转折阶段，在20世纪五六十年代颁布《新长期经济计划》（1957），力图实现产业结构的合理化，开始向重化工业升级，着重发展以钢铁、化学、机械为主的重工业来代替以纤维、食品和香烟为主的轻工业，产业结构从劳动密集型产业向资本密集型产业占主导转型升级，到七八十年代进入高加工度工业和高新技术产业为主导的发展阶段。而从韩国和中国台湾两地看，五六十年代它们利用美国、日本产业结构从劳动密集型向资本和技术密集型升级的机会，主要发展出口导向的轻工业，吸纳了大量的农业剩余劳动力，加快了二元经济转型进程。上述国家和地区大约在60年代中后期进入刘易斯转折阶段，其劳动密集型产业发展遇到劳动力成本上升和其他发展中国家的国际市场竞争，它们再次利用美国、日本等国将部分重化工业转移到发展中国家的机会，开始进入重化工业为主导的资本密集型产业发展阶段。韩国在1973年发表"重化工业宣言"，把钢铁、造船、机械、有色金属等行业作为战略产业，在80年代初又提出"技术立国"，逐渐发展半导体、计算机、电信设备等高新技术产业，形成了从劳动密集型产业、资本密集型产业再到技术知识密集型产业占主导的完美过渡。表5-5和表5-7分别显示了韩国和日本在二元经济转型不同阶段的产业演进情况。

第三节　二元经济转型中的制度创新

一　二元经济转型中制度供给的演变

二元经济转型作为技术与制度二元性双重转换的统一，存在着相互

---

① 高德步：《工业化过程中的"中间部门"与"过渡性"就业——英国经济史实例考察》，《东南大学学报》（哲学社会科学版）2003年第6期。

促进、相互作用的关系。一个国家或地区二元经济转型中生产技术的发展必然伴随着组织制度的变化，主要原因在于任何社会再生产都是物质资料再生产和生产关系再生产的统一，任何一个国家或地区经济转型也必然是人与物的关系和人与人的关系的统一。生产技术是从人与物的关系上代表了社会生产力的发展水平，组织制度则是从人与人的关系上反映了一个社会生产关系的性质。从这个意义上说，生产技术与组织制度之间存在着十分密切的关系。根据马克思生产力与生产关系辩证关系理论，生产技术决定组织制度，而组织制度又深刻影响着生产技术，一个国家或地区二元经济转型过程中生产技术的变动及其发展无不受现有组织制度的影响和约束，组织制度的完善与否直接关系到生产技术水平的实现，因此从这个角度讲，组织制度是生产技术的前提与条件。因此，在一个国家或地区二元经济转型过程中，不同转型发展阶段生产技术水平不同，要求相应的组织制度与之相适应，政府作为制度的供给者和公共政策的制定者，需要根据发展阶段变化而采取适宜的制度供给。

二元经济转型初期，劳动力无限供给的特征使这一时期的制度安排和政策选择不需将劳动力因素列入考虑范围，更多考虑的是如何促进资本积累。伴随着刘易斯转折阶段的到来，劳动力由无限供给变为短缺，生产要素数量的变动一方面通过供求关系导致相应的要素价格变动，必然带动相关产业发生改变，关系到整体经济结构变化；另一方面劳动力市场长期供求关系的变化，会带来不同群体对政策影响力的变化，从少数人占主导的"数量悖论"向多数人发挥作用的"供求法则"转变（Olson，1985；Anderson，1995），一系列利益格局的均衡发生变化。因此，刘易斯转折阶段的到来，对经济社会适应自身发展的阶段性变化提出了新的制度需求。而到二元经济转型后期，工业进入高级发展阶段，农业现代化普及，劳动力供给更为紧缺，更高的生产技术水平和劳动力状况对制度安排又提出了新要求。本节着重从教育的普及与深化、劳动者社会保护、收入差距调节三个方面分析这一演变过程。

二　二元经济转型中教育普及与深化

（一）典型化事实

1. 德国经验

德国 19 世纪初颁布《初等义务教育法》，而后颁布《童工法》明文规定德国 6—14 岁的青少年必须接受最基本的义务教育，然后才能进工厂就业。① 在刚刚步入二元经济转型时期的 1835 年，普鲁士的孩子中已有 80% 进入小学学习②，80 年代以后，小学入学率达到 100%。因此，德国在二元经济转型初期已经实现了全民初等教育。

进入刘易斯转折阶段，教育投入不断增加，职业教育发展得到重视。德国职业技术教育强制与普及在二元经济转型之前主要是一些区域性的规定，进入刘易斯转折阶段后过渡到全国。德国的职业技术教育有以下几大特点。

第一，职业教育涉及面较广。针对原有学校，调整相应的课程和专业，同时还创立和新办一些新型职业学校，包括面向现实的、半古典的中学，实科中学和非古典的、只学习现代学科的高级实科学校，以满足现代科技发展对人才培养的需要。这正是德国教育现代化转型中最成功的地方。德国职业教育包括职业培训、职业进修和改行培训，实行将学校理论培训和企业实践培训紧密结合的"双轨制"职业教育体制。同时，注重农业教育，从 19 世纪末到第一次世界大战之前，兴办 4 所综合性农业大学、6 所兽医大学、4 所林业大学。在冬季农闲季节，举办各种各样的培训，培训内容主要是向农民传授农业科学知识，还有传播新技术。

第二，针对"浮游群体"进行职业培训，提高转移劳动力素质。二元经济转型中从农业向城市转移的劳动力容易出现"技术断层"，主要是指工业化对劳动力知识技能水平的要求在逐步提高，而农村劳动力在向第二产业、第三产业的职业转换过程中原有的知识技能已不适用，但又尚未掌握新的劳动技能的一种技术断裂现象。对此，与劳动力的职业转换相适应，德国于 19 世纪末 20 世纪初形成三种基本的职业教育形式：现场工作岗位培训、手工业学徒培训、在企业实习车间和学校中进行封闭式培训。③ 政府和社会团体通过兴办成人学校、设立夜校与厂校等方式普及成人教育，为农业剩余劳动力开展职业培训，尤其针对穷人

---

① 王章辉、黄柯可：《欧美农村劳动力的转移与城市化》，社会科学文献出版社 1999 年版，第 256 页。

② [英] M. M. 波斯坦、D. C. 科尔曼、彼得·马赛厄斯编：《剑桥欧洲经济史（第七卷）：工业资本：资本、劳动力和企业》（上册），王春法等译，经济科学出版社 2004 年版，第 568 页。

③ H. Pohl, *Berufliche Aus – und Weiterbildung in der deutschen Wirtschaft seit dem 19*, Wiesbaden: Macmillan Press, 1979, p. 15.

和工人,提供免费上学的机会。通过各种形式的培训,农村外流人口和广大就业者的文化水平、技术素质都有明显提高。

第三,高等教育偏向经济实际发展需要。19世纪70年代以后,德国政府加速推进同经济发展(尤其是与化学和电气工业相关)联系紧密的学科的发展,高等教育的变化主要表现为教育规模的扩大、专业结构的调整以及为适应工业化发展需要而出现的各大学、各院系的规模调整;新的院系、专业以及新型大学的出现,包括商业高等学校特别是技术高等学校等在内的各类新型高等院校。由于技术高校专业设置实用性强,学生人数的增长远远高于综合性大学。1870—1914年,综合性大学学生人数增加约325%,同期技术类高校学生由2242人增加到11451人,增加410%以上。[①] 1919年颁布的《魏玛宪法》规定职业技术教育为义务教育,1938年的《帝国义务教育法》又重申了职业技术教育义务制等条款。

第二次世界大战后,德国更加重视教育的发展。德意志联邦共和国规定实行9年义务普及教育和3年义务职业技术教育,共12年义务教育;德意志民主共和国已普及10年制义务普通教育和2年义务职业技术教育,也是共12年义务教育。职业教育进入高级发展阶段,德意志联邦共和国基本法、德意志民主共和国宪法都把接受职业技术教育规定为青年的义务,其中,联邦共和国增加了主要学校,实科学校的毕业生在就业之前必须经过专门职业训练。为了防止职业学校教育过早专门化,还设置了职业基础教育年限以加强职业基础教育。德国将基础教育与职业教育紧密结合起来,为经济发展培养了大量专业化人才,加速了转型步伐。

2. 韩国经验

韩国自1945年成立时就高度重视教育,重视人力资源开发,提出"人才立国"战略。根据二元经济转型时期不同阶段的变化及时调整本国教育结构,为经济发展提供所需人力资本,助力经济转型。

20世纪60年代中后期进入刘易斯转折阶段,教育改革有序展开。1968年公布《国民教育宪章》,改革韩国的义务教育和学校体制、院校

[①] 邢来顺、周小粒:《德意志帝国时期社会现代化的历史考察》,《华中师范大学学报》2008年第4期。

和专业设置，逐渐建立了比较完备的多层次教育体系，满足经济高速发展时期对各类人才的需求。70年代初，韩国制定"教育立国，科技兴邦"发展战略，推行"巩固初等义务教育、普及中等教育、提高高等教育、加强职业技术教育"的方针，重视教育培养人才的质量。同时，国家在财政上对教育予以适当倾斜，通过制定《地方教育财政交付金法》（1971）等法规以保障地方教育财政的稳定。在职业教育与培训上，韩国于1967年颁布《职业培训条例》，1976年颁布《职业培训基本法》，使劳动力培训的体系在法制化的基础上不断完善。具体政策上，60年代后期，为满足工业化发展对技术劳动力的需求，大量增加职业高中数量。随着产业结构开始从轻工业向重工业结构转变，为了缓解对大批熟练劳动者的需求，韩国政府及时把原来的中等技术学院升格为高等专科学校。

二元经济转型后期，韩国教育支出年平均比例为19%，与经济性支出的比例几乎相等。[①] 为了满足国家对高级专门技术人才激增的需求，韩国政府颁布了"高中教育体制改革方案"，为高科技密集型产业提供应用型和研究型的人才。刘易斯转折阶段的高等教育毛入学率基本都在10%以下，1981年突破15%，进入高等教育大众化阶段，之后发展迅速，1985年达到了31.6%，突破30%，1995年达到了48.9%，1996年突破50%，达到了54.9%，基本进入高等教育普及化阶段。可见，在二元经济转型后期阶段韩国高等教育毛入学率每年提高2.64个百分点，这一点全世界首屈一指。

3. 英国教训

英国重视教育较晚，制约了后期转型进程。二元经济转型初期，为了求得生存，很多工人或者流浪汉的孩子在只有几岁时就被迫进入工厂做童工，为自己及家庭谋取收入，根本没有机会享受最起码的接受初等教育的权利。直到刘易斯转折阶段末期，英国才开始重视初等教育。1870年通过《初等教育法》，到二元经济转型后期，颁布《芒德拉法》（1880），对原来工厂法中最低工作年限及相应的义务教育年龄做出规定，这标志着英国强制性义务初等教育制度的正式确立；1891年《免

[①] 全毅：《亚太地区发展的路径选择——基于东亚与拉美发展道路的比较研究》，时事出版社2010年版，第307页。

费初等教育法》颁布，规定家长有权要求其子女接受免费的初等教育。随后，虽然初等教育得到了快速发展，但公立小学的入学率到1901年仅为69.81%[①]，而同期的德国已经达到百分之百。

英国一直轻视技术教育在工业化发展中的作用，在二元经济转型初期，只是推行技工讲习所，没有形成系统的专业教育。进入刘易斯转折阶段，1851年英国政府准许建立工业夜校，伯明翰、曼彻斯特、伦敦、利物浦等城市的市立大学担负起培养技术人员的使命。专业性的高等技术学院——皇家矿业学院和皇家造船工程学院分别于1851年和1864年成立。英国职业教育方面一直固守原有的学徒制，没有形成科学的教育体系。这也是英国经济后来逐渐落后于美国、德国与法国的原因之一，缺乏技术人才，劳动力素质不高制约了转型发展。

4. 拉美教训

二元经济转型初期，拉美国家的教育被置于次要的位置，教育的低投入导致低入学率和平均受教育年限不足，海量的文盲和半文盲人口是当时拉美面临的严峻的现实问题。而且，教育投入结构不合理，例如，二元经济转型初期的巴西过度重视高等教育，初等教育投入少，参加初等教育所需花费是人均GDP的20%左右，令很多人无法承受。随着刘易斯转折阶段的到来，两国劳动力由无限供给转为短缺，为此，拉美国家增加教育支出，重视教育质量，人均教育花费逐渐减少，通过社会救助手段推进教育均等化，取得了显著性效果，但与其他两大类型国家和地区教育发展水平相去甚远。表5-11对比了三大类型国家和地区的平均受教育年限，拉美国家从1950—2010年一直处于最低档水平，巴西教育水平还低于墨西哥。拉美国家的教育到20世纪90年代左右才赶上先行工业化国家及后起工业化国家和地区1950年左右的水平。从15岁以上完成中等教育及以上百分比考察，2010年巴西15岁以上的人口仅有不到34%完成了中等教育甚至更高等的教育，而墨西哥也仅达到38.7%。相比韩国，1950年15岁以上人口仅有5.2%左右完成了中等教育或者高等教育，到2010年达到了77.9%，成为这些国家中最高的。从历史发展过程来看，1990年的巴西相当于1950年的日本的水

---

① Mitch, D., "The Spread of Literacy in Nineteenth - Century England", *Journal of Economic History*, Vol. 43, No. 1, 1983, pp. 287 - 288.

平，1990年墨西哥的水平相当于1950年的韩国的水平，到2010年，拉美国家完成中等教育的比例仅相当于日本、韩国、中国台湾与法国、德国的一半，人力资本素质制约着拉美国家的经济发展。

表5-11 三大类型国家和地区平均受教育年限与15岁以上完成中等教育及以上百分比的比较（1950—2010年）

项目	平均受教育年限（年）							15岁以上完成中等教育及以上百分比（%）						
年份	1950	1960	1970	1980	1990	2000	2010	1950	1960	1970	1980	1990	2000	2010
巴西	1.5	2.1	2.8	2.8	4.5	6.4	7.5	3.9	5.5	6.5	7.9	11.9	23.6	33.7
墨西哥	2.4	2.8	3.6	4.9	6.4	7.6	9.1	2.7	3.2	6.6	13.7	20.6	27.6	38.7
日本	6.9	8.0	8.2	9.3	10.0	10.9	11.6	21.9	32.5	33.2	44.5	50.7	60.5	67.0
韩国	4.5	4.3	6.3	8.3	9.3	11.1	11.8	5.2	11.3	19.2	35.2	50.2	69.2	77.9
中国台湾	4.3	5.0	6.1	7.6	8.7	10.1	11.3	11.0	13.4	19.5	32.2	42.2	54.9	70.7
英国	5.9	6.3	7.3	7.7	8.1	8.8	9.6	3.3	4.1	10.3	11.6	13.5	18.8	25.2
法国	4.3	4.2	4.8	6.0	7.5	9.6	10.5	3.9	5.1	7.9	16.9	33.8	52.1	62.5
德国	4.9	5.1	5.0	5.6	8.0	10.0	11.8	6.5	9.0	10.0	15.8	35.9	52.9	68.8

资料来源：Barro, R. J. and Lee, J. W., "A New Data Set of Educational Attainment in the World, 1950-2010", *Journal of Development Economics*, No.104, 2013, pp.184-198。

从学校教育质量考察，OECD国际学生评估项目（PISA）[①] 2012年的评估结果显示，拉美国家学生的阅读和数学能力与先行工业化国家及后起工业化国家和地区存在着较大的差距。从阅读能力方面考察（见表5-12），拉美国家2012年15岁学生中阅读困难的学生比例（一级及一级以下）超过40%，而后起工业化国家和地区大约在10%，先行工业化国家大约在15%；拉美国家能够熟练阅读的学生比例（四级及以上）还不到5%，而后起工业化国家和地区的比例超过了40%，先行工业化国家均超过了30%。从运用数学能力方面考察（见表5-13），拉美国家运用数学困难的学生比例（一级及一级以下）在50%以上，

---

① 国际学生评估项目（PISA）是目前全球最权威的学习素养测试之一，由OECD发起，主要对15岁学生的阅读能力、数学、科学能力进行评价研究，考察义务教育末期学生是否掌握问题解决能力和终身学习能力。从2000年开始，每三年一次。

巴西更是高达67.09%，而后起工业化国家和地区大约在10%，先行工业化国家大约在20%；拉美国家能够熟练运用数学的学生比例（四级及以上）同样还不到5%，而后起工业化国家和地区的比例在40%上下，先行工业化国家均超过了30%。根据以上比较，说明同样年龄的学生由于接受教育的不同所形成的能力差距如此之大，可见，拉美国家教育质量不佳，必然制约着技术进步的步伐。

表5-12 2012年三大类型国家和地区学生阅读能力比较 单位:%

国家和地区	一级以下（低于334.75分）	一级（334.75—407.47分）	二级（407.48—480.18分）	三级（480.19—552.89分）	四级（552.90—625.61分）	五级（625.62—698.32分）	六级（高于698.32分）
巴西	18.77	30.42	30.10	15.76	4.42	0.51	0.01
墨西哥	13.58	27.50	34.46	19.58	4.46	0.40	0.02
日本	3.06	6.70	16.64	26.70	28.42	14.61	3.87
韩国	2.15	5.50	16.37	30.82	31.02	12.57	1.57
中国台湾	3.05	8.44	18.13	29.88	28.70	10.39	1.40
英国	5.44	11.18	23.46	29.86	21.27	7.51	1.27
法国	6.99	11.93	18.86	26.33	23.03	10.59	2.27
德国	3.79	10.70	22.13	29.87	24.58	8.26	0.67

资料来源：根据OECD-PISA Database整理得到。

表5-13 2012年三大类型国家和地区学生运用数学能力比较 单位:%

国家和地区	一级以下（低于357.77分）	一级（357.77—420.07分）	二级（420.08—482.38分）	三级（482.39—544.68分）	四级（544.69—606.99分）	五级（607.00—669.30分）	六级（高于669.30分）
巴西	35.22	31.87	20.41	8.89	2.86	0.71	0.04
墨西哥	22.83	31.88	27.82	13.13	3.71	0.59	0.04
日本	3.16	7.91	16.92	24.66	23.69	16.04	7.63
韩国	2.72	6.42	14.66	21.41	23.89	18.77	12.13
中国台湾	4.50	8.34	13.14	17.10	19.72	19.17	18.03
英国	7.83	13.99	23.20	24.77	18.38	8.96	2.87
法国	8.73	13.62	22.14	23.76	18.85	9.77	3.13
德国	5.55	12.19	19.40	23.74	21.67	12.77	4.68

资料来源：根据OECD-PISA Database整理得到。

从拉美国家不同教育程度的劳动者比重考察（见表 5-14），巴西初等教育的劳动者比重在 2006 年之后大幅下降，而中等教育劳动者比重从 1992 年的 14.1% 增加到 2011 年的 36.4%，而同期内高等教育程度劳动者比重从 6.1% 增加到 17.2%。墨西哥接受教育的人口比例从 2000 年的 89.7% 增加到 2010 年的 94%。[①] 其中，初等教育的劳动者比重在 2008 年之后大幅下降，而中等教育劳动者比重从 1995 年的 28.4% 增加到 2011 年的 45%，而同期内高等教育程度劳动者比重从 19.7% 增加到 23.3%。总体来看，拉美国家高等教育劳动者比重偏少，说明在教育深化之路上还需进一步努力。

表 5-14　　拉美国家不同教育程度的劳动者比重变动情况　　单位：%

国家	巴西			墨西哥		
类别	初等教育程度	中等教育程度	高等教育程度	初等教育程度	中等教育程度	高等教育程度
1992 年	13.9	14.1	6.1	—	—	—
1993 年	14.2	14.5	6.3	—	—	—
1995 年	15.0	15.4	6.7	21.0	28.4	19.7
1996 年	16.4	17.1	6.9	60.9	16.0	13.8
1997 年	16.3	17.6	7.2	42.0	16.3	13.7
1998 年	17.1	18.7	7.2	69.5	16.3	14.1
1999 年	17.6	19.5	7.2	20.9	28.5	23.6
2000 年	—	—	—	20.2	29.1	25.4
2001 年	—	—	—	59.8	16.1	15.8
2004 年	—	—	—	58.5	16.8	17.6
2005 年	—	—	—	58.1	19.0	16.3
2006 年	42.4	29.5	8.8	57.6	19.6	16.6
2007 年	41.2	30.6	9.3	57.0	20.0	17.3
2008 年	—	—	—	57.0	20.2	17.3
2011 年	37.0	36.4	17.2	26.8	45.0	23.3

资料来源：根据世界银行 WDI 数据库整理得到。

（二）规律性总结

根据典型化事实，德国和韩国二元经济转型中发展教育的做法为我

[①] Barro, R. J. and Lee, J. W., "A New Data Set of Educational Attainment in the World, 1950-2010", *Journal of Development Economics*, No. 104, 2013, pp. 184-198.

们提供了诸多经验。首先是教育先行，两国在转型之前就已开始实现了普及初等义务教育，为工业化奠定人才基础。此后针对不同阶段经济发展需要及时调整教育结构，培养针对性的专业化人才，注重职业教育发展，推进高等教育的大众化，做到了教育转型前瞻性，与经济转型同步发展。研究外国教育史的学者认为，德国是沿着"教育革命—政治革命—工业革命逐渐发展起来的，英国是沿着政治革命—工业革命—教育革命"的道路发展的。[1] 德国的"教育先行"是不容置疑的，相反英国教育发展较晚，一直固守老套教育模式，未能根据时代发展跟进教育转型，导致经济发展逐渐落后。拉美国家忽视教育，巴西直到2010年才开始实行九年义务教育，规定到2016年巴西学前教育成为一项宪法义务。[2] 拉美国家是三大类型中教育发展最为落后的地区，教育落后制约着技术进步与发展方式转变，更牵制着转型进程。因此，教育在二元经济转型中发挥着至关重要的作用，关系到人力资本结构和质量，进而关系到转型进程。

根据典型国家和地区的成功经验，在二元经济转型不同阶段，经济发展水平、产业结构不同，与之相对应的教育普及与深化的程度是有差异的。二元经济转型中产业结构表现为由以劳动密集型为主向以资本和技术密集型为主的依次演进。不同类型产业结构的技术水平、技术手段及工艺要求具有较大差异，从而对人力资本水平与结构的要求也有差异，教育是人力资本形成的主要途径。因此，教育水平与结构也要随着产业结构的变化而变化。二元经济转型初期，以传统农业、轻纺工业为代表的劳动密集型产业占主导地位，产业技术含量低，对高层次人力资本的需求不大，因此，在这一阶段，全社会人力资本投资总量较少，人力资本投资结构以初中等正规教育为主。进入刘易斯转折阶段，重化工业快速发展，产业的技术含量大幅度提升，对高技能人力资本有着较大需求，这一阶段全社会人力资本投资总量快速增加，人力资本投资结构表现为高等教育和职业技术教育、社会培训的比重大幅度增长。二元经济转型后期，深加工工业、高新技术产业和生产性服务业成为主导产

---

[1] 贺国庆:《近代欧洲对美国教育的影响》，河北大学出版社2000年版，第90页。
[2] ［巴西］费尔南多·奥古斯都·阿德奥达托·韦洛索、莉亚·瓦尔斯·佩雷拉、［中国］郑秉文主编:《跨越中等收入陷阱：巴西的经验教训》，经济管理出版社2013年版，第70页。

业，对低层次人力资本需求下降，高层次人力资本需求不断攀升，全社会人力资本投资总量大幅度增长，教育投资结构表现为高等教育全面普及，与终身教育相适应的社会培训体系十分发达。二元经济转型中教育普及与深化的规律总结如图 5-6 所示。

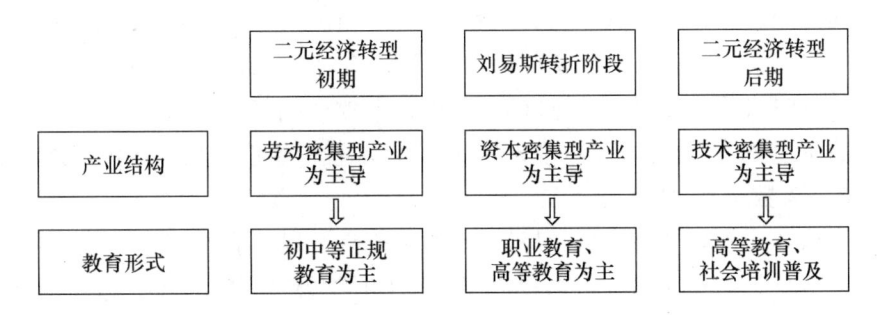

	二元经济转型初期	刘易斯转折阶段	二元经济转型后期
产业结构	劳动密集型产业为主导	资本密集型产业为主导	技术密集型产业为主导
教育形式	初中等正规教育为主	职业教育、高等教育为主	高等教育、社会培训普及

图 5-6 二元经济转型中教育普及与深化规律

三 二元经济转型中劳动者的社会保护

（一）典型化事实

先行工业化国家在二元经济转型过程中，为了经济增长和创造更多的社会财富，压榨工人，不惜牺牲童工、女工，产生了诸多社会问题，劳资纠纷不断，罢工事件频发，工人运动风起云涌，严重影响了国家稳定。因此，先行工业化国家的社会问题较后起工业化国家和地区、拉美国家更加严重。

1. 英国经验

二元经济转型初期，英国的劳资关系是对立和冲突的，一些立法活动不利于劳动者，削弱了劳动者的谈判力量。例如，《新济贫法》剥夺了穷人的反抗权，雇主有权对工人说，"你必须接受我所提供的工资，因为不管这些工资对你的劳动力价值来说是多么不相称，但如果你敢拒绝，《新济贫法》将保证你会挨饿"[1]。当时的法律对工会组织抱有敌意，直到 19 世纪 40 年代，工会还"不过是熟练工人贵族反对非熟练工人大众的一种体制"，是造成工人队伍内部争斗的工具，工人运动此起彼伏，如卢德运动、工会运动、反济贫法运动和十小时工作制运动等。

1851 年工程师联合社团的产生，标志着一个新时代的开始，表明

---

[1] 蒋蔚：《英国工业化进程中的社会失衡及其调整》，《红旗文稿》2007 年第 17 期。

一个新型组织与雇主进行集体谈判得到规定和维护①，刘易斯转折阶段的到来促使英国逐渐进入劳动者保护的新时期。

其一，工人阶级开始有选举权。1867年，熟练技工开始拥有公民权，《雇主和雇工法》使雇主和雇工在公民活动中（至少在形式上）拥有同样的地位，拥有选举权的人数增多了。1831年，在英国1400万人口中，只有50万人有选举权；1867年，有选举权的人数增至220万人；1884年2/3成年男子拥有选举权，人数达到了500万；1918年凡年龄超过21岁的男子和超过30岁的妇女都获得了选举权，选民增加了3倍，人数达到2000万。②

其二，劳动时间缩短。1871—1874年，工程师赢得了9小时工作日；纺织业工人的周工作时间从60个小时缩减到56.5个小时，1902年进一步缩减到55.5个小时；建筑业由56.5个小时缩减到52.5—54个小时。第一次世界大战后，日工作时间缩减到8个小时，第二次世界大战之后，工作日减少到7—7.5个小时。③1909年煤炭行业开始制定最低工资，1912年英国政府同意了以法律支持最低工资的原则。

其三，改善劳动者工作条件。1855年英国颁布了第一个关于安全准则的通则，1860年的《煤矿法》细化了该通则，不准许12岁以下的儿童从事采矿工作。1872年的《规章法》规定必须对矿工实行年龄检查。1880年又颁布了《雇主责任法》，规定雇主应对雇工的安全负责。1897年议会通过了《工人赔偿法》，规定某些工作危险的特种行业，雇主应对因工伤丧失工作能力者给予赔偿。这些法律的完善与系统化维护了劳工的权益。

其四，建立和完善社会保障制度。失业保险方面，1911年《国家保险法》第二部分规定为失业工人提供每周7先令总共15周的失业救济金，当时大约有225万工人受益。1920年通过《失业保险法》，扩展

---

① ［英］M.M.波斯坦、D.C.科尔曼、彼得·马赛厄斯编：《剑桥欧洲经济史（第七卷）：工业资本：资本、劳动力和企业》（上册），王春法等译，经济科学出版社2004年版，第206页。

② 中国科学院中国现代化研究中心编：《世界现代化进程的关键点》，科学出版社2010年版，第5—7页。

③ ［英］M.M.波斯坦、D.C.科尔曼、彼得·马赛厄斯编：《剑桥欧洲经济史（第七卷）：工业资本：资本、劳动力和企业》（上册），王春法等译，经济科学出版社2004年版，第208—209页。

到年收入不超过250英镑的手工劳动和非手工劳动者,保险覆盖范围扩大到约1200万工人。1934年建立独立的新团体——失业救济委员会,负责为失业者提供救济,并且进一步调整了捐助和救济金。同时,政府还采取措施改善劳工的医疗卫生、住房和教育,1919—1939年英国共建了130万栋市营住宅和300万栋自用或出租的房屋,所有的房屋都有政府补助;还为劳工提供教育与企业培训。第二次世界大战后,在《社会保险和相关服务》(即"贝弗里奇报告")的基础上,英国建立了以社会保险、免费医疗等为主要措施的社会公平保障体系,以消除贫困、疾病、肮脏、无知和懒惰五大社会弊病,建成了世界上第一个"福利国家"。

2. 日本经验

后起工业化国家和地区中,日本在二元经济转型过程中劳资关系较为和谐,学者们经常用"劳使关系"来形容日本的劳资关系,充分体现了合作性的劳资关系特征。日本这种和谐劳资关系正是在刘易斯转折阶段与二元经济转型后期逐渐形成的。

首先,日本著名的"春斗"就是在这个时候形成的。1955年全日本工会联合会召开会议,决定每年春季都由全日本工会联合会(劳方组织)与全日本经济联合会(资方组织)就工资问题进行谈判,1956年开始,形成了具有日本特色的劳资谈判形式——春斗。通过"春斗"谈判机制,劳资双方根据市场行情,自主谈判确定工资水平,促进了劳资关系的和谐,有助于维护稳定。

其次,三大支柱逐渐确立。终身雇佣制有助于提高工人对企业的忠诚度和认同感,年功序列制模糊了劳方与资方之间的界限,企业工会有利于劳资矛盾在企业内部解决。通过劳资协商、集体谈判和意见处理三项制度,解决劳资之间的矛盾与问题。1959年,日本制定了规定最低工资形成机制的《最低工资法》,日本在计算最低工资时通常按照"小时工资"制定最低工资标准,保护了零工和短工人员的权益,同时最低工资根据产业和地区有所不同。

最后,逐渐完善社会保障制度。1961年日本开始设立国民养老金和国民健康保险制度。1973年也被称作"福祉元年",这一年日本通过了年金的物价浮动以及高龄人口医疗免费化,从而促使日本的社会保险金支付水平大幅度提高。自此之后,日本将经济增长获得的财富重点投入医疗制度、养老金制度、社会保险制度等社会系统,社会机制建设不断加强,生活质量不断提高。

3. 韩国教训

韩国进入刘易斯转折阶段后,并没有采取妥善的劳动者保护政策,付出了惨痛的代价。一方面,实行严格的劳工管制,当时政府代替雇主严格限制工会活动,压制工人运动,通过立法和暴力手段使劳动者无法参与劳动分配的协商。朴正熙政府三次修改劳动法,禁止工会从事各种有利于劳动者的行为。韩国工会参加率1965年为22%,之后逐渐降低,1985年仅为15.7%,遂对劳资纠纷采取高压政策。另一方面,直到1986年才建立国民年金制度、农村医疗保险制度、最低工资保障制度这三大社会保障制度,社会福利制度不完善,而且水平非常低,因此韩国工人只能自力防老,坚持以勤劳为本并保持高储蓄率,这也是韩国二元经济转型后期消费率低的原因之一。劳动者把长期以来对雇主的仇恨转化成充满暴力的工人运动。1987年,韩国爆发了全国性的劳工骚动,这一年的劳动纠纷达到3749起,比过去25年里劳动纠纷的总和还要多。[①] 此后,韩国开始积极推进劳工政策转型,主要包括:修改劳动法以给予工会更大的权力,通过法律、行政手段规范劳资行为,提倡建立和谐产业秩序,设立劳动争议调处机制和三方协商机制。与此同时,大力推广人性化与弹性化的现代企业管理方式,推动产业转型升级,推进政治民主化、经济民主化、劳资关系合法化与制度化,从而有效化解了二元经济转型后期尖锐的社会矛盾。

(二) 规律性总结

从典型化事实分析,英国作为先行工业化国家的典型代表,进入刘易斯转折阶段后,主要从缩减劳动时间、减小劳动强度、建立和完善社会保障制度、改善劳动条件、承认工会的合法化等措施加强劳动者保护,缓和对立和冲突的劳资关系,促使二元经济转型顺利实现。日本通过"春斗"、制定最低工资标准、完善社会保障等制度加强劳动者社会保护,促进了合作性劳资关系的形成。而韩国与上述国家相反,进入刘易斯转折阶段之后,并没有注重劳动者社会保护,最后劳资纠纷集中爆发,韩国被迫进行劳工政策转型,多措并举缓解社会矛盾,为此付出了

---

① 王晓玲:《韩国劳资关系:从对抗走向协商》,《当代亚太》2009年第4期。

巨大的代价。因此，随着刘易斯转折阶段的到来，采取措施注重劳动者保护成为通行的做法，否则容易引发社会矛盾，造成社会动乱。

这一规律与转型不同阶段劳动力市场的供求状况是分不开的。二元经济转型初期，社会中存在着大量剩余劳动力，劳动力市场常态为劳动力供给大于劳动力需求，形成了买方劳动力市场，企业占主导地位，它们可以很容易雇用到所需员工。而劳动者作为卖方，处于被动地位，在工资水平、工作日长度、劳动强度、工作环境等方面谈判能力较弱。因此在二元经济转型初级阶段，劳动力市场对资方更有利，社会根本无暇顾及劳动者保护。随着刘易斯转折阶段的到来，劳动力供给的减少致使企业之间展开对劳动力资源的争夺，为劳动力保护的改善提供了现实基础，同时提升了劳动者的发言权，使劳资双方力量对比朝着有利于劳动者的方向发展；劳动力成为稀缺资源，政府也会进一步加强对劳动者的保护。由此可见，刘易斯转折点也是劳动力保护的转折点。如果用劳动力市场规制来表示劳动力市场改革任务，如图5-7所示，在二元经济转型初期，劳动力市场上对劳动力总的规制水平是不断降低的。从最初强烈的有利于资方到规制水平逐渐降低，刘易斯转折阶段的到来使该国的劳动力市场演变再次呈现出规制化的特点。与初期相反，朝着保护劳动者利益的制度安排演进，而且随着劳动力数量的减少和素质的提高，博弈能力逐渐增强，规制水平向有利于劳动者的方向呈上升趋势。因此，随着二元经济转型的阶段性变化，规制水平呈现"U"形演变轨迹，在刘易斯转折阶段会出现拐点。

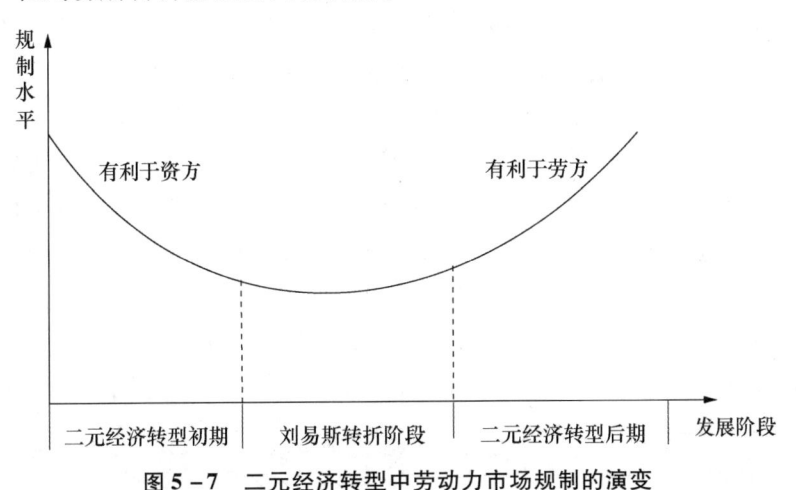

图5-7 二元经济转型中劳动力市场规制的演变

四 二元经济转型中收入差距的调节

（一）典型化事实

1. 法国经验

法国进入刘易斯转折阶段后，采取多项措施改善收入分配。

其一，重视初等教育，实现教育公平。萨缪尔森曾经讲过，在走向平等的道路上没有比免费提供公共教育更为伟大的步骤了，这是一种古老的破坏特权的社会主义。法国于19世纪70年代开始教育改革，重点在于普及义务教育，进行爱国主义和世俗化教育，1882年颁布《费里法案》，提出了初等教育的义务和免费两项原则。

其二，税收调节。法国税收制度遵循兼顾公平原则，较早实行个人所得税和财产税制度。1926年建立了所得税法体系，二元经济转型后期经过两次重大改革，逐渐得到完善。

其三，完善社会保障制度。法国于1926年第一次实行《失业补助金法》；1930年通过《社会保障法》，这是法国正式颁布的第一部社会保障法，带有普遍性和强制性。1939年通过《家庭法》，首次将家庭补贴纳入社会立法。第二次世界大战之后，才实现国家社会福利化。[①]

其四，打破利益固化，促进社会流动。法国在第三共和国时期实行公职人员平民化和社会阶层平民化。1884年修改宪法取消了终身参议员，禁止以前的王族子孙，现役陆、海军军人及未尽兵役义务的人当选，保障了参议员彻底平民化；并规定，凡曾统治过法国的家族成员不得当选共和国总统，保障了总统平民化。第三共和国时期实行责任内阁制，国民议会当众议员由成年男子普选产生。因此，法国在刘易斯转折阶段实现了内阁阁员平民化、总统平民化、参议员平民化，实现了公职人员平民化。此举为打破阶层垄断、实现社会流动打下基础。

其五，缓解地区收入差距。法国第二次世界大战后推行"城市发展政策""农村改革政策""山区开发政策"等一系列国土整治及区域发展政策，通过立法、财税手段大力支持农业及农村地区的发展，协调与平衡区域之间的不平衡，在一定程度上调节了城乡收入分配及地区发展的差距。通过以上政策，法国第三共和国前期（1870—1913年），工人工资出现了普遍上涨，农村生活同城市生活开始拉近、趋同，尤其是第

[①] 马生祥：《法国现代化》（下册），河北人民出版社2004年版，第953页。

第五章　二元经济转型国际比较：规律性总结 / 213

三共和国后期（1919—1940年），工人在吃穿住用行等方面的条件得到明显改善。① 二元经济转型后期，非熟练工人工资增长2倍以上②，与技术工人工资差距不断缩小。

2. 日本经验

日本于二元经济转型后期基尼系数开始缩小，进入收入分配倒"U"形演变的后半段。20世纪50年代末，日本政府以改善民生和巩固民本为出发点，实施"托底政策"，尝试在高速增长与消除负效应之间寻找平衡。

首先，社会财富分配向居民收入适度倾斜。20世纪60年代初，日本实施"国民收入倍增计划"，这里的"倍增"不仅指国民收入总量的倍增，还有劳动收入报酬的倍增，这是缩小收入差距的基础。计划将确保国民的最低生活水平和最低工资收入作为基础，提出促进劳动力在产业间和区域间的转移是消除收入阶层和生产率级差的有效途径。1961—1970年，日本人均实际国民收入增加了1.4倍。③ 20世纪六七十年代，劳动者报酬率提高了近4个百分点，在工业化基本完成后，其劳动者报酬率又提高了近10个百分点，这与其"国民收入倍增计划"有着极其密切的联系。④

其次，设立反垄断法及其他相关制度，逐步消除行业垄断造成的不公平。为了削弱财阀对产业的支配力量，日本政府采取的具体措施有：解散控股公司，公开所持股份，排除财阀家族对企业的支配力量。为消除行业垄断，采取加强企业民营化和提高市场化率等方法以配置资源。

再次，运用税收调节，日本将个人所得税作为基干税种，成为调节收入分配的主要手段，1969年以来，日本的个人所得税占税收总收入的30%以上。同时，还征收其特有的高额遗产税、赠与税以及固定资产税、住民税。遗产税的最高边际税率曾达70%⑤，1966—1978年日

---

① 马生祥：《法国现代化》（下册），河北人民出版社2004年版，第972—984页。
② 根据马生祥《法国现代化》（下册，河北人民出版社2004年版）第987—988页整理得到。
③ 张车伟、蔡翼飞、董倩倩：《日本"国民收入倍增计划"及其对中国的启示》，《经济学动态》2010年第10期。
④ 孙敬水、黄秋虹：《日本调节收入分配差距的基本经验及启示》，《国际经贸探索》2013年第4期。
⑤ 董全瑞：《收入分配差距国别论》，中国社会科学出版社2010年版，第155—159页。

本税收再分配率在4%左右。①

最后,构建比较完善的社会保障制度。1961年,国民健康保险制度和国民养老金制度全面实行,从此日本实现了"国民皆保险,国民皆年金"。多样化的社会保障形式覆盖社会所有人群,而且根据不同收入阶层的支付能力确定社会保障金的负担水平,即收入高则缴费多,收入低则缴费低,这样实现了对低收入阶层的保护,1967—1975年日本社会保障的再分配率为6.3%②,起到了缩小收入差距的作用。

3. 巴西经验

拉丁美洲地区的收入分配差距之大为世界之最,巴西的基尼系数于1990年达到0.64,远远超过国际警戒线(见图3-24)。长期以来,巴西土地高度集中、教育资源集中、社会福利集中所反映出的经济社会权利的不平等是造成收入分配扩大的根本原因。自进入刘易斯转折阶段以来,巴西千方百计扩大就业,实施减贫政策,收入差距有所缩小,2012年基尼系数达到0.527。2002—2012年,巴西20%的最低收入家庭占总收入的比重从3.4%增至4.5%,而20%最高收入家庭的占比从62.3%下降到55.1%,20%的最高收入家庭组与20%的最低收入家庭组的收入比值从34.4%降到22.5%。③ 从长期来看,巴西收入分配已处于倒U形曲线的后半段。

第一,实施减贫政策。目前,巴西"有条件现金转移支付"作为非缴费型社会保障项目的典型,实现了对赤贫人口的全覆盖。1993年政府出台《统一社会救助法》(LOAS),为最贫困的家庭提供最低保障,同时向农村老年人提供非缴费型的养老金。最低收入保障计划(PGRM)将政府的社会支出"瞄准"低收入和弱势群体,对减贫起到了一定的促进作用。1997年,农村和城市中分别有74.9%和61.8%的老年人领取养老金或遗嘱养老金④,使巴西成为拉美唯一一个社会保障制度中农村老年人多于城市的国家。2003年,卢拉上台后实施全国性

---

① 张珺:《日本收入分配制度分析》,《当代亚太》2005年第4期。
② 同上。
③ 吴白乙编:《拉丁美洲和加勒比发展报告(2013—2014)》,社会科学文献出版社2014年版,第140页。
④ [巴西] 费尔南多·奥古斯都·阿德奥达托·韦洛索、莉亚·瓦尔斯·佩雷拉、[中国] 郑秉文主编:《跨越中等收入陷阱:巴西的经验教训》,经济管理出版社2013年版,第412页。

的社会救助项目，把消灭饥饿和贫困作为优先目标，就职当天就宣布了"零饥饿"计划，成立社会发展和反饥饿部，承诺要让所有巴西人都能吃上一日三餐。"零饥饿"计划不仅限于向贫困家庭发放基本食品，而且还鼓励发展家庭农业，为贫困地区创造就业机会，同时加大教育投入，改善贫困地区的饮水和卫生条件，目的是使贫困家庭通过政府的救助提高自身脱贫能力，融入社会发展进程。2003 年 10 月，巴西政府将过去由多个部门发放的助学金、基本食品、燃气补贴、最低保障金等整合为"家庭救助金计划"（BFP）①，作为"零饥饿"计划的重要组成部分，其作用是给贫困家庭提供基本的生活保障。2006 年该计划覆盖了所有贫困线以下的超过 1100 万个家庭，覆盖人口相当于巴西总人口的 1/4；2010 年年底受益家庭达到了 1290 万个，90% 的受益者来自收入最低的 40% 的家庭，其中 68% 的受益者来自收入最低的 20% 的家庭。②2003—2010 年，巴西 2000 万人摆脱绝对贫困，3100 万人进入中产阶层。③ 2011 年，罗塞夫政府的重点依旧放在减贫上，启动了"无赤贫的巴西"计划，方针是促进社会分配，扩大教育、医疗、社会救助、卫生和电力等公共服务的受惠范围；具体方案包括扩大"家庭救助金计划"和"粮食购买计划"的规模，启动"绿色救助金计划"，开展技术培训等；同时，加大对贫民窟的整治力度。从效果看，贫困率与赤贫率④下降速度较快，贫困率从 1990 年的 47.7% 下降到 2012 年的 18.6%；赤贫率从 1990 年的 23.3% 降低到 2012 年的 5.4%（见图 5-8）。

第二，完善社会保障制度。20 世纪 80 年代之前，巴西社会保障的突出特点是"碎片化"，非正规就业人员和农村人口没有纳入社会保障体系。20 世纪 80 年代之后推行社会保障结构性改革，游说能力较强的利益集团和群体获益较多，社会保障覆盖面变窄且缺乏公正。⑤ 20 世纪

---

① 董经胜：《足球王国的中等收入陷阱》，《中国经营报》2014 年 7 月 14 日。
② BIT, "2012 - Brazil Country Report", http://www.bti-project.de/uploads/tx_itao_download/BTI_2014_Brazil.pdf.
③ 《缩小贫富差距的异国密码》，新华网（http://news.xinhuanet.com/fortune/2010-05/17/c_12109235_2.htm），2010 年 5 月 17 日。
④ 贫困率是指人均月收入在 50—100 雷亚尔的人口与总人口的比例；赤贫率是指人均月收入低于 50 雷亚尔的人口与总人口的比例。
⑤ 吴白乙编：《拉丁美洲和加勒比发展报告（2013—2014）》，社会科学文献出版社 2014 年版，第 23—24 页。

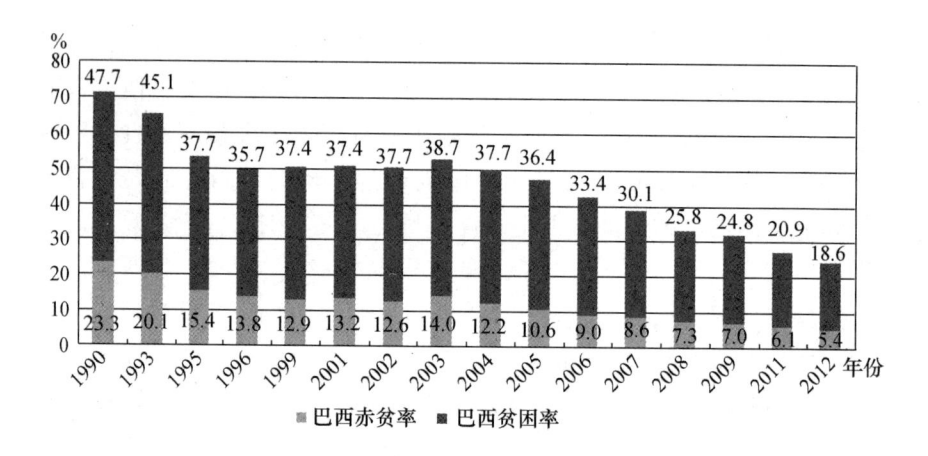

图 5-8 巴西赤贫率与贫困率变动情况（1990—2012 年）

资料来源：根据拉美经委会（ECLAC）数据库整理。

90 年代之后，巴西逐渐增加政府的社会保障投入，力求保障的普遍性、公平性、选择性与高效性。巴西以缴费型社会保障为主，如养老、医疗等，同时针对贫困人口和特殊群体实施非缴费型保障项目。医疗保障方面，目前已实现免费医疗全面覆盖，在公立医院看病、手术、拿医院药房供应的基本药物和住院都不收费。养老金方面，1991 年巴西对农村养老金计划进行改革，受益人的年龄资格由原来的男 65 岁、女 60 岁降低到男 60 岁、女 55 岁；覆盖面可扩展到农牧渔业的所有工作人口，非正规部门就业者和家庭妇女也有资格享受。2000 年之后，农村 65 岁以上的老年人口领取养老金的比重超过了 90%[1]，且待遇水平也在不断提高。1996 年，对 65 岁以上无任何公共养老金和私人养老金收入来源的老年贫困人口和残疾人发放"社会救助养老金"（BPC）。目前，巴西已经形成了覆盖全国城乡的社会保障制度，农村男性退休年龄为 60 岁，女性为 55 岁，城市中男女退休年龄分别增加 5 岁，农村中只要参加过七年半的农村劳动均可领最低工资退休金，而城市中缴纳了七年半的退休保险才可领退休金。

根据联合国拉美经委会报告，1999—2011 年，巴西基尼系数持续稳

---

[1] [巴西] 费尔南多·奥古斯都·阿德奥达托·韦洛索、莉亚·瓦尔斯·佩雷拉、[中国] 郑秉文主编：《跨越中等收入陷阱：巴西的经验教训》，经济管理出版社 2013 年版，第 465 页。

定下降，总降幅达到15%。根据相关研究，2001—2004年，教育不平等的缩小对巴西基尼系数的降低起到了15%的推动作用。"有条件现金转移计划"对降低收入不平等的贡献率可达20%，而最低工资的退休金和养老金等计划贡献了20%。失业率下降、正规程度提高、劳动者平均学历的提高带来工资水平的改善都是巴西不平等缩小的重要原因。[①]

（二）规律性总结

二元经济转型中收入分配呈倒 U 形的演变轨迹[②]（见图 5-9），根据典型化事实分析，进入刘易斯转折阶段，收入分配倒 U 形演变后半段的形成并不是自然而然的过程，需要政府采取适宜的政策和制度安排加以引导与约束，才能达到理想的效果。法国、日本为后来者积累了经验，不仅要完善社会保障制度，还要有公平的税制、教育制度与之相协调。巴西近年来通过减贫、完善社会保障等措施使收入分配有所改善。因此，二元经济转型各个阶段政府的制度安排与政策选择影响一国的收入分配的变化。

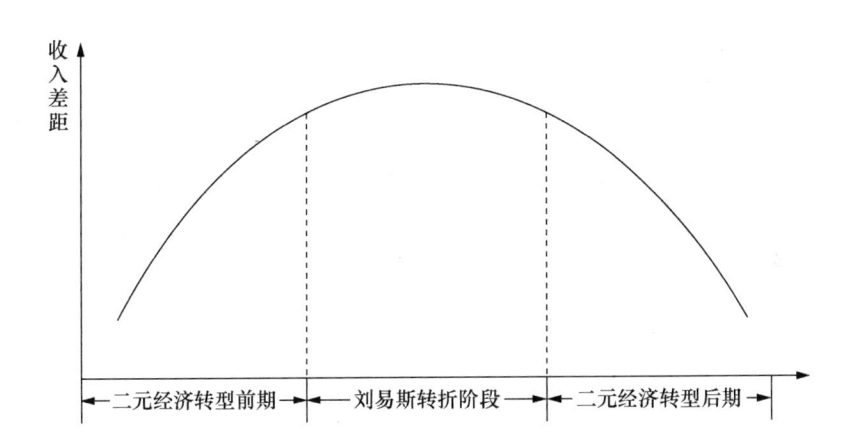

图 5-9　二元经济转型中收入差距调节的演变

---

① [巴西] 费尔南多·奥古斯都·阿德奥达托·韦洛索、莉亚·瓦尔斯·佩雷拉、[中国] 郑秉文主编：《跨越中等收入陷阱：巴西的经验教训》，经济管理出版社2013年版，第109页。

② 张桂文、孙亚南：《二元经济转型中收入分配的演变》，《中国人口科学》2013年第5期。

根据新政治经济学理论，政府实现自身利益最大化主要包括政治支持最大化和税收收入最大化。而要实现这两方面最大化，政府必须在促进经济增长的同时求得社会产出最大化。二元经济转型初期，实现社会产出最大化的主要约束条件是资本短缺，经济发展的主要任务是通过资本积累实现对劳动力资源的有效利用与合理配置。这个阶段政府的制度安排与政策选择会把促进资本积累作为首要任务，而这种制度安排与政策选择又会增强资本所有者的博弈力量，从而使二元经济转型初期劳动者只能通过生存工资实现劳动力再生产，却无法分享经济发展成果。因此，收入差距逐渐拉大，形成了倒 U 形曲线的前半段轨迹。当进入刘易斯转折阶段，之前收入差距的持续扩大，使经济增长的需求约束日益严重，社会矛盾的长期积累也通过危及社会稳定来影响经济增长。同时，粮食"短缺点"的出现，使农业部门成为国民经济发展的"瓶颈"。由于上述原因，政府的制度安排与政策选择通常会发生有利于劳动者和农业部门的调整。二元经济转型后期，经济增长的需求约束、资源约束和农业弱质性制约更加突出，收入分配差距扩大的社会矛盾进一步加剧，政府的制度安排与政策选择突出地表现在保护劳动者权益的制度体系基本完善；政府对收入再分配的调节力度和对农业部门的支持力度进一步增强，收入差距将会缩小。

因此，一个国家或地区进入刘易斯转折阶段，收入差距缩小并不是自然而然的过程，而是选择合适的制度安排与政策选择适应生产力发展水平的结果，若制度供给与生产技术水平不相适应，收入分配可能继续恶化，导致社会矛盾集中爆发，经济社会转型停滞。

综上分析，成功完成二元经济转型的国家和地区不但注重工农两大部门的平衡增长，而且在实现由主要依靠要素投入驱动向依靠技术创新的要素使用效率驱动转变的同时，以制度创新作为保障，根据不同发展阶段生产技术发展水平不同选择合适的制度安排。从所考察国家和地区转型发展的实践经验可知，一个经济体在实现从二元经济结构向一元经济结构转型过程中，制度供给需要根据转型发展的不同阶段和社会发展面临的主要问题有所改变，甚至需要制度的超前供给，才能避免陷入相应的发展阶段陷阱，顺利进入高收入经济体的行列。目前很多后进的发展中国家，恰恰在这些历史关节点上很少或忽视制度供给的作用，掉进了发展的陷阱，难以实现对先行工业化国家的赶超。

第六章 二元经济转型国际比较对中国的启示

马克思曾经指出:"现在的社会不是坚实的结晶体,而是一个能够变化并且经常处于变化过程中的有机体。"① 世界各个国家和地区由于历史文化传统、资源禀赋、国际环境等初始条件不同,二元经济转型的模式和道路具有灵活的可变性,向现代工业社会转型中所面临的问题与解决方式也有差异。正确判断和认识经济转型阶段的变化特征,并且顺应这种发展阶段的内在逻辑和一般规律,推进制度创新和政策调整,解决二元经济转型过程中长期积累的问题,对促进经济发展方式转变、跨越"中等收入陷阱"、实现中国梦具有重要意义。

第一节 二元经济转型的中国进程判断及现实考察

一 中国二元经济转型进程的实证判断

(一) 模型构建

根据拉尼斯、费景汉(2004)的研究,当刘易斯第一转折点到来之前,传统农业部门的劳动边际生产率等于零甚至为负;第一转折点之后,农业边际劳动生产率大于零。因此,可以通过农业边际劳动生产率来判断刘易斯第一转折点的出现时间。借鉴高铁梅等(2011)的研究,构建农业总产出曲线模型,影响农业总产出的因素除了劳动力、土地,财政支农支出也是重要投入要素。近年来,随着国家对"三农"问题的重视程度不断提高,种粮直补、农资综合补贴、良种补贴、农机购置

---

① [德] 马克思:《资本论》(第一卷),人民出版社2004年版,第10—13页。

补贴、农业防灾减灾稳产增产关键技术补助等相关政策的出台,调动了广大农民从事农业的积极性,甚至曾经有些农民外出打工数年又重新回到土地劳作,越来越多的农民逐渐采用先进的科技手段、机械化等措施进行农业生产,提高了劳动生产率,农业总产出逐年得到提升。因此,本章将农业从业人数、土地播种面积、国家财政用于农业支出作为自变量,以农业总产值作为因变量,构建农业总产出曲线模型,可得出农业劳动平均产出、农业劳动边际产出的变动情况。农业总产出曲线模型为:

$$Y_t = a_0 + a_1 L_t + a_2 L_t^2 + a_3 S_t + a_4 F_t + \varepsilon_t$$

式中,Y_t、L_t、S_t、F_t分别代表农业实际总产值、农业从业人数、土地播种面积、国家财政用于农业支出实际值,ε_t为随机误差项。

(二) 数据来源及数据处理

本模型采用1990—2012年的时间序列数据,其中"国家财政用于农业支出"数据来源于《中国农村统计年鉴》,其他数据均来源于国家统计局公开数据库。农业总产值经1978年农业总产值平减指数剔除价格因素影响,得到农业实际总产值。农业总产值平减指数(1978=100)由农业总产值(现价)除以农业总产值(不变价)(1978=100)计算得来。国家财政用于农业支出实际值是国家财政用于农业支出经农业总产值平减指数(1978=100)平减得到。经过整理,各变量基本统计特征如表6-1所示。

表6-1　　　　　　　　各变量的基本统计特征

	平均值	最小值	最大值	标准差
Y_t(亿元)	3458.83	2082.96	5361.17	1004.75
L_t(万人)	34021.48	25773.00	39098.00	3935.07
S_t(千公顷)	154183.00	147740.70	163415.70	4376.63
F_t(亿元)	488.72	124.10	1414.82	412.57

资料来源:笔者根据原始数据整理得到。

(三) 模型估计及结果

根据上述数据,通过计量软件得出农业总产出估计曲线。经反复试验,通过差分变换消除模型自相关,最后得到农业总产出曲线的估计结果，为：

$$Y_t = -30855.94 + 1.545406 \times L_t - (2.24E-05) \times L_t^2 + 0.042991 \times S_t + 2.823258 \times F_t$$
$$(-7.28) \quad (6.62) \quad (-6.24) \quad (3.63) \quad (9.10)$$
$$\bar{R}^2 = 0.9873 \quad D.W. = 2.24 \quad F = 261.1347$$

从模型的拟合结果看，该模型的拟合优度较高，方程总体通过显著性检验，各关键性变量在5%的显著性水平下显著不为零。其中，土地播种面积（S_t）、国家财政用于农业支出实际值（F_t）的系数为正值，说明土地播种面积、国家财政用于农业支出均能够提高农业的总产出。农业劳动边际产出 $\partial Y_t/\partial L_t = a_1 + 2 \times a_2 \times L_t$ 与农业劳动平均产出 Y_t/L_t 可通过模型计算得到，如表6-2所示。

表6-2　　中国农业劳动平均产出与农业劳动边际产出的
变动情况（1990—2012年）　　　　　单位：万元

年份	农业劳动平均产出	农业劳动边际产出	年份	农业劳动平均产出	农业劳动边际产出
1990	0.0535	-0.1979	2002	0.0942	-0.0961
1991	0.0538	-0.2062	2003	0.0958	-0.0766
1992	0.0566	-0.1883	2004	0.1080	-0.0150
1993	0.0611	-0.1427	2005	0.1171	0.0472
1994	0.0649	-0.0955	2006	0.1293	0.1145
1995	0.0722	-0.0463	2007	0.1397	0.1687
1996	0.0794	-0.0145	2008	0.1504	0.2048
1997	0.0829	-0.0154	2009	0.1617	0.2511
1998	0.0862	-0.0305	2010	0.1741	0.2941
1999	0.0884	-0.0570	2011	0.1931	0.3540
2000	0.0890	-0.0693	2012	0.2080	0.3908
2001	0.0913	-0.0852			

（四）刘易斯第一转折点的判断及第二转折点的预测

从表6-2可以看出，我国农业劳动边际产出在2005年之前基本都为负值或接近于零值，在2005年及其之后转为正值，且增长速度较快，带动农业劳动平均产出水平上升，1990—1996年农业劳动平均产出为0.05—0.08，1997—2004年为0.08—0.11，2005年之后由于劳动边际产出增加，平均产出出现了大幅度跃升，从 2005 年的 0.1171 增加到 2012 年的 0.2080。这说明在 2005 年之后，若我国农业劳动力继续向城市转移，将会影响农业总产出水平，表明我国粮食短缺点即刘易斯第一转折点已经到来。

根据二元经济理论，刘易斯第二转折点到来的标志是农业劳动的边际产出大于不变制度工资。传统部门与现代部门两大部门的工资水平均由市场决定，鉴于传统农业部门的不变制度工资估算难度较大，本章采用最低工资水平代表不变制度工资。2012 年我国年平均最低工资水平[①]为 12286.45 元，而农业劳动边际产出为 3907.86 元，明显低于全国最低工资水平，因此可以初步判断刘易斯第二转折点并未到来。

我国早在 1994 年就开始实行了最低工资制度，自 2005 年进入刘易斯转折阶段以来，全国最低工资水平不断上涨，经过整理计算，1994—2015 年全国最低工资平均增长率达到 13.23%；1990 年以来农业劳动边际产出年均增长率达到了 32.61%，若二者按照这种速度增长，到 2020 年，我国农业劳动边际产出将会首次高于全国最低工资的水平，这就意味着我国在 2020 年以后将迎来刘易斯第二转折点。这与金三林（2012）对我国刘易斯转折进程的判断基本一致。田萍、张屹山、张鹤（2015）也认为，二元经济将会在 2020 年结束。

二 中国二元经济转型特征的现实考察

考察二元经济转型的进程，发现多数国家和地区在破除封建制度之后，在启动工业化进程的同时就开始步入二元经济发展阶段。而 1949 年新中国成立之后，我国虽破除了半殖民地半封建制度，却选择了城乡二元经济体制，在推进工业化进程的同时强化了二元经济。因此，我国二元经济转型滞后于现代工业化进程。中国二元经济转型启动于 1978 年，伴随着由计划经济体制向市场经济体制的转轨，二元经济转型的启动滞后于工业化进程达 30 年之久。改革开放之后，受渐进式制度变迁的城乡二元体制变革滞后的影响，中国农业剩余劳动力转移采取了特有的"离土不离乡"和"离乡不定居"的转移方式，这种二元经济转型的特殊路径增加了劳动力流动的迁移成本，更强化了中国二元经济转型

[①] 根据全国各地政府最新的"调整最低工资文件"获得各地月最低工资额，经平均获得全国月平均最低工资额，从而得到年平均最低工资额。

果，为：

$$Y_t = -30855.94 + 1.545406 \times L_t - (2.24E-05) \times L_t^2 + 0.042991 \times S_t + 2.823258 \times F_t$$
$$(-7.28)\quad (6.62)\quad\quad (-6.24)\quad\quad (3.63)\quad\quad (9.10)$$
$$\bar{R}^2 = 0.9873 \quad D.W. = 2.24 \quad F = 261.1347$$

从模型的拟合结果看，该模型的拟合优度较高，方程总体通过显著性检验，各关键性变量在5%的显著性水平下显著不为零。其中，土地播种面积（S_t）、国家财政用于农业支出实际值（F_t）的系数为正值，说明土地播种面积、国家财政用于农业支出均能够提高农业的总产出。农业劳动边际产出 $\partial Y_t / \partial L_t = a_1 + 2 \times a_2 \times L_t$ 与农业劳动平均产出 Y_t / L_t 可通过模型计算得到，如表6-2所示。

表6-2　　　中国农业劳动平均产出与农业劳动边际产出的
　　　　　　　变动情况（1990—2012年）　　　　单位：万元

年份	农业劳动平均产出	农业劳动边际产出	年份	农业劳动平均产出	农业劳动边际产出
1990	0.0535	-0.1979	2002	0.0942	-0.0961
1991	0.0538	-0.2062	2003	0.0958	-0.0766
1992	0.0566	-0.1883	2004	0.1080	-0.0150
1993	0.0611	-0.1427	2005	0.1171	0.0472
1994	0.0649	-0.0955	2006	0.1293	0.1145
1995	0.0722	-0.0463	2007	0.1397	0.1687
1996	0.0794	-0.0145	2008	0.1504	0.2048
1997	0.0829	-0.0154	2009	0.1617	0.2511
1998	0.0862	-0.0305	2010	0.1741	0.2941
1999	0.0884	-0.0570	2011	0.1931	0.3540
2000	0.0890	-0.0693	2012	0.2080	0.3908
2001	0.0913	-0.0852			

（四）刘易斯第一转折点的判断及第二转折点的预测

从表6-2可以看出，我国农业劳动边际产出在2005年之前基本都为负值或接近于零值，在2005年及其之后转为正值，且增长速度较快，带动农业劳动平均产出水平上升，1990—1996年农业劳动平均产出为0.05—0.08，1997—2004年为0.08—0.11，2005年之后由于劳动边际产出增加，平均产出出现了大幅度跃升，从 2005 年的 0.1171 增加到 2012 年的 0.2080。这说明在 2005 年之后，若我国农业劳动力继续向城市转移，将会影响农业总产出水平，表明我国粮食短缺点即刘易斯第一转折点已经到来。

根据二元经济理论，刘易斯第二转折点到来的标志是农业劳动的边际产出大于不变制度工资。传统部门与现代部门两大部门的工资水平均由市场决定，鉴于传统农业部门的不变制度工资估算难度较大，本章采用最低工资水平代表不变制度工资。2012 年我国年平均最低工资水平[①]为 12286.45 元，而农业劳动边际产出为 3907.86 元，明显低于全国最低工资水平，因此可以初步判断刘易斯第二转折点并未到来。

我国早在 1994 年就开始实行了最低工资制度，自 2005 年进入刘易斯转折阶段以来，全国最低工资水平不断上涨，经过整理计算，1994—2015 年全国最低工资平均增长率达到 13.23%；1990 年以来农业劳动边际产出年均增长率达到了 32.61%，若二者按照这种速度增长，到 2020 年，我国农业劳动边际产出将会首次高于全国最低工资的水平，这就意味着我国在 2020 年以后将迎来刘易斯第二转折点。这与金三林（2012）对我国刘易斯转折进程的判断基本一致。田萍、张屹山、张鹤（2015）也认为，二元经济将会在 2020 年结束。

二 中国二元经济转型特征的现实考察

考察二元经济转型的进程，发现多数国家和地区在破除封建制度之后，在启动工业化进程的同时就开始步入二元经济发展阶段。而 1949 年新中国成立之后，我国虽破除了半殖民地半封建制度，却选择了城乡二元经济体制，在推进工业化进程的同时强化了二元经济。因此，我国二元经济转型滞后于现代工业化进程。中国二元经济转型启动于 1978 年，伴随着由计划经济体制向市场经济体制的转轨，二元经济转型的启动滞后于工业化进程达 30 年之久。改革开放之后，受渐进式制度变迁的城乡二元体制变革滞后的影响，中国农业剩余劳动力转移采取了特有的"离土不离乡"和"离乡不定居"的转移方式，这种二元经济转型的特殊路径增加了劳动力流动的迁移成本，更强化了中国二元经济转型

[①] 根据全国各地政府最新的"调整最低工资文件"获得各地月最低工资额，经平均获得全国月平均最低工资额，从而得到年平均最低工资额。

的滞后性。中国农业产值比重从1978年的27.9%下降到2013年的9.4%，非农产值比重达到了90.6%，中国已从一个农业经济大国转变为工业经济大国，工业化已进入中后期发展阶段。但农业劳动力比重仍在31%左右。[①] 二元经济转型的滞后性使中国进入刘易斯转折阶段后具有以下特征：

一是劳动力就业压力仍然十分严重。我国劳动力就业市场上用人需求结构性矛盾非常突出。一方面，低端劳动力和高技能人才供给不足，自2003年以来技工荒与民工荒的问题长期得不到缓解，并且愈演愈烈。另一方面，大学生就业难已成为举国关注的一大难题，高校毕业生没有合适的岗位就职，就业率不高。2013年高校毕业生初次就业率仅为71.9%；2014年全国高校毕业生总数达到727万人，初次就业率刚刚超过70%[②]；2015年有749万毕业生面临着就业[③]，毕业生毕业时的"落实率"达83.1%[④]；2016年高校毕业生765万人，比去年增加16万[⑤]，就业形势依然严峻。

二是农业现代化任务非常艰巨。长期的小农经济虽然使广大农民有了生活的根基，有助于社会稳定，但随着转型进程的推进，工业化已经进入中后期发展阶段，高度分散的小农经济不仅限制了农业生产的扩大，难以推进农业现代化，而且危及我国的粮食安全，显然制约了转型进程。

三是资源环境与市场需求约束问题突出。二元经济转型滞后于工业化进程，以至于中国已进入工业化中后期发展阶段，二元经济转型才进入刘易斯转折阶段。一方面，还有大量的边际生产率大于零但小于制度工资的农业剩余劳动力需要向城市现代工业部门转移；另一方面，工业化中后期是由重化工业向高加工度工业的发展阶段，这一阶段具有产业链长、资本有机构成高、中间投入品比重大、能源消耗高等特点，因此，进入这一阶段经济发展的资源与环境约束会更加严重。

---

① 根据《中国统计年鉴（2014）》计算得到。
② 《截至7月1日全国普通高校毕业生初次就业率超70%》，中国质量新闻网（http://www.cqn.com.cn/news/cjpd/928870.html），2014年7月18日。
③ 《2015年高校毕业生将达749万》，《人民日报》2014年12月5日。
④ 北京大学教育经济研究所：《2015年高校毕业生就业状况调查》，《光明日报》2016年1月19日。
⑤ 《2016年高校毕业生765万，比去年增16万》，光明网，2016年3月10日。

四是区域间二元经济转型失衡。中国二元经济转型的区域失衡问题十分突出,目前东部沿海地区已基本完成二元经济转型,西部一些落后省份还处于二元经济转型初期的发展阶段。[①]

第二节 二元经济转型的国际比较镜鉴

我国目前已进入刘易斯转折阶段。各个国家和地区发展的实践经验表明,应通过进一步的体制改革和公共政策调整,促进以改善民生为核心的社会建设;推进技术创新加快发展方式转变,促进工农、城乡协调发展,进一步推动二元经济转型。

一 推动农业现代化,促进工农协调发展

（一）加快推进土地流转,扩大土地经营规模

进入21世纪以来,我国逐渐推进土地流转,以扩大土地经营规模,实行专业化生产,促进农业现代化。但现阶段农村地区仍没有脱离分散化的小规模兼业经营模式,农业生产率低,不利于引进资金和技术,难以形成规模经济。借鉴法国第二次世界大战后推行的土地创新制度,整合一家一户的小农经营方式向规模化经营集中,通过建立最适度规模的农场——中型家庭农场,在土地集体所有权不变的前提下,推进土地使用权的创新,将小块土地整合成大片土地,有利于农业机械化生产,提高生产率,最终实现土地的规模经营。

1. 成立专门的土地流转经营机构

法国在第二次世界大战后成立了"地产政治和农村建设公司",其享有优先土地购买权,在可能情况下将土地整治好,或从事专业化生产或分块经营,这项进程不得超过5年,在这之后再将整治好的土地转卖给农民。这种中间机构不以营利为目的,经国家严密控制,通过在土地市场上的买进卖出行为,改善地产结构,扩大农场规模。我国小农经济根深蒂固,借鉴法国经验,由国家组织,成立公有性质的土地流转经营机构,可由国家公务员、农业工程师、农民的人民代表等人员组成,负

[①] 张桂文:《二元转型及其动态演进下的刘易斯转折点讨论》,《中国人口科学》2012年第4期。

责收购农民的零碎土地，然后经过合理经营，再出售给有意向经营的专业农民。这样既可以免除农民最初出卖土地的后顾之忧，又可以使土地规模经营合理有序，防止地价的恶意炒作与大起大落。

2. 千方百计激励农民出让土地

第二次世界大战后，法国在推进农村土地出让过程中既对更换职业为农民的予以资助，又向停止务农的老农发放终身年金，使他们在放弃土地这种终身财产之后没有后顾之忧。目前，我国已经在个别试点推行"以土地换社保"政策，据调查，所给予农民的社保水平远不及城镇基本养老保障水平。而在大多数农民从"平房到楼房"过程中，由于当地政府为了政绩考虑以及农民自身素质和权益保障不强，农民失去土地之后除了得到一定额度的补偿金，并没有可靠的收入来源，生活没有后续保障，这也是我国土地流转未能大规模开展起来的主要原因。因此，可借鉴法国做法，一方面，对于出售土地的年轻农民，为让其选择其他职业时具有均等的机会，可提供专门技术培训，承担培训的路费和生活费，在可能的情况下推荐工作，以更快适应新地区与新生活，融入新集体；另一方面，对于没有劳动能力的老人出让土地，一定保障其安享晚年的费用，给予终身保障。随着我国老龄化问题逐渐加重，"4-2-1"家庭比重逐渐加大，农村老人的养老问题不容忽视。

(二) 加大农村投入，推进农业机械化

第二次世界大战后，法国将农业机械化纳入国民经济发展计划，在战后国内生产资金极度匮乏的情况下，法国政府不惜向国外借债，以推进农业生产机械化。21世纪以来，我国非常重视"三农"问题，通过惠农补贴，让农民得到了实惠。要继续加强农业的基础地位，推进工业反哺农业和农村，尤其是农机具基础设施使用上，继续加大优惠力度，鼓励农民进行免费试用和购买；可以聘请农业技术员分配到各村、各社，进行分区、分块指导，多种措施并举，推进农业机械化。

(三) 积极培养农业接班人，避免"农村病"

目前，我国农村地区中留守儿童、留守老人、留守妇女分别达到5000万、4000万、4700万。留守老人和妇女成为农村务农主体，这些人中小学、初中文化程度的占到70%以上，浙江、江苏务农农民平均年龄已达到 57 岁。[①] 由于耕地抛荒、宅基地废弃等问题的存在，很多空心村处于半荒弃状态，甚至有些地区已出现空巢村。法国在第二次世界大战后也出现了类似的"农村病"，但政府通过对青年农民安置和培训给予资助的形式缓解了"农村病"的蔓延。当时法国政府不惜工本鼓励青年农民留在农村务农。我国也可以采取这种办法，千方百计鼓励青年农民留在农村作为农业接班人。根据劳动力缺乏程度与当地发展水平，安置费用资助水平也需有差异。比如，东部沿海地区的资助水平要比中部地区高，中部地区还要高于西部地区资助水平，同时山区地区也要给予更多资助。将资助对象设置一定条件以免出现政策漏洞导致部分群体获益而有损政策初衷，可以规定：必须在农村有过五年的农业实践，或必须拥有适当文凭或证明，必须经营一个中等规模的地块，提出三年的生产规划，五年内不能离去等条件。同时，为了鼓励农民在农业部门的新职业岗位上就业，政府应给予助学金，对农民进行职业再培训。

二 推进以人为核心的城镇化，实现城乡统筹发展

（一）积极发展农村工业，强化城镇化的产业支撑

后起工业化国家和地区在二元经济转型过程中，日本与韩国在刘易斯转折阶段都把发展农村工业作为城市分散发展的主要措施，中国台湾地区在第二次世界大战之后秉承着工业布局分散的原则，既避免出现大城市过度强大，又为统筹城乡发展奠定了产业基础。拉美国家由于城镇化发展缺少相应的产业支撑，走上了"过度城镇化"道路，失业严重、收入分配恶化、环境恶劣、社会矛盾突出等诸多经济与社会问题集中爆发，成为过去 30 年来拉美国家陷入"中等收入陷阱"的重要原因。我国目前在推进城镇化的过程中，过分强调人口向城镇聚集，一味"圈地造城"，致使以 GDP 为导向的城镇化强化了城乡二元经济，缺乏城镇化的基础。根据前面对三大类型城镇化与工业化耦合关系的研究，成功完成转型的先行工业化国家与后起工业化国家和地区的耦合水平要高于拉美国家，因此要加强产业支撑，充分发挥城镇化的集聚效应、市场效应和分工协作效应，提升城镇吸纳就业的能力。

首先，根据各地区农业专业化生产分工，积极开展农产品深加工工

[①] 刘强：《农村空心化难题待解》，《农民日报》2012 年 3 月 1 日。

业，积极推进现代农业，同时也可根据资源禀赋优势发展相关产业，与城市中大工业形成相关链条，实现协同发展。

其次，利用我国农业大国优势，与国外开展农业合作，与国外农业欠发达的国家和地区实行对口生产与需求对接。吉林省吉林市的"中新产业园区"就是中国与新加坡开展的对口农业生产与对接的典型模式，吉林市积极组建"中新食品区"，完全为新加坡生产与提供绿色农产品。

再次，促进农村地区中小企业发展，增强城镇化发展动力，拓展城镇化就业空间。

最后，把城镇化发展的产业支撑与优化产业布局结合起来，通过产业从发达地区向欠发达地区的梯度转移，形成"雁行"工业化与城镇化发展格局。中西部中小城镇通过承接劳动密集型产业和传统服务业，提高就业承载力；东部大城市、特大城市则通过低层次产业转移带动劳动力与人口迁移，缓解资源环境压力，并为高新技术产业和现代服务业腾出发展空间，实现产业结构的优化升级。

（二）推进农业转移人口市民化，加快农民工融入城镇步伐

农业人口市民化是二元经济转型的重要问题。改革开放以来，我国已有2.6亿农业人口转移到非农产业，但这些转移人口就业稳定性差，收入水平低，难以实现从乡村到城镇的永久性迁移。[①] 他们的住房、生活、社会保障、子女教育等被排斥在城市社会之外，其边缘化生存状态，使以农业转移人口为主体的社会底层与以中产阶层为主体的中上层社会的差距越来越大，城乡二元结构正在城镇内部得以复制。

首先，解决农业转移人口落户问题，努力提高农民工融入城镇的素质和能力。其他国家和地区在二元经济转型过程中，城乡之间并没有以户籍制度为障碍阻止城乡利益共享，而我国特有的农村和城镇相隔离的户籍成为农业转移人口市民化的首要障碍，因此要加快户籍制度改革，全面放开建制镇和小城市落户限制，有序放开中等城市落户限制，合理确定大城市落户条件，严格控制特大城市人口规模。[②]

[①] 张桂文：《推进以人为核心的城镇化促进城乡二元结构转型》，《当代经济研究》2014年第3期。

[②] 《中共中央关于全面深化改革若干重大问题的决定》，人民出版社2013年版，第25页。

其次,规范企业用工制度,构建和谐的劳动关系,建立农民工工资的正常增长机制,禁止拖欠农民工工资,制定法律取消企业和社会对他们的各种就业歧视,促进农民工实现稳定就业。

再次,农民工在进行职业转换中面临的一个基本问题是知识和技能的断层,德国在二元经济转型中对农业转移人口进行全方位、多角度、适应工业化发展的需求进行培训,法国也在第二次世界大战后通过延长义务教育年限强化农村基础教育。根据《2013年中国农民工监测调查报告》的数据,2013年接受技能培训农民工的比例仅为32.7%,其中农业技能培训占比为9.3%,非农技能培训占比为29.9%。[①] 借鉴德国、法国两国的经验,我国也应在加强农村义务教育的同时,提供专业化职业技能培训,使农民拥有社会发展需要的文化知识和职业技能。一方面,政府要改变教育投资的重点,增加农村教育的财政投入;另一方面,通过政策倾斜鼓励发展多种形式的农村职业技能教育,既要因材施教,又要满足社会发展实际需要,有效地解决当前快速工业化过程中技术工人短缺的难题,促使农业剩余劳动力转移顺利进行。

最后,注重保护农民工各项基本权益,切实将农民工的医疗卫生、子女教育、就业与再就业服务指导、保障性住房以及其他社会保障内容纳入城市公共服务体系的范畴之内,严格控制农民工城市生活的基本费用,只有这样,才能促进劳动力在不同区域之间的合理流动,实现整个社会和谐健康发展。同时,完善地方税体系,逐步建立地方主体税种,建立财政转移支付同农业转移人口市民化挂钩机制。

(三)坚持城市要素向农村流动,推进城乡要素平等交换

在推进农业转移人口市民化的同时,也要注重城市要素向农村流动。目前,我国农村地区社会保障水平极低,虽然实行了"新农保"和针对农村的"养老保险",但保障水平远远不及城镇。从外出农民工来看,2013年这一群体参加养老保险、工伤保险、医疗保险、失业保险和生育保险的比例分别仅为15.7%、28.5%、17.6%、9.1%和6.6%[②],国内大多数城市并未将农民工子女纳入公办义务教育体系,

---

[①] 《2013年全国农民工监测调查报告》,http://www.stats.gov.cn/tjsj/zxfb/201405/t20140512_551585.html,2014年5月12日。

[②] 同上。

他们也基本享有不到城市的经济适用房、廉租房等政府补贴性住房保障，农民工群体难以融入城市生活。为此，要努力实现农村人口生产方式、生活方式的顺利转变，实现城乡人口社会权利、权益的同质化，实现城乡要素的平等交换，可从以下四方面着手：第一，通过不断地深化改革财税体制，统筹发展城乡一体化的公共产品供给、教育、医疗与社会保障制度；第二，通过深入推进金融体系改革，大力发展农村金融，加大信贷投入以推动三农发展；第三，通过健全农业支持体系，努力增加农民人均基本收入，切实降低农业经济风险；第四，积极支持各类企业或社会团体、组织到农村开展各项事业，同时积极引导社会富余资本投入"三农"发展与新农村建设中去。

三　促进技术创新，实现经济发展方式转变

（一）注重技术引进与技术创新相融合

多年来，我国作为"世界工厂"，制造业一直处于全球价值链的低端，原因就在于我国未能准确把握技术引进和技术吸收、创新的关系，长期以来形成了"引进—落后—再引进"的恶性循环模式，严重制约着经济发展方式转变。学习韩国利用"逆工程学"方式即技术模仿的方法开发技术，严格控制所引进的技术，不能盲目贪大、贪多，有选择、有目的地引进产品和技术，同时明确技术引进的目标，在重点领域、关键环节发挥技术创新的效应；对引进的技术要建立绩效考核标准和评价体系，追踪考核技术吸收和再创新情况，以期发现问题并及时解决，要把技术引进只看作一个方式和过程，而吸收和创新才是最终的目的。

（二）注重制度创新对技术创新的重要作用

制度创新通过协调人们之间的利益关系，减少生产过程的低效率，降低交易成本，提高了经济效率，同时为技术创新提供动力机制和良好的外部条件。

一方面，健全技术创新的管理体制。建立和完善有利于技术创新的制度和政策体系，完善技术标准、风险管理、知识产权制度及科研成果的有序转让制度；加强基础性科学研究，选择重点领域加大投入力度，以增强科技创新能力；借鉴先行工业化国家与后起工业化国家和地区的经验，科研投资要从以政府投资为主转变为以企业及社会融资为主，建立技术风险投资基金，加强金融部门对技术创新的支持力度。

另一方面，发挥政府的引导激励作用。政府要积极引导和支持技术创新活动，包括确定技术创新战略、目标、重点以及方针等，采取合适的税收优惠激励企业进行技术创新，适时资助、协调、解决各个创新主体力所不及的问题。

（三）注重产学研有机结合

1. 促进大企业与科研机构合作

拉美国家产学研结合不够，技术创新效率低下，我们必须加以警示。目前我国各个省市已陆续搭建起产学研合作服务平台，全力推动科研机构与企业合作，但科研成果的应用转化不够仍然是技术创新的"瓶颈"。坚持和实施技术创新的市场化导向，提倡大企业、高校和科研机构相互合作，以人才、技术、效益为结合点，三方充分发挥各自优势，实现优势互补，提高技术创新的效率。大力发展科技中介服务机构，如企业孵化器、知识产权机构、资产评估机构、风险投资机构等，作为连接企业、高校和科研机构的桥梁与纽带，推进科技与市场的结合；鼓励科研院所向大企业转让技术，与企业进行从立项到投产的"一条龙"式的全面合作；鼓励科研机构与企业相互参股成立股份制科技企业。

2. 建立健全农业科研及其推广体系

农业发展落后一直是制约我国二元经济转型的关键因素，这与农业科研脱节于教育、开发、推广环节密切相关。其一，建立健全以农民需求为依据，以国家基层公共科技推广机构为主导，以大专院校为重要支撑，龙头企业、农民合作社广泛参与的多元化农业技术推广体系。其二，农业技术研究与应用实现"零距离"，农业技术专家应走向田间地头，因地制宜地为农业生产实践提供科研成果。其三，国家要不断加强对农业科技的投入力度，出台优惠政策吸引企业及社会组织投资农业科技示范园和示范基地的建设，推动农业科技成果的转化。

四　实现政府与市场良性互动，推进政府职能转变

处理好政府与市场的关系是我国经济体制改革的核心问题，也是我国二元经济转型中需要正确认识和处理的重要问题。改革开放以来，政府与市场关系的认识逐步深化，这个漫长的过程总体分为两大重要阶段：

第一阶段（从改革开放之初到1991年），从以计划经济为主（1979—1983年）到强调商品经济发展的不可逾越性（1984—1986年），再到认为计划与市场具有内在统一性（1987—1988年），之后又再次强调计划经济的主导地位（1989—1991 年）。① 这一阶段突破了把计划与市场对立起来的观点，认为计划和市场只是资源配置的手段，二者能够实现有机结合。

第二阶段（1992 年至今），把市场经济与社会主义结合起来，由十四大的"使市场在社会主义国家宏观调控下对资源配置起基础性作用"，逐步深化到十八届三中全会的"使市场在资源配置中起决定性作用和更好发挥政府作用"。由此可以看出，我党对政府与市场关系的认识在不断加深，但实践中还存在着思想认识不到位、政府和市场作用的边界不清晰等诸多问题。借鉴二元经济转型中各个国家和地区的经验教训，我们应该做到以下几点。

（一）考虑初始条件的前提与基础性作用，坚持走自己的路

我国是社会主义国家，处理政府与市场之间的关系要放到中国特色社会主义的前提下进行，要基于我国的国情发展，不能脱离道路、制度这些要素，断章取义地附会理解，要重视"初始条件"的作用。

先行工业化国家中，英国的转型发展最初以市场经济为主导，基于当时的国际经济环境、市场和资源的先天优势，基本没有规则的约束和限制，整个世界经济完全由发达国家所控制和把握。以市场经济为主导的"日不落帝国"很快建立起来。但随着世界各国的兴起，英国政府依旧充当着"守夜人"的角色，不顾世界市场和经济的变化，没有采取相应的制度安排适应市场的发展，仍然固守着"自己为世界老大"的心理，在教育和技术方面渐渐落后，后来被美国所超越。可见，在这一方面，英国给我们的教训是深刻的。而德国在崛起的过程中，受制于英国、法国两国的先行发展，转型伊始，注重发挥政府的作用，与市场协调发展。而后起工业化国家和地区更是受制于国际经济环境的变化，懂得利用这种有利的机遇，又规避风险，立足于本国国情，"硬市场"和"强政府"以及较为有效的产业政策相结合，短时间内成功地实现转型发展。

我国在社会主义市场经济之路上已经走过了很长一段路，"摸着石头过河"是我国秉持的思路，坚持走自己的路，积极审慎地推进改革，

---

① 财政部科研所课题组：《政府与市场关系：我国改革、发展的基点》，《山东财政学院学报》2001 年第 1 期。

已取得了初步的成功。当前，我国的转型发展仍是在中国特色社会主义道路、制度、理论上不断前进的，立足于新常态这个经济发展的大逻辑，利用结构转型、发展方式转变的新契机，既绝不搞"拿来主义"，也绝不故步自封，既不走封闭僵化的老路，也不走改旗易帜的邪路，我们要全面、真切地认识中国现阶段基本国情及其内在要求，坚持和运用历史唯物主义，正确认识和处理好政府与市场的关系，全面推进二元经济转型。

（二）发挥市场对资源配置的决定作用，抵制"泛市场化"的主张

明确市场对资源配置的决定性作用，实际上是回归到了市场经济的本义。[①] 改革开放以来，我国长期转型发展更多的是依靠资源，但目前我国自然资源面临枯竭，人口红利即将消失，刘易斯转折阶段到来，环境污染问题亟待解决，原来的发展方式难以为继。因此，我国确实到了需要以效率要资源的阶段，将资源配置的重要任务交给市场就尤为迫切。

我党提出的市场配置资源的基础性作用到决定性作用的飞跃绝不意味着我们就是要推行私有化、自由化、市场化。拉美国家的转型发展给我们提供了可资借鉴的经验教训。20世纪30年代的大危机之前，拉美国家完全根据国外市场需求的变化，依据自己的资源禀赋优势实施初级产品出口加工模式，资本主义经济危机爆发后拉美国家外需完全萎缩，生产的产品销路完全受阻，不得不转变发展战略。90年代初，自由化、私有化改革的市场机制在拉美国家占主导地位，并没有使国家的经济社会状况变好，反而导致非正规就业占比较大，政局不稳。直到21世纪初，政府加以适时的宏观调控，经济发展转而向好。拉美国家目前正在进行的转型正是对政府与市场关系所做的有力的回答。从拉美的案例可以得出，完全的自由化、不依靠政府的作用实现转型发展不可行，因此我们要坚决抵制"泛市场化"主张。

（三）充分发挥好政府作用，需要遵循市场规律

面对市场对资源配置的决定性作用，凡是市场能做的、比政府做得更好的都交给市场，但这并不意味着不要政府对经济的调节。十八届三中全会的决议指出："市场在资源配置中起决定性作用，但并不是起全

---

① 洪银兴：《关键是厘清市场与政府作用的边界》，《红旗文稿》2014年第3期。

部作用"①，市场本身有自发性、盲目性、滞后性等弊端，导致"市场失灵"现象的出现，例如配置公共资源的问题，涉及国家安全和生态安全、环境保护、公共性、公益性项目等，这都需要发挥政府的作用，需要政府来及时补位，进行合理的调控和干预，保障经济健康发展。我们可以看到第二次世界大战之后，法国、日本、韩国等国家均实行"五年计划"以促进经济有序发展。

第一，政府发挥的作用不能缺位，也不能越位，要遵循市场经济运行的基本规律，政府作用机制要同市场机制衔接。韩国的转型，短、快且相对较为成功，其中很重要的一条经验就是政府在其中发挥了重要的推动作用。第二次世界大战之后，韩国脱离日本的殖民统治，经济基础薄弱。为了恢复经济发展，采取进口替代工业化发展战略，集中力量促进本国工业强大。20世纪60年代初，随着世界市场和国际分工的变化，韩国承接了当时西欧国家的产业转移，采取出口替代工业化发展战略，集中发展劳动密集型产业，这一阶段奠定了韩国在世界上的经济地位。到70年代又重视发展化工产业，80年代发展技术密集型产业，一系列的产业导向策略促进产业不断升级，也推进了转型发展。从韩国的工业化发展战略和产业政策看，遵循市场经济运行的规律，再加以政府因势利导地推动技术、产业、制度等结构的变迁，成功地促使韩国实现了二元经济转型。

第二，政府要在微观、宏观领域共同发力。不能简单地认为宏观领域属于政府发挥作用的范围，而微观领域属于市场发挥决定作用的范围。事实上，在整个国民经济中，微观经济和宏观经济是相互联系、有机统一的，它们的范围的区别只是相对的。市场和政府作为资源配置的两种方式，应该是覆盖全社会的。先行工业化国家中的德国，在二元经济转型初期宏观上对外实行贸易保护，以促进本国工业的壮大，在微观领域大力投资铁路交通运输业的发展。后起工业化国家中的韩国，在走向技术创新之路的最初阶段，政府既在宏观上出台鼓励技术引进的政策，也在微观上对技术引进的企业和部门加以严格核实，督促发展。

第三，加强政府自身建设，提高施政能力和服务水平，推进政府职

---

① 习近平：《关于〈中共中央关于全面深化改革若干重大问题的决定〉的说明》，《求是》2013年第22期。

能转变。面临着世界经济下行压力增大、国际贸易增速降低、大宗商品价格深度下跌、国际金融市场震荡加剧的国际环境和国内异常艰巨复杂的改革发展任务，在至关重要的刘易斯转折阶段，各级政府要深入贯彻落实新发展理念，坚持以人民为中心的发展思想，持续增进民生福祉，以敬民之心，行简政之道，切实转变政府职能、提高效能。建设人民满意的法治政府、创新政府、廉洁政府和服务型政府。[①]

（四）加强党的领导，发挥领导与核心作用

我国作为社会主义国家，与西方资本主义国家在性质上有明显不同。资本主义国家的政府代表了资产阶级的利益，其目的是为了榨取更多的剩余价值和获得更多的利润，而社会主义国家的政府真正代表广大全体人民的利益，中国共产党的根本宗旨就是全心全意为人民服务。我们坚持的社会主义公有制有利于克服市场经济在生产目的上唯利是图的弊端，我们秉持的社会主义按劳分配和共同富裕制度有利于克服市场经济分配不公的弊端，我们遵循的社会主义国民经济有计划按比例发展的规律有利于克服市场经济配置资源的自发性、盲目性弊端，我们践行的社会主义价值观有利于克服市场经济拜金主义、利己主义的弊端，从这一层面分析，社会主义比资本主义能更好地运用市场经济。[②] 由此可以推断，中国共产党执政的社会主义国家能够保障人民当家做主与共同富裕。

习近平同志曾经指出，坚持党的领导，发挥党总揽全局、协调各方的领导核心作用，是我国社会主义市场经济体制的一个重要特征。改革开放 30 多年来，我国经济社会发展之所以能够取得世所罕见的巨大成就，我国人民生活水平之所以能够大幅度提升，都同我们坚定不移坚持党的领导、充分发挥各级党组织和全体党员的作用分不开。在我国，党的坚强有力领导是政府发挥作用的根本保证。[③] 在二元经济转型的过程中，处理好政府与市场二者之间的关系更要坚持和加强党的领导，发挥

[①] 李克强：《政府工作报告——2016 年 3 月 5 日在第十二届全国人民代表大会第四次会议上》，http://app.www.gov.cn/govdata/gov/201603/05/372324/article.html?from=timeline，2016 年 3 月 5 日。

[②] 程恩富：《社会主义比资本主义能更好地运用市场经济》，《当代经济研究》2015 年第 3 期。

[③] 习近平：《"看不见的手"和"看得见的手"都要用好》，《实践》（党的教育版）2014 年第 7 期。

党总揽全局、协调各方的领导核心作用，才不至于我们的道路走偏。中国共产党执政的我国政府不仅要发挥"守夜人"、宏观经济调控的职能，还应该具有中国特色的职能，例如政府直接投资国有企业、制定经济发展规划等。我们有理由相信，在中国共产党的领导下，能够推进有效市场与政府共同发力，实现跨越式转型。

五 加强制度创新，促进跨越式转型

（一）深化教育体制改革，推进高等教育普及化

劳动力过剩的二元经济转型国家在二元经济转型初期主要依赖劳动力的比较优势促进经济发展，这种形式的增长源泉迟早会消失，人力资本存量意味着将会形成一个更具有报酬递增、更加可持续的经济增长源泉。对劳动者本身的投资、加大人力资本积累是预防劳动力短缺的有力措施。后起工业化国家和地区在刘易斯转折阶段之后，在初中等教育普及的基础上，大力发展职业教育以适应工业化发展需要，并把推进高等教育普及化作为教育发展的主要任务，以劳动力质量代替劳动力数量，推进劳动力素质提升，实现了二元经济转型，进入了发达经济体行列。

我国1998年实行大学扩招以来，扩大了高等教育的入学机会，推进了教育公平。2004年是具有转折意义的一年，我国农村家庭子女被高等学校录取的总人数首次超过了城镇家庭，意味着城乡两大地域接受高等教育的差距明显缩小。[1] 2013年我国高等教育毛入学率超过33%[2]，已经进入大众化阶段。但目前中国高等教育存在的最关键的问题在于大学生的培养机制脱离经济发展的实际需要：经济发展所需的多方面人才，大学不能供应；而经济发展不需要的人才，大学又拼命培养。学术型人才供大于求，技术技能型人才严重短缺。据人社部统计，截至2011年年底，中国第二产业就业人员达到2.25亿，而技能劳动者总量仅为1.19亿人，其中高技能人才严重缺乏，缺口约3117万人，仅制造业高级技工缺口就达400余万人。人社部通过对全国100多个城市劳动力供求情况的调研分析，各技能等级岗位空缺数量和求职人员的比率都大于1，表明技能劳动者供不应求。其中，高级技师、技师和高级工程师

---

[1] 蔡昉编：《中国人口与劳动问题报告 No.14：从人口红利到制度红利》，社会科学文献出版社2013年版，第215页。

[2] 数据来源于国家统计局网站数据库。

的求人倍率达到 2.72、2.31 和 2.13。① 各个国家和地区转型的经验都证实,高等教育不明确的职业方向、不合理的层次结构和专业结构,难以适应社会发展需要,这是造成"技术人才短缺与大学生就业难"现象并存的重要原因。

中高端制造业是未来我国在国际上具备较强竞争力的产业集群,而生产性服务业主要服务于中高端制造业升级,目前,我国这方面人才极度缺乏。高等教育应从外延发展模式向内涵发展模式转型,高等教学培养人才应以社会需求为依据,将优化结构、提高质量作为工作重点和核心任务,加大教育结构调整的力度,对学科布局、专业设置和教学方法进行改革。其一,严格控制公办普通高等学校的本专科招生规模,降低其发展速度,扩大职业院校招生规模,教学工作以提高人才培养质量为重心;其二,根据经济社会发展对人才的多样化需求,对各级各类高等学校进行科学定位与合理分工,培养更多高质量的技术创新人才;其三,合理调整不同类型高等学校学生的专业结构、培养目标和就业去向,从严控制普通高等学校升格,控制设立毕业生明显供过于求的专业,调整控制就业率低,供大于求的本、专科专业和学术型研究生的年度招生比例。

(二) 加强社会保护,完善社会保障制度体系

先行工业化国家与后起工业化国家和地区都经历过劳资关系摩擦加剧和社会保护缺失的发展阶段,在付出一定代价之后,这些国家和地区最终学会了遵循"成长中烦恼"的规律性,建立了比较完善的社会保护体系和劳动力市场制度,提高了社会应对各种风险冲击的能力,形成了解决劳资争议和对立的制度框架,增强社会凝聚力。而拉美国家未能采取制度建设加以社会保护,做出不能兑现的承诺,同时采取高压政策,造成社会动荡,长期滞留在"中等收入陷阱"阶段。国际经验表明,在二元经济发展的刘易斯转折阶段,加强社会保护和缓解劳资关系应该在政策选择中具有较高优先序,而且在转型后期应基本实现社会保障的全覆盖,促进社会稳定发展。

2008 年我国出台了三部与劳动就业相关的法律,即《劳动合同法》《就业促进法》以及《劳动争议调解仲裁法》,扩大了劳动者的权益保

---

① 《中国产业转型升级亟须克服技能人才缺乏短板》,http://news.xinhuanet.com/fortune/2013 - 08/23/c_ 117069847. htm,2013 年 8 月 23 日。

护范围，提高了权益保护力度，降低了维权成本，延长了劳动争议申诉时效。我国对劳动者社会保护仍需加强，从社会保障方面看，远远没有达到充分覆盖的水平，据调查，2013 年占城市就业大约 1/3 的农民工养老保险覆盖率只有 15.7%，工伤保险为 28.5%，医疗保险为 17.6%，失业保险只有 9.1%，生育保险为 6.6%。[1] 2012 年，本地户籍的城镇就业者，养老保险覆盖比率为 61.9%，工伤保险为 51.2%，医疗保险为 71.4%，失业保险为 41%，生育保险为 41.6%。[2] 农村地区的社会保障水平更为低下。

其一，通过推进就业制度改革、规范企业等劳动力市场主体行为，制定严格的职业介绍等中介机构的市场准入和行为规则，促进劳动力自由流动，推进劳动力市场化，鼓励和引导企业善待劳动者，可通过精神奖励和物质刺激，提高劳动者在劳资谈判中地位，形成劳资两利局面；特别要关注农民工的社会保护，使其免受歧视和不合理待遇。其二，提高劳动力市场的信息化水平，形成城乡、区域沟通的灵敏的市场信心网络系统，引导劳动力顺利流动。其三，建立健全城乡一体化的社会保障体系，借鉴德国经验，设立完备的社会保险管理和监督机构，监督各类社会保险组织履行义务和责任，保障受险人的权利，为了能够体现广大人民的意愿和利益，各级保险管理和监督机构成员可由国家公务员、雇主代表和受险人代表按人员比例构成，所需经费由政府负担。监督和管理机构的设立能够为顺利推行国家社会保障制度提供组织保证，更为重要的是提高农村地区尤其是农民工的社会保障水平。随着越来越多的农村青壮年劳动力从农村走向城市，留在农村的大多是"三八、六一、九九"[3] 部队，我国二元经济转型中要更加注重农民养老、医疗等方面的社会保障。

（三）缩小收入分配，促进城乡一体化

从表 6-3 可以看出，21 世纪以来我国基尼系数一直维持在 0.4 以上的水平，进入刘易斯转折阶段后，基尼系数有所降低，2016 年我国

---

[1] 国家统计局：《2013 年全国农民工监测调查报告》，http：//www.stats.gov.cn/tjsj/zxfb/201405/t20140512_551585.html，2014 年 5 月 12 日。

[2] 蔡昉编：《中国人口与劳动问题报告 No.14：从人口红利到制度红利》，社会科学文献出版社 2013 年版，第 175 页。

[3] "三八、六一、九九"分别指妇女、儿童、老人。

的基尼系数为 0.465，在国际警戒线以上。因此，我国应借鉴其他国家和地区的转型经验，把更多的制度安排和政策选择放到收入分配改善上，先行工业化国家与日本、韩国都把税制改革和提高农村收入作为缩小收入分配的有力措施，拉美国家 21 世纪以来实行"有条件现金转移支付"，减贫效果非常明显。目前，我国最低生活保障（低保）制度的覆盖率和保障水平非常低，2012 年经过申请和公示等程序之后，城市获得低保的人口比例只有 3%，平均得到的补助金额只有每人每月 239 元，这个补助标准仅为同年城镇居民每月人均可支配收入的 11.7%；农村居民获得的低保比例大约为 8.3%，平均得到的补助金额为每人每月 104 元，为同年农民每个月人均纯收入的 15.8%。[①] 为此，我国应继续按照"提低、扩中、控高"的思路，缩小收入分配差距，促进城乡一体化。

表 6-3　　中国基尼系数的变动情况（2000、2003—2016 年）

年份	基尼系数	年份	基尼系数	年份	基尼系数
2000	0.412	2007	0.484	2012	0.474
2003	0.479	2008	0.491	2013	0.473
2004	0.473	2009	0.490	2014	0.469
2005	0.485	2010	0.481	2015	0.462
2006	0.487	2011	0.477	2016	0.465

资料来源：根据国家统计局官网整理得到。

其一，提高劳动报酬在初次分配中的比重。近年来，随着知识经济的发展，在收入分配过程中，资本、管理、技术的收益越来越得到较为充分的体现，相比之下，劳动报酬占比却持续下降，"强资本、弱劳动"趋势不断强化。为此，可借鉴日本做法，实施"国民收入倍增计划"，以公平分配为基础，不断缩小居民之间收入差距，恰当合理地处理好国家、企业与居民之间三方的利益关系，向普通居民倾斜更多的利益，努力做到经济发展与居民收入的协调增长，还应当注意向普通劳动

[①] 蔡昉编：《中国人口与劳动问题报告 No.14：从人口红利到制度红利》，社会科学文献出版社 2013 年版，第 175 页。

者倾斜，做到劳动生产率和劳动报酬同步协调增长，尤其是应当在初次分配领域重视公平与合理分配的实现。

其二，稳步提高农村居民收入。目前，不能单纯地实行简单的农村土地和粮食直补，随着城镇化的推进和土地流转范围的逐步扩大，土地不再是农民的主要生活来源，培养农民自力更生的能力更为重要，应为农民拓宽多元化的就业渠道，增加其务工收益，通过教育、培训等途径提高农民的基本素质和职业技能，增强其接受新知识、新技术的能力。

其三，推进财税体制改革，发挥税收再分配功能，逐渐增加继承税、赠与税、超额土地收益税等税种，推进房产税改革，实现税负合理与公平。

其四，加强底层人民的社会流动，防止社会阶层固化，营造公平竞争的社会环境。更加关注弱势群体利益，提高社会补助水平，可通过对低收入者生活必需品实施最高限价、加大财政对贫困地区和贫困人群的补贴等方式降低社会贫困人群的生活成本，降低贫困发生率。

参考文献

[1][巴西]费尔南多·奥古斯都·阿德奥达托·韦洛索、莉亚·瓦尔斯·佩雷拉、[中国]郑秉文主编：《跨越中等收入陷阱：巴西的经验教训》，经济管理出版社2013年版。

[2][法]弗朗索瓦·卡龙：《现代法国经济史》，吴良健等译，商务印书馆1991年版。

[3][法]保尔·芒图：《十八世纪产业革命：英国近代大工业初期的概况》，杨人楩等译，商务印书馆1983年版。

[4][韩]Bai Moo-Ki：《韩国经济的转折点》，《中国劳动经济学》2010年第1期。

[5][韩]金麟洙：《从模仿到创新：韩国技术学习的动力》，刘小梅、刘鸿基译，新华出版社1998年版。

[6][韩]宋丙洛：《韩国经济的崛起》，张胜纪、吴壮译，商务印书馆1994年版。

[7][韩]黄秉泰等：《儒学与现代化：中韩日儒学比较研究》，刘李胜等译，社会科学文献出版社1995年版。

[8][美]H.钱纳里：《工业化和经济增长的比较研究》，吴奇等译，上海三联书店1995年版。

[9][美]R.R.帕尔默乔·科尔顿、劳埃德·克莱默：《启蒙到大革命：理性与激情》，陈敦全等译，世界图书出版公司2010年版。

[10][美]保罗·A.萨缪尔森等：《经济学》，萧琛主译，商务印书馆2013年版。

[11][美]道格拉斯·诺思：《经济史中的结构和变迁》，陈郁等译，上海三联书店1991年版。

[12][美]费景汉、拉尼斯：《劳力剩余经济的发展》，王月等译，华夏出版社1989年版。

[13] [美] 费景汉、古斯塔夫·拉尼斯：《增长和发展：演进观点》，洪银兴等译，商务印书馆 2004 年版。

[14] [美] 加里·杰里菲、唐纳德·怀曼：《制造奇迹：拉美与东亚工业化的道路》，俞天等译，上海远东出版社 1996 年版。

[15] [美] 科佩尔·S. 平森：《德国近现代史》（上册），范德一译，商务印书馆 1987 年版。

[16] [美] 库兹涅茨：《各国的经济增长》，常勋等译，商务印书馆 2009 年版。

[17] [美] 库兹涅茨：《现代经济增长》，戴睿、易诚译，北京经济学院出版社 2009 年版。

[18] [美] 迈克尔·P. 托达罗：《经济发展与第三世界》，印金强等译，中国经济出版社 1992 年版。

[19] [美] 迈克尔·P. 托达罗：《经济发展》，黄卫平等译，中国经济出版社 1999 年版。

[20] [美] 迈克尔·P. 托达罗：《发展经济学》，余向华等译，中国机械工业出版社 2009 年版。

[21] [美] 舒尔茨：《改造传统农业》，梁小民等译，商务印书馆 1999 年版。

[22] [美] 斯塔夫里阿诺斯：《全球通史——1500 年以后的世界》，吴象婴等译，上海社会科学院出版社 1992 年版。

[23] [美] 维尔纳·贝尔：《巴西经济增长与发展》，罗飞飞译，石油工业出版社 2014 年版。

[24] [美] 西里尔·E. 布莱克编：《比较现代化》，杨豫等译，上海译文出版社 1996 年版。

[25] [墨] M. 韦翁奇茨克、信达：《墨西哥经济发展的经验教训——工业化、外资和技术转让》，《国外社会科学》1986 年第 12 期。

[26] [日] 安藤良雄编：《近代日本经济史要览》，东京大学出版社 1979 年版。

[27] [日] 大川一司、筱原三代平、梅村又次编：《长期经济统计（第 14 卷）：贸易和国际收支》，东洋经济新报社 1974 年版。

[28] [日] 宫崎犀一、奥村茂次、森田桐郎编：《近代国际经济要览（16 世纪以来）》，陈小洪等译，中国财政经济出版社 1990 年版。

[29] [日] 馆龙一郎：《日本经济》，东京大学出版社1991年版。
[30] [日] 南亮进：《经济发展的转折点：日本经验》，关权译，社会科学文献出版社2008年版。
[31] [日] 南亮进：《日本的经济发展》，景文学等译，对外贸易教育出版社1992年版。
[32] [日] 桥本寿朗、长谷川信、宫岛英昭等：《现代日本经济》，戴晓芙译，上海财经大学出版社2001年版。
[33] [日] 青木昌彦：《比较制度分析》，周黎安译，上海远东出版社2001年版。
[34] [瑞典] 哈里森：《日本的技术与创新管理》，华宏慈等译，北京大学出版社2004年版。
[35] [苏联] 门德尔逊：《经济危机和周期的理论与历史》（第二卷下册），郭吴新等译，生活·读书·新知三联书店1977年版。
[36] [意] 卡洛·M. 奇波拉编：《欧洲经济史（第三卷）：工业革命》，吴良健等译，商务印书馆1989年版。
[37] [意] 卡洛·M. 奇波拉编：《欧洲经济史（第四卷上册）：工业社会的兴起》，王铁生等译，商务印书馆1989年版。
[38] [意] 卡洛·M. 奇波拉编：《欧洲经济史（第五卷）：二十世纪》，胡企林等译，商务印书馆1988年版。
[39] [意] 卡洛·M. 奇波拉编：《欧洲经济史（第六卷）：当代各国经济》，李子英等译，商务印书馆1991年版。
[40] [英] B. R. 米切尔编：《帕尔格雷夫世界历史统计：美洲卷（1750—1993）》（第四版），贺力平译，经济科学出版社2002年版。
[41] [英] B. R. 米切尔编：《帕尔格雷夫世界历史统计：欧洲卷（1750—1993）》（第四版），贺力平译，经济科学出版社2002年版。
[42] [英] B. R. 米切尔编：《帕尔格雷夫世界历史统计：亚洲、非洲和大洋洲卷（1750—1993）》（第三版），贺力平译，经济科学出版社2002年版。
[43] [英] H. J. 哈巴库克、M. M. 波斯坦编：《剑桥欧洲经济史（第六卷）：工业革命及其以后的经济发展：收入、人口及技术变

迁》，王春法等译，经济科学出版社2002年版。

[44]［英］爱德华·汤普森：《英国工人阶级的形成》，钱乘旦等译，译林出版社2001年版。

[45]［英］安格斯·麦迪森：《世界经济千年史》，伍晓鹰等译，北京大学出版社2003年版。

[46]［英］安格斯·麦迪森：《世界经济千年统计》，伍晓鹰等译，北京大学出版社2009年版。

[47]［英］安格斯·麦迪森：《世界经济二百年回顾》，李德伟等译，改革出版社1997年版。

[48]［英］M. M. 波斯坦、D. C. 科尔曼、彼得·马赛厄斯编：《剑桥欧洲经济史（第七卷）：工业资本：资本、劳动力和企业》（上册），王春法等译，经济科学出版社2004年版。

[49]［英］杰拉尔德·M. 迈耶编：《发展经济学的先驱理论》，谭崇台等译，云南人民出版社1995年版。

[50]［英］考特：《简明英国经济史：1750年至1939年》，方廷钰等译，商务印书馆1992年版。

[51]［英］克拉潘：《1815—1914年法国与德国的经济发展》，傅梦弼译，商务印书馆1965年版。

[52]［英］克拉潘：《现代英国经济史》（上卷），姚曾廙译，商务印书馆1974年版。

[53]［英］克拉潘：《现代英国经济史》（中卷），姚曾廙译，商务印书馆2009年版。

[54]［英］克拉潘：《现代英国经济史》（下卷），姚曾廙译，商务印书馆2009年版。

[55]［英］贝瑟尔编：《剑桥拉丁美洲史（第三卷）：从独立到大约1870年》，中国社会科学院拉丁美洲研究所组译，社会科学文献出版社1994年版。

[56]［英］贝瑟尔编：《剑桥拉丁美洲史》（第六卷上册），中国社会科学院拉丁美洲研究所组译，当代世界出版社2000年版。

[57]［英］阿瑟·刘易斯：《二元经济论》，施炜等译，北京经济学院出版社1989年版。

[58]［英］阿瑟·刘易斯：《增长与波动：1870—1913》，梁小民译，

社会科学文献出版社 2014 年版。

[59]［英］维克托·布尔默－托马斯等：《独立以来拉丁美洲的经济发展》，张凡等译，中国经济出版社 2000 年版。

[60] 经济合作与发展组织发展中心编：《2009 年拉丁美洲经济展望》，岳云霞等译，世界知识出版社 2009 年版。

[61] 经济合作与发展组织发展中心、联合国拉美经委会编：《2014 年拉丁美洲经济展望：面向发展的物流与竞争力》，中国社会科学院拉丁美洲研究所译，知识产权出版社 2014 年版。

[62] 世界银行编：《1991 年世界发展报告：发展面临挑战》，中国财政经济出版社 1991 年版。

[63] 世界银行编：《东亚奇迹——经济增长与公共政策》，财政部世界银行业务司译，中国财政经济出版社 1995 年版。

[64] 鲍振元：《台湾科技经济发展概论》，福建科学技术出版社 1991 年版。

[65] 财政部科研所课题组：《政府与市场关系：我国改革、发展的基点》，《山东财政学院学报》2001 年第 1 期。

[66] 蔡昉：《刘易斯转折点：中国经济发展新阶段》，社会科学文献出版社 2008 年版。

[67] 蔡昉编：《中国人口与劳动问题报告 No.9：刘易斯转折点如何与库兹涅茨转折点会合》，社会科学文献出版社 2008 年版。

[68] 蔡昉、都阳：《工资增长、工资趋同与刘易斯转折点》，《经济学动态》2011 年第 9 期。

[69] 蔡昉：《中国经济增长如何转向全要素生产率驱动型》，《中国社会科学》2013 年第 1 期。

[70] 蔡昉编：《中国人口与劳动问题报告 No.14：从人口红利到制度红利》，社会科学文献出版社 2013 年版。

[71] 蔡昉：《二元经济作为一个发展阶段的形成过程》，《经济研究》2015 年第 7 期。

[72] 蔡昉：《从教育入手消除城乡二元结构》，《中国人口报》2015 年 8 月 6 日。

[73] 曹芳、黄乃文：《后发工业国技术从模仿到创新的路径、动力与选择机制》，《重庆工商大学学报》（社会科学版）2014 年第

3 期。

[74] 陈长江、高波：《中国"双重"二元经济的转型分析》，《经济学家》2015 年第 10 期。

[75] 陈迪平：《中国二元经济结构问题研究》，湖南人民出版社 2000 年版。

[76] 陈俊勋、雷慧英：《台湾的经济发展和劳动力市场结构》，《台湾研究集刊》1985 年第 2 期。

[77] 陈龙山、张玉山、贾贵春：《韩国经济发展论》，社会科学文献出版社 1997 年版。

[78] 陈芝芸：《八十年代墨西哥的农业危机》，《拉丁美洲研究》1990 年第 4 期。

[79] 程恩富：《社会主义比资本主义能更好地运用市场经济》，《当代经济研究》2015 年第 3 期。

[80] 戴成钧：《战后法国农村人口外流加速的原因初探》，载浙江省历史学会《浙江史学论丛》（第一辑），杭州出版社 2004 年版。

[81] 戴羿：《南朝鲜、台湾与墨西哥、巴西经济发展模式比较》，《经济社会体制比较》1989 年第 4 期。

[82] 单玉丽：《台湾经济 60 年：1949—2009》，知识产权出版社 2010 年版。

[83] 邓利娟：《试析台湾"均富型增长模式"的改变》，《台湾研究集刊》2005 年第 3 期。

[84] 丁堡骏：《用历史唯物主义方法论分析中国改革的经济学新范式》，《毛泽东邓小平理论研究》2014 年第 1 期。

[85] 丁堡骏、魏旭：《马克思价值转形视阈下的产业转移思想》，《当代经济研究》2015 年第 9 期。

[86] 丁堡骏、高冠中：《论马克思主义政治经济学对中国改革的现实指导意义》，《马克思主义研究》2015 年第 8 期。

[87] 董经胜：《足球王国的中等收入陷阱》，《中国经营报》2014 年 7 月 14 日。

[88] 董全瑞：《收入分配差距国别论》，中国社会科学出版社 2010 年版。

[89] 董向荣编著：《列国志（韩国）》，社会科学文献出版社 2010

年版。
[90] 杜恒波：《英国农村劳动力转移的启示》，《农村经济》2004 年第 3 期。
[91] 方正平：《德国税收概况》，《德国研究》1994 年第 2 期。
[92] 冯志峰：《供给侧结构性改革的理论逻辑与实践路径》，《经济问题》2016 年第 2 期。
[93] 复旦大学世界经济研究所法国经济研究室编：《法国经济》，人民出版社 1985 年版。
[94] 高波：《墨西哥现代村社制度——现代化进程中的农民与国家》，博士学位论文，北京大学，2000 年。
[95] 高德步：《英国工业化过程中的劳动力转移》，《中国人民大学学报》1995 年第 3 期。
[96] 高德步：《英国工业革命时期的"城市病"及其初步治理》，《学术研究》2001 年第 1 期。
[97] 高德步：《工业化过程中的"中间部门"与"过渡性"就业》，《东南大学学报》（哲学社会科学版）2003 年第 6 期。
[98] 高德步编：《世界经济通史（中卷）：经济现代化进程》，高等教育出版社 2005 年版。
[99] 高德步编：《世界经济通史（下卷）：现代经济的发展》，高等教育出版社 2005 年版。
[100] 高德步：《世界经济史》，中国人民大学出版社 2011 年版。
[101] 高庆波：《墨西哥养老金制度的发展与完善》，《拉丁美洲研究》2014 年第 4 期。
[102] 高铁梅、范晓非：《中国劳动力市场的结构转型与供求拐点》，《财经问题研究》2011 年第 1 期。
[103] 顾俊礼编著：《列国志（德国）》，社会科学文献出版社 2007 年版。
[104] 关权：《越过刘易斯转折点：日本的经验及其启示》，《南开日本研究》，2010 年。
[105] 郭金兴、宋蓉蓉：《剩余劳动与刘易斯转折的国际经验及理论反思》，《经济理论与经济管理》2012 年第 10 期。
[106] 郭婉容：《台湾的经济之路》，中国经济出版社 1991 年版。

[107] 郭相枝：《转型期的台湾经济与社会》，时事出版社 1991 年版。
[108] 韩俊：《台湾农业劳动力转移问题探析》，《台湾研究集刊》1988 年第 4 期。
[109] 韩铁英编：《列国志（日本）》，社会科学文献出版社 2011 年版。
[110] 和军、季玉龙：《国企混合所有制改革红利与实现途径》，《中国特色社会主义研究》2014 年第 5 期。
[111] 何志扬：《城市化道路国际比较研究》，博士学位论文，武汉大学，2009 年。
[112] 何中正：《巴西二元经济结构的特征、演进及政策评价》，《拉丁美洲研究》2010 年第 1 期。
[113] 贺国庆：《近代欧洲对美国教育的影响》，河北大学出版社 2000 年版。
[114] 贺涛等：《台湾经济发展轨迹》，中国经济出版社 2009 年版。
[115] 洪银兴：《关键是厘清市场与政府作用的边界》，《红旗文稿》2014 年第 3 期。
[116] 胡志坚、冯楚健：《国外促进科技进步与创新的有关政策》，《科技进步与对策》2006 年第 1 期。
[117] 华飞：《英国的"迈达斯灾祸"——对第一个工业化国家"城市病"的探讨》，《都市文化研究》2008 年第 1 期。
[118] 黄安余：《大陆与台湾农业劳动力转移比较研究》，《江海学刊》2005 年第 2 期。
[119] 黄国华：《农村劳动力转移模式的国际比较及其启示》，《农业现代化研究》2011 年第 1 期。
[120] 黄泰岩：《新时期我国经济发展的目标、道路和动力》，《经济学家》2015 年第 5 期。
[121] 黄泰岩：《中国经济的第三次动力转型》，《经济学动态》2014 年第 2 期。
[122] 计翔翔：《近代法国城市化初探》，《世界历史》1992 年第 5 期。
[123] 简新华、向琳：《论中国的新型工业化道路》，《当代经济研究》2004 年第 1 期。
[124] 简新华、余江：《中国工业化与新型工业化道路》，山东人民出

版社 2009 年版。
[125] 江时学：《拉美发展模式研究》，经济管理出版社 1996 年版。
[126] 江时学：《拉美与东亚发展模式比较研究》，世界知识出版社 2001 年版。
[127] 江时学编：《拉丁美洲和加勒比发展报告（2004—2005）》，社会科学文献出版社 2005 年版。
[128] 姜德昌、夏景才：《资本主义现代化比较研究》，吉林人民出版社 1989 年版。
[129] 蒋尉：《德国工业化进程中的农村劳动力流动：机理、特征、问题及借鉴》，《欧洲研究》2007 年第 1 期。
[130] 蒋蔚：《英国工业化进程中的社会失衡及其调整》，《红旗文稿》2007 年第 17 期。
[131] 金明善：《日本现代化研究》，辽宁大学出版社 1993 年版。
[132] 金三林：《刘易斯转折阶段劳动力成本变动的国际经验借鉴（上）》，《中国经济时报》2012 年 4 月 13 日。
[133] 金三林：《刘易斯转折阶段劳动力成本变动的国际经验借鉴（下）》，《中国经济时报》2012 年 4 月 20 日。
[134] 金三林：《对"刘易斯转折"阶段进程的判断》，《学习时报》2012 年 7 月 2 日。
[135] 孔祥智：《英国在工业化、城市化进程中是怎样处理工农关系的》，《前线》1999 年第 4 期。
[136] 乐启良、吕一民：《法国集体谈判模式的确立及其历史意义》，《世界历史》2009 年第 4 期。
[137] 黎煦：《刘易斯转折点与劳动力保护》，《首都经济贸易大学学报》2007 年第 4 期。
[138] 李冰：《二元经济结构理论与中国城乡一体化发展研究》，中国经济出版社 2013 年版。
[139] 李春辉等：《拉丁美洲史稿》，商务印书馆 1983 年版。
[140] 李放、卜凡鹏：《巴西："美洲豹"的腾飞》，民主与建设出版社 2013 年版。
[141] 李冈原：《英国城市病及其整治探析——兼谈英国城市化模式》，《杭州师范学院学报》（社会科学版）2004 年第 6 期。

[142] 李工真：《德意志道路——现代化进程研究》，武汉大学出版社 1997 年版。
[143] 李宏硕：《当代台湾经济研究论丛》，山西经济出版社 1993 年版。
[144] 李家泉：《台湾经济概览》，中国财政经济出版社 1995 年版。
[145] 李靖宇、范凤：《中国与朝鲜半岛两国经贸合作战略升级的依据认证》，《亚太经济》2005 年第 3 期。
[146] 李瑞芬、何美丽、郭爱云：《农村劳动力转移：形势与对策》，中国农业出版社 2006 年版。
[147] 李若谷：《世界经济发展模式比较》，社会科学文献出版社 2009 年版。
[148] 李世安：《英国农村剩余劳动力转移问题的历史考察》，《世界历史》2005 年第 2 期。
[149] 李少元：《国外农村劳动力转移教育培训的经验借鉴》，《比较教育研究》2005 年第 7 期。
[150] 李仙娥、王春艳：《国外农村剩余劳动力转移模式的比较》，《中国农村经济》2004 年第 5 期。
[151] 李晓澜、宋继清：《二元经济理论模型评述》，《山西财经大学学报》2004 年第 1 期。
[152] 李晓韬：《当农民致富遇上粮食安全——日本农民致富模式的启示教训》，《改革与开放》2010 年第 2 期。
[153] 李月：《刘易斯转折点的跨越与挑战——对台湾 20 世纪 60—70 年代经济政策的分析及借鉴》，《财经问题研究》2008 年第 9 期。
[154] 李仲生：《发达国家的人口变动与经济发展》，清华大学出版社 2011 年版。
[155] 李仲生：《发展中国家的人口增加与经济发展》，世界图书出版公司 2012 年版。
[156] 林被甸、董经胜：《拉丁美洲史》，人民出版社 2010 年版。
[157] 林岗：《诺斯与马克思：关于制度变迁道路理论的阐释》，《中国社会科学》2001 年第 1 期。
[158] 林进成：《德国工业化道路的一些特点》，《世界历史》1982 年

第 5 期。
[159] 林毅夫:《自生能力,经济发展与转型:理论与实证》,北京大学出版社 2004 年版。
[160] 刘嘉汉:《统筹城乡背景下的新型城市化发展研究》,博士学位论文,西南财经大学,2011 年。
[161] 刘建进:《中国经济发展是否已经走到"刘易斯转折点"》,《中国社会科学院院报》2007 年 2 月 27 日。
[162] 刘金源:《工业化时期英国城市环境问题及其成因》,《史学月刊》2006 年第 10 期。
[163] 刘强:《农村空心化难题待解》,《农民日报》2012 年 3 月 1 日。
[164] 刘思峰:《灰色系统理论及其应用》,科学出版社 2008 年版。
[165] 刘世锦:《传统与现代之间——增长模式转型与新型工业化道路的选择》,中国人民大学出版社 2006 年版。
[166] 刘世锦:《供给侧改革要着力解决转型中的结构性问题》,《人民政协报》2015 年 12 月 1 日。
[167] 刘世锦:《转型再平衡:中国经济升级之路》,《理论学习》2015 年第 7 期。
[168] 刘耀斌等:《中国区域城市化与生态环境耦合的关联分析》,《地理学报》2005 年第 2 期。
[169] 刘志成:《刘易斯转折期的通胀及其治理——日本,韩国和中国台湾的经验及启示》,《经济学家》2014 年第 5 期。
[170] 楼均信、应雪林、沈坚等:《法兰西第三共和国兴衰史》,人民出版社 1996 年版。
[171] 楼旭明、段兴民、简康农:《农村劳动力转移模式的国际比较与启示》,《西安工业大学学报》2006 年第 4 期。
[172] 吕银春编著:《列国志(巴西)》,社会科学文献出版社 2010 年版。
[173] 罗荣渠:《现代化新论——中国的现代化进程》,华东师范大学出版社 2013 年版。
[174] 罗莹:《德国现代化进程研究》,中国市场出版社 2004 年版。
[175] 罗志如、厉以宁:《二十世纪的英国经济——"英国病"的研究》,商务印书馆 2013 年版。

[176] 马丹：《中国二元经济转型与经常项目动态演化路径研究》，中国经济出版社 2015 年版。

[177] 马生祥：《法兰西第三共和国时期的教育现代化》，《河北师范大学学报》（教育科学版）2003 年第 11 期。

[178] 马生祥：《法国现代化》（上册），河北人民出版社 2004 年版。

[179] 马生祥：《法国现代化》（下册），河北人民出版社 2004 年版。

[180] 莽景石：《经济增长、制度变迁与收入分配——日本百年工业化过程的经验观察》，《日本学刊》2006 年第 4 期。

[181] 米嘉：《以技术创新引领我国跨越"中等收入陷阱"——历史经验与现实分析》，《政治经济学研究》2013 年第 7 期。

[182] 穆良平：《主要工业国家近现代经济史》，西南财经大学出版社 2005 年版。

[183] 牟晓伟：《日本储蓄率变动及其影响研究》，博士学位论文，吉林大学，2012 年。

[184] 欧阳峣、刘智勇：《发展中大国人力资本综合优势与经济增长——基于异质性与适应性视角的研究》，《中国工业经济》2010 年第 11 期。

[185] 钱乘旦：《世界现代化历程（拉美卷）》，江苏人民出版社 2012 年版。

[186] 乔俊峰：《跨越"中等收入陷阱"的公共政策因应：韩国的做法及启示》，《改革》2011 年第 8 期。

[187] 卿涛、杨仕元、岳龙华：《"Minami 准则"下的刘易斯转折点研究》，《中国人口科学》2011 年第 2 期。

[188] 全毅：《亚太地区发展的路径选择——基于东亚与拉美发展道路的比较研究》，时事出版社 2010 年版。

[189] 任吉：《日本二元经济转换时期的产业结构变化与相关政策分析》，《现代日本经济》2008 年第 6 期。

[190] 任文侠：《日本工业现代化概况》，生活·读书·新知三联书店 1980 年版。

[191] 戎殿新、司马军编：《各国农业劳动力转移问题研究》，经济日报出版社 1989 年版。

[192] 邵秦：《略谈台湾城市人口与城镇化特点》，《社会学研究》

1986 年第 5 期。

[193] 沈建光：《经济转型的动力——"刘易斯拐点"出现》，《金融发展评论》2010 年第 1 期。

[194] 沈玉：《论英国圈地运动与工业革命的劳动力来源》，《浙江大学学报》（人文社会科学版）2001 年第 1 期。

[195] 湛园庭编著：《列国志（墨西哥）》，社会科学文献出版社 2010 年版。

[196] 史保金：《发达国家农村剩余劳动力转移模式及对我国的启示》，《商业研究》2006 年第 16 期。

[197] 宋冬林、范欣：《国内市场整合趋势下的经济增长研究：1985—2011》，《求是学刊》2015 年第 3 期。

[198] 宋冬林：《制约东北老工业基地创新创业的主要因素及建议》，《经济纵横》2015 年第 7 期。

[199] 宋冬林、范欣：《分税制改革推动了市场统一吗？》，《学习与探索》2015 年第 10 期。

[200] 宋冬林：《新型城镇化背景下东北地区单一结构城市转型发展的思路与对策》，《当代经济研究》2016 年第 2 期。

[201] 苏振兴：《拉丁美洲的经济发展》，经济管理出版社 2000 年版。

[202] 苏振兴、徐文渊：《拉丁美洲国家经济发展战略研究》，北京大学出版社 1987 年版。

[203] 苏振兴：《拉美国家关于新工业化道路的探索》，《拉丁美洲研究》2003 年第 3 期。

[204] 孙敬水、黄秋虹：《日本调节收入分配差距的基本经验及启示》，《国际经贸探索》2013 年第 4 期。

[205] 孙若彦：《经济全球化与墨西哥对外战略的转变》，中国社会科学出版社 2004 年版。

[206] 孙占芳：《二元结构问题的国外解决方案借鉴：以韩国为例的思考》，《农村经济与科技》2012 年第 8 期。

[207] 台湾"经建会"：《十项重要建设评估》，1979 年版。

[208] 谭崇台：《发达国家发展初期与当今发展中国家经济发展比较研究》，武汉大学出版社 2008 年版。

[209] 谭崇台：《影响宏观经济发展质量的要素——基于发展经济学理

论的历史考察》,《宏观质量研究》2014 年第 1 期。

[210] 汤韵:《台湾城市化发展及其动力研究:基于空间计量经济学的实证分析》,浙江大学出版社 2011 年版。

[211] 田萍、张屹山、张鹤:《中国剩余劳动力人口红利消失时点预测》,《中国高校社会科学》2015 年第 1 期。

[212] 滕淑娜、顾銮斋:《法国农业经济政策的历史考察》,《史学集刊》2011 年第 4 期。

[213] 汪进、钟笑寒:《中国的刘易斯转折点是否到来——理论辨析与国际经验》,《中国社会科学》2011 年第 5 期。

[214] 王成仁、查勇、景春梅:《中小企业应对"刘易斯拐点"的政策建议》,《经济研究参考》2013 年第 24 期。

[215] 王诚:《劳动力供求"拐点"与中国二元经济转型》,《中国人口科学》2005 年第 6 期。

[216] 王诚:《从零散事实到典型化事实再到规律发现》,《经济研究》2007 年第 3 期。

[217] 王德文、任吉:《刘易斯转折点的国际经验》,载蔡昉主编《中国人口与劳动问题报告 No.9》,社会科学文献出版社 2008 年版。

[218] 王琥生、赵军山编:《战后日本经济社会统计》,航空工业出版社 1988 年版。

[219] 王家宝:《法国人口与社会》,中国青年出版社 2005 年版。

[220] 王青汉:《英国基础教育改革值得借鉴的几个特点》,《基础教育》2009 年第 9 期。

[221] 王然:《美国与巴西经济发展比较研究》,经济科学出版社 2008 年版。

[222] 王文仙:《20 世纪墨西哥城市化与社会稳定探析》,《史学集刊》2014 年第 4 期。

[223] 王晓玲:《韩国劳资关系:从对抗走向协商》,《当代亚太》2009 年第 4 期。

[224] 王晓耕:《战后日本的外向型经济战略浅析》,《现代日本经济》1992 年第 4 期。

[225] 王勇辉:《农村城镇化与城乡统筹的国际比较》,中国社会科学

出版社 2011 年版。

[226] 王裕雄、张正河：《刘易斯转折点与中国农业政策调整——基于东亚国家和地区的经验借鉴》，《经济问题探索》2012 年第 5 期。

[227] 王章辉：《英国和法国工业革命比较》，《史学理论研究》1994 年第 2 期。

[228] 王章辉、黄柯可：《欧美农村劳动力的转移与城市化》，社会科学文献出版社 1999 年版。

[229] 王章辉、孙娴：《工业社会的勃兴：欧美五国工业革命比较研究》，人民出版社 1995 年版。

[230] 文峰：《制度变迁与中国二元经济结构转换研究》，经济科学出版社 2008 年版。

[231] 王振华编著：《列国志（英国）》，社会科学文献出版社 2003 年版。

[232] 吴白乙编：《拉丁美洲和加勒比发展报告（2010—2011）》，社会科学文献出版社 2011 年版。

[233] 吴白乙编：《拉丁美洲和加勒比发展报告（2011—2012）》，社会科学文献出版社 2012 年版。

[234] 吴白乙编：《拉丁美洲和加勒比发展报告（2012—2013）》，社会科学文献出版社 2013 年版。

[235] 吴白乙编：《拉丁美洲和加勒比发展报告（2013—2014）》，社会科学文献出版社 2014 年版。

[236] 吴国庆编著：《列国志（法国）》，社会科学文献出版社 2003 年版。

[237] 吴红英：《巴西现代化进程透视：历史与现实》，时事出版社 2001 年版。

[238] 吴惠林：《台湾地区的劳力短缺问题研究》，人口变动与经济社会发展研讨会，1990 年。

[239] 吴敬琏：《创新制度体系，推动供给侧变革》，《新华日报》2016 年 2 月 2 日。

[240] 吴建光：《农村劳动力就业与农业技术选择——战后韩国、台湾和日本经验分析》，《亚太经济》1992 年第 6 期。

[241] 吴亮：《中国二元经济转型中比较优势演变研究》，博士学位论文，辽宁大学，2014年。

[242] 吴铁稳、余艳莉：《工业化时期英国的犯罪问题及其治理探析》，《江西社会科学》2012年第5期。

[243] 吴学成：《战后英国经济》，中国对外经济贸易出版社1990年版。

[244] 习近平：《关于〈中共中央关于全面深化改革若干重大问题的决定〉的说明》，《求是》2013年第22期。

[245] 习近平：《"看不见的手"和"看得见的手"都要用好》，《实践》（党的教育版）2014年第7期。

[246] 夏耕：《中国城乡二元经济结构转换研究：要素流动、制度变迁、市场机制与政府作用》，北京大学出版社2005年版。

[247] 萧辉英：《德国人口流动与经济发展》，《世界经济》1998年第8期。

[248] 萧辉英：《德国人口学研究》，《中国人口科学》1998年第2期。

[249] 萧辉英：《德国的城市化、人口流动与经济发展》，《世界历史》1997年第5期。

[250] 谢地、谢斯儒：《中国梦的经济学解析》，《经济学家》2014年第1期。

[251] 谢地：《论社会主义公有制的存在形式、载体形式、实现形式》，《政治经济学评论》2015年第6期。

[252] 谢地、孔晓：《论我国城市化进程中的公用事业发展与政府监管改革》，《当代经济研究》2015年第10期。

[253] 谢文泽：《墨西哥制造业的结构调整及其特点》，《拉丁美洲研究》2005年第1期。

[254] 谢文泽：《拉美地区产业结构的国际比较》，《拉丁美洲研究》2008年第3期。

[255] 谢文泽：《城市化率达到50%以后：拉美国家的经济、社会和政治转型》，《企业家日报》2014年9月28日。

[256] 修春萍：《台湾与南朝鲜经济政策比较及其启示》，转引自郭相枝《转型期的台湾经济与社会》，时事出版社1991年版。

[257] 邢来顺：《德国工业化经济——社会史》，湖北人民出版社2003

年版。

[258] 邢来顺：《德意志帝国时期科技发展特点及其成因》，《史学集刊》2003年第1期。

[259] 邢来顺：《德国工业化时期的城市化及其特点》，《首都师范大学学报》（社会科学版）2005年第6期。

[260] 邢来顺、周小粒：《德意志帝国时期社会现代化的历史考察》，《华中师范大学学报》2008年第4期。

[261] 邢来顺：《近代工业化时期的德国移民问题》，《武汉大学学报》（人文科学版）2012年第2期。

[262] 邢来顺：《德国向工业社会转型时期的社会问题治理及其对策》，《光明日报》2014年5月7日。

[263] 邢来顺：《德意志帝国时期教育事业的进步》，《历史教学》（下半月刊）2015年第1期。

[264] 徐滨：《工业革命时期英国工人的实际工资》，《世界历史》2011年第6期。

[265] 徐崇温：《当代资本主义新变化》，重庆出版社2006年版。

[266] 徐平：《苦涩的日本：从赶超时代到后赶超时代》，北京大学出版社2012年版。

[267] 徐世澄：《简析1982—2003年墨西哥的经济改革和发展》，《拉丁美洲研究》2003年第6期。

[268] 徐世澄：《一往无前的墨西哥人》，时事出版社1998年版。

[269] 许平：《法国农村社会转型研究：19—20世纪初》，北京大学出版社2001年版。

[270] 许平：《法国近代农业人口的迁移》，《中国社会科学院研究生院学报》1992年第5期。

[271] 许志强：《应对"城市病"：英国工业化时期的经历与启示》，《兰州学刊》2011年第9期。

[272] 薛敬孝、白雪洁：《当代日本产业结构研究》，天津人民出版社2002年版。

[273] 薛清生：《韩国高度重视农村工业的发展》，《科学与管理》1995年第1期。

[274] 杨殿闯、李伟伟：《台湾工业化、城镇化加速时期农业政策调整

的经验与特点》，《世界农业》2013 年第 12 期。

[275] 杨玛利：《中产阶级你为什么不生气？》，《天下杂志（台湾）》2000 年第 1 期。

[276] 伊文成、马家骏编：《明治维新史》，辽宁教育出版社 1987 年版。

[277] 尹保云：《韩国的现代化：一个儒教国家的道路》，东方出版社 1995 年版。

[278] 于金富：《缩小财富与收入差距实现共同富裕的制度求解》，《马克思主义研究》2014 年第 12 期。

[279] 于金富、胡泊：《从小农经营到现代农业：经营方式变革》，《当代经济研究》2014 年第 10 期。

[280] 于文俊：《台湾地区收入差距的历史考察及对大陆的启示》，《学习与实践》2012 年第 1 期。

[281] 于宗先、王金利：《台湾人口变动与经济发展》，台湾联经事业出版有限公司 2009 年版。

[282] 袁东振：《混乱和无序：拉美城市化的教训》，《科学决策》2005 年第 6 期。

[283] 岳希明：《日本地区收入差距的倒 U 字》，《中国财经报》2005 年 3 月 8 日。

[284] 张宝宇：《巴西的产业结构与产业结构政策》，《拉丁美洲研究》1986 年第 6 期。

[285] 张兵、李翠莲：《墨西哥加入"金砖国家"合作机制研究》，《亚太经济》2011 年第 5 期。

[286] 张车伟、蔡翼飞、董倩倩：《日本"国民收入倍增计划"及其对中国的启示》，《经济学动态》2010 年第 10 期。

[287] 张桂梅、李中东：《拉美失地农民问题对我国的启示》，《中国国土资源经济》2007 年第 8 期。

[288] 张桂文：《从古典二元论到理论综合基础上的转型增长——二元经济理论演进与发展》，《当代经济研究》2011 年第 8 期。

[289] 张桂文：《中国二元经济结构转换的政治经济学分析》，经济科学出版社 2011 年版。

[290] 张桂文：《二元转型及其动态演进下的刘易斯转折点讨论》，《中

国人口科学》2012年第4期。

[291] 张桂文、孙亚南：《二元经济转型中收入分配的演变》，《中国人口科学》2013年第5期。

[292] 张桂文：《推进以人为核心的城镇化促进城乡二元结构转型》，《当代经济研究》2014年第3期。

[293] 张桂文、孙亚南：《人力资本与产业结构演进耦合关系的实证研究》，《中国人口科学》2014年第6期。

[294] 张桂文、孙亚南：《二元经济转型视角下中国潜在经济增长率分析》，《当代经济研究》2015年第12期。

[295] 张俊霞、索志林：《发达国家农村劳动力转移模式比较及经验借鉴》，《世界农业》2012年第7期。

[296] 张季风：《日本经济概论》，中国社会科学出版社2009年版。

[297] 张季风：《战前日本农村剩余劳动力的转移及特点》，《日本学刊》2002年第3期。

[298] 张季风：《战后日本农村剩余劳动力转移及其特点》，《日本学刊》2003年第2期。

[299] 张珺：《日本收入分配制度分析》，《当代亚太》2005年第4期。

[300] 张培刚：《农业与工业化》（上卷），华中科技大学出版社2002年版。

[301] 张庆海：《法兰西第三共和国前期的人口和社会生活》，《华南师范大学学报》（社会科学版）1998年第6期。

[302] 张世和编：《战后南朝鲜经济》，中国社会科学出版社1983年版。

[303] 赵玉榕：《台湾农业劳动力流动浅析》，《台湾研究集刊》1987年第3期。

[304] 赵虹、田志勇：《英国工业革命时期工人阶级的生活水平——从实际工资的角度看》，《北京师范大学学报》（社会科学版）2003年第3期。

[305] 郑秉文：《拉丁美洲的城市化：经验与教训》，当代世界出版社2011年版。

[306]《中共中央关于全面深化改革若干重大问题的决定》，人民出版社2013年版。

[307] 中国科学院经济研究所世界经济研究室编:《主要资本主义国家经济统计集(1848—1960)》,世界知识出版社1962年版。

[308] 中国科学院中国现代化研究中心编:《世界现代化进程的关键点》,科学出版社2010年版。

[309] 中国现代国际关系研究所东亚研究项目编辑组编:《南朝鲜外向型经济概览》,山东人民出版社1989年版。

[310] 周健:《英、美工业化道路对二元经济结构转换的作用——对我国的启示》,《当代经济管理》2008年第1期。

[311] 周健、邵珠琼:《中国劳动报酬份额提升的趋势研究——基于日本和韩国的经验》,《经济与管理研究》2015年第1期。

[312] 周维富:《中国工业化与城市化协调发展论》,博士学位论文,中国社会科学院,2002年。

[313] 朱明德:《日本的粮食安全问题与粮食结构调整》,《粮食科技与经济》2003年第1期。

[314] 邹德秀:《世界农业发展史》,中国农业出版社1995年版。

[315] Arthur Redford, *Labour Migration in England, 1800 - 1850 (Second edition)*, Manchester: Manchester University Press, 1964.

[316] Aghion, P., Boustan, L., Hoxby, C., et al., "Exploiting States' Mistakes to Identify the Causal Impact of Higher Education on Growth", National Bureau of Economic Research Working Paper, 2005.

[317] Anderson, K., "Lobbying Incentives and the Pattern of Protection in Rich and Poor Countries", *Economic Development and Cultural Change*, Vol. 43, No. 2, 1995.

[318] Ashton, T. S., "The Standard of Life of the Workers in England, 1790 - 1830", *The Journal of Economic History*, No. 9, 1949.

[319] Aubin, H. and Zorn, W., *Handbuch der deutschen Wirtschafts und Sozialgeschichte*, Bd. 2: Das 19, und 20, Stuttgart: Klett - Cotta, 1976.

[320] B. W. Clapp, *An Environmental History of Britain since the Industrial Revolution*, N. Y.: Longman, 1994.

[321] Bade, K. J., *Homo Migrans Wanderungen aus und nach Deutsch-*

land: Erfahrungen und Fragen, Essen: Klartext, 1994.

[322] Bade, K. J., *Vom Auswandererland zum Einwanderungsland? Deutschland 1880 – 1980*, Berlin: Colloquium, 1983.

[323] Bai Moo – ki, "The Turning Point in the Korean Economy", *The Developing Economies*, Vol. 20, No. 20, 1982.

[324] Baines, D., *Migration in a Mature Economy: Emigration and Internal Migration in England and Wales, 1861 – 1900*, New York: Cambridge University Press, 1985.

[325] Barro, R. J. and Lee, J. W., "A New Data Set of Educational Attainment in the World, 1950 – 2010", *Journal of Development Economics*, No. 104, 2013.

[326] Betheu, L., *Mexico Since Independence*, New York: Cambridge University Press, 1985.

[327] Blade, K. J., *Massenwanderung und Arbeitsmarkt im deutschen Nordosten von 1880 bis zum Ersten Weltkrieg: überseeische Auswanderung, interne Abwanderung und kontinentale Zuwanderung*, Bonn: Verlag Neue Ges., 1980.

[328] Brendan McBride and Matthew French, *Affordable Land and Housing in Latin American and the Caribbean* (Volume 1), Nairobi: UN – HABITAT, 2011.

[329] Crafts, N. F. R., *British Economic Growth During the Industrial Revolution*, Oxford: Clarendon Press, 1985.

[330] D. P. Mannix and Malcolm Cowley, *Black Cargoes: A History of the Atlantic Slave Trade 1518 – 1865*, New York: Penguin Books, 1962.

[331] Dean, P. and Cole, W. A., *British Economic Growth, 1688 – 1959*, London: Cambridge University Press, 1962.

[332] Derek, Fraser, *The Evolution of the British Welfare State*, London: Macmillan, 1984.

[333] Dyos, H. J. and Wolff, M., *The Victorian City*, London: Routledge and Kegan Paul, 1973.

[334] ECLAC, *Social Panorama of Latin America 2013*, Santiago: United

Nations, 2013.

[335] Fogleman, A., "Migrations to the Thirteen British North American Colonies, 1700 – 1775: New Estimates", *Journal of Interdisciplinary History*, Vol. 22, No. 4, 1993.

[336] Fei, J. C. H. and Ranis, G., "A Model of Growth and Employment in the Open Dualistic Economy: The Cases of Korea and Taiwan", *The Journal of Development Studies*, Vol. 11, No. 2, 1975.

[337] Fei, J. C. H. and Ranis, G., *Growth and Development from an Evolutionary Perspective*, London: Blackwell, 1997.

[338] Fei, J. C. H. and Ranis, G., "Innovation, Capital Accumulation, and Economic Development", *The American Economic Review*, Vol. 53, No. 3, 1963.

[339] Fei, J. C. H., Ranis, G. and Kuo, S. W. Y., *Growth with Equity: The Taiwan Case*, New York: Oxford University Press, 1979.

[340] Fields, G. S., "A Welfare Economic Analysis of Labor Market Policies in the Harris – Todaro Model", *Journal of Development Economics*, Vol. 76, No. 1, 2005.

[341] Fields, G. S., "Changing Labor Market Conditions and Economic Development in Hong Kong, the Republic of Korea, Singapore, and Taiwan, China", *The World Bank Economic Review*, Vol. 8, No. 3, 1994.

[342] Fields, G. S., "Dualism in the Labor Market: A Perspective on the Lewis Model after Half a Century", *The Manchester School*, Vol. 72, No. 6, 2004.

[343] Fields, G. S., "Employment, Income Distribution and Economic Growth in Seven Small Open Economies", *The Economic Journal*, Vol. 94, No. 373, 1984.

[344] Fields, G. S., "Rural – Urban Migration, Urban Unemployment and Underemployment, Job – Search Activity in LDCs", *Journal of Development Economics*, Vol. 2, No. 2, 1975.

[345] Fields, G. S., "Wage Floors and Unemployment: A Two – Sector Analysis", *Labour Economics*, Vol. 4, No. 1, 1997.

[346] Francois Crouzet, *The Victorian Economy*, London: Routledge, 1982.

[347] Freeman, R. B., "Labor Markets and Institutions in Economic Development", *The American Economic Review*, Vol. 83, No. 2, 1993.

[348] George H. Wood, "Real Wages and the Standard of Comfort since 1850", *Journal of the Royal Statistical Society*, Vol. 72, No. 1, 1909.

[349] Georges Duby, *Histoire de la France Rurale*, Paris: Seuil, 1976.

[350] Gravier Jean – Francoi, *Paris et le desert français*, Paris: Seuil, 1972.

[351] Hammond, J. L., "The Industrial Revolution and Discontent", *The Economic History Review*, Vol. 2, No. 2, 1930.

[352] Hansen, R. D., *The Politics of Mexican Development*, Baltimore: The John Hopkins Press, 1971.

[353] Hartwell, R. M., "The Rising Standard of Living in England, 1800 – 1850", *The Economic History Review*, Vol. 13, No. 3, 1961.

[354] Henderson, W. O., *The Industrial Revolution in Europe, Germany, France, Russia, 1815 – 1914*, Chicago: Quadrangle Books, 1968.

[355] Hobsbawm, E. J., "The Standard of Living during the Industrial Revolution: A Discussion", *The Economic History Review*, Vol. 16, No. 1, 1963.

[356] Jean Pitié, *Exode rural et migrations intérieures en France. L'exemple de la Vienne et du Poitou – Charentes*, Bova Pelletier: Norois, 1971.

[357] Jole Mokyr, *The Economics of the Industrial Revolution*, N. J.: Rowman & Allanheld, 1985.

[358] Irma Adelman and Erik Thorbecke, *The Theory and Design of Economic Development*, Baltimore: Johns Hopkins Press, 1966.

[359] Kindleberger, C. P., *Europe's Postwar Growth: The Role of Labor Supply*, Massachusetts: Harvard University Press, 1967.

[360] Köllmann, W., *Die Bevölkerung in der Industriellen Revolution, Studien zur Bevölkerungsgeschichte Deutschlands*, Göttingen: Vandenhoeck & Ruprecht, 1974.

［361］Kuznets, P. W. , "An East Asian Model of Economic Development: Japan, Taiwan, and South Korea", *Economic Development and Cultural Change*, Vol. 36, No. 3, 1988.

［362］Kuznets, P. W. , "Employment Absorption in South Korea: 1970 – 1980", *Philippine Review of Economics*, Vol. 25, No. 1 & 2, 2010.

［363］Kuznets, S. , "Economic Growth and Income Inequality", *The American Economic Review*, Vol. 45, No. 1, 1955.

［364］Lane, P. , *The Industrial Revolution: The Birth of the Modern Age*, London: Weidenfeld and Nicolson, 1978.

［365］Lewis, W. A. , "Unlimited Labour: Further Notes", *The Manchester School*, Vol. 26, No. 1, 1958.

［366］Lewis, W. A. , "Economic Development with Unlimited Supplies of Labour", *The Manchester School*, Vol. 22, No. 2, 1954.

［367］Lindert, P. H. and Williamson, J. G. , "Reinterpreting Britain's Social Tables, 1688 – 1913", *Explorations in Economic History*, Vol. 20, No. 1, 1983.

［368］Lindert, P. H. and Williamson, J. G. , "English Workers' Living Standards during the Industrial Revolution: A New Look", *The Economic History Review*, Vol. 36, No. 1, 1983.

［369］Mcphee, P. , *A Social History of France 1780 – 1880*, London: Routledge, 1993.

［370］Magraw, R. , *Workers and the Bourgeois Republic*, Oxford & Cambridge: Blackwell, 1992.

［371］Mason, Edward S. et al. , *The Economic and Social Modernization of the Republic of Korea*, Massachusetts: Harvard University Press, 1980.

［372］Masson, P. R. , "Migration, Human Capital, and Poverty in a Dual – Economy of a Developing Country", International Monetary Fund, 2001.

［373］Matthew Jeffries, *Imperial Culture in Germany, 1871 – 1918*, London: Palgrave Macmillan, 2003.

[374] Mendels, F., "Proto – Industrialization: The First Phase of the Industrialization Process", *The Journal of Economic History*, Vol. 32, No. 1, 1972.

[375] Minami, R. and Ono, A., "Behavior of Income Shares in a Labor Surplus Economy: Japan's Experience", *Economic Development and Cultural Change*, Vol. 29, No. 2, 1981.

[376] Minami, R., *The Turning Point in Economic Development: Japan's Experience*, Tokyo: Kinokuniya, 1973.

[377] Mitch, D., "The Spread of Literacy in Nineteenth – Century England", *Journal of Economic History*, Vol. 43, No. 1, 1983.

[378] Ohkawa, K., "Agriculture and the Turning – Points in Economic Growth", *Developing Economies*, Vol. 3, No. 4, 1965.

[379] Olson, M., "The Exploitation and Subsidization of Agriculture in Developing and Developed Countries", International Association of Agricultural Economists, Málaga, Spain, 1985.

[380] Otsuka, K., Ranis, G. and Saxonhouse, G. R., *Comparative Technology Choice in Development: The Indian and Japanese Cotton Textile Industries*, New York: Macmillan, 1988.

[381] Bacha Edmar Lisboa and Bolle Monica B., *Novos Dilemas da Política Econômica: Ensaios em Homenagem a Dionísio Dias Carneiro*, Rio de Janeiro: LTC, 2011.

[382] Placide Rambaud, *Société Rurale et Urbanization*, Paris: Seuil, 1974.

[383] Pohl, H., *Berufliche Aus – und Weiterbildung in der deutschen Wirtschaft seit dem 19*, Wiesbaden: Macmillan Press, 1979.

[384] Prebischb, R., "Commercial Policy in the Underdeveloped Countries", *The American Economic Review*, Vol. 49, No. 2, 1959.

[385] Price, R., *A Social History of Nineteenth – Century France*, London: Hutchinson, 1987.

[386] Rakshit, M., *The Labour Surplus Economy: A Neo – Keynesian Approach*, New Delhi: Macmillan, 1982.

[387] Ranis, G. and Fei, J. C. H., "A Theory of Economic Develop-

ment", *The American Economic Review*, Vol. 51, No. 4, 1961.

[388] Ranis, G. and Stewart, F., "Rural Nonagricultural Activities in Development: Theory and Application", *Journal of Development Economics*, Vol. 40, No. 1, 1993.

[389] Ranis, G., "Another Look at the East Asian Miracle", *The World Bank Economic Review*, Vol. 9, No. 3, 1995.

[390] Ranis, G., "Equity with Growth in Taiwan: How 'Special' is the 'Special Case'?", *World Development*, Vol. 6, No. 3, 1978.

[391] Ranis, G., "Industrial Sector Labor Absorption", *Economic Development and Cultural Change*, Vol. 21, No. 3, 1973.

[392] Reubens, E. P., "Capital – Labor Ratios in Theory and in History: Comment", *The American Economic Review*, Vol. 54, No. 6, 1964.

[393] Saville, J., *Rural Depopulation in England and Wales, 1851 – 1951*, London: Routledge Press, 1957.

[394] Schwarz, L. D., "The Standard of Living in the Long Run: London, 1700 – 1860", *The Economic History Review*, Vol. 38, No. 1, 1985.

[395] Solimano, A. and Soto, R., *Economic Growth in Latin America in the Late 20th Century: Evidence and Interpretation*, United Nations Publications, 2005.

[396] Sous la direction de Jacques Dupaquier, *Histoire de la population française: Volume 4, De 1914 à nos jours*, Paris: Presses universitaires de France, 1988.

[397] T. Otsuki and N. Takamatsu, *An Aspect of the Size Distribution of Income in Prewar Japan*, Tokyo: International Development Center of Japan, 1978.

[398] Taylor, L. and Bacha, E. et al., *Models of Growth and Distribution for Brazil*, London: Oxford University Press, 1980.

[399] Temple, J., "Dual Economy Models: A Primer for Growth Economists", *The Manchester School*, Vol. 73, No. 4, 2005.

[400] Thorstein Veblen, *Imperial Germany and the Industrial Revolution*, New York: Viking Press, 1954.

[401] Timothy J. Hatton, Kevin H. O'Rourke and Alan M. Taylor, *The New Comparative Economic History: Essays in Honor of Jeffrey G. Williamson*, Cambridge, MA: MIT Press, 2007.

[402] Todaro, M. P., "A Model of Labor Migration and Urban Unemployment in Less Developed Countries", *The American Economic Review*, Vol. 59, No. 1, 1969.

[403] Tucker, R. S., "Real Wages of Artisans in London, 1729 – 1935", *Journal of the American Statistical Association*, Vol. 31, No. 193, 1936.

[404] Vandenbussche, J., Aghion, P. and Meghir, C., "Growth, Distance to Frontier and Composition of Human Capital", *Journal of Economic Growth*, Vol. 11, No. 2, 2006.

[405] Walvin, J., *English Urban Life: 1776 – 1851*, London: Hutchinson, 1984.

[406] Weber, A. F., *The Growth of Cities in the Nineteenth Century: A Study in Statistics*, New York: Macmillan Company, 1899.

[407] Weber, M., Gerth, H. H., *The Religion of China*, New York: Free Press, 1951.

[408] Williamson, J. G., *Did British Capitalism Breed Inequality?*, London: Routledge, 2013.

[409] Williamson, J. G., "Five Centuries of Latin American Income Inequality", *Journal of Iberian and Latin American Economic History* (Second Series), Vol. 28, No. 2, 2010.

[410] Williamson, J. G., "The Structure of Pay in Britain, 1710 – 1911", *Research in Economic History*, No. 7, 1982.

后　记

　　马克思在《资本论》第一卷中提出："工业较发达的国家向工业较不发达的国家所显示的，只是后来者未来的景象。"当前我国正处于二元经济转型中的刘易斯转折阶段，而发达国家已经跨越二元转型阶段，迈进了高收入国家行列，因此有很多东西值得我们学习和借鉴；同时，一些发展中国家也正在经历二元结构转型，其经验和教训也值得我们总结和思考。在读博士研究生期间，导师张桂文教授正主持国家社会科学基金重大项目"制度变迁视角下的中国二元经济转型研究"，我有幸成为课题组成员。出于一种浓厚的国家情怀和对二元转型问题的研究热情，我选择"二元经济转型国际比较研究"作为我博士学位论文的选题。本书就是在博士论文基础上整理出来的，主要内容是以世界上八个典型国家和地区为研究对象，对这些国家和地区的二元经济转型进行历史与现实考察，希望这些经验和教训能够对二元经济转型中的我国有所启发和帮助。

　　在本书稿完成的过程中，有太多的老师、同学、亲人和朋友给予我鼓励，帮助我成长。尤为感谢我的导师张桂文教授，她既是我学业上的导师，也是我的人生导师。她深厚的学术造诣和敏锐的洞察力总能让我突破学术困境。书稿从选题、开题到定稿都凝聚了老师的心血。她一丝不苟的态度、和蔼可亲的性格、处事不惊的坦然、谦逊豁达的品质都在潜移默化地感染着、影响着学生，让学生受益终身！感谢您，我的恩师！

　　感谢吉林财经大学（原名长春税务学院）对我的培养与教导，引领我步入经济学的殿堂。博士毕业之后，能够回到母校工作也是我的荣幸。同时，本书的出版也得到了吉林财经大学的资助。感谢各位领导、老师对我的关爱，唯以努力工作方能回报母校的培育！

　　还要把感谢留给家人。感谢我的父母、我的爱人、我的弟弟与弟妹，感谢你们平日里对我的支持与鼓励，更感谢你们对我的体贴、包容、理解与关怀！

最后，感谢中国社会科学出版社的工作人员对本书出版付出的艰辛劳动。书稿引用了大量国内外珍贵的文献、学术观点以及网站资料，吸收了众多关于该问题的研究成果，在此一并表示感谢。

二元经济转型是发展中国家普遍面临的主要任务，转型期的中国赋予我们这一代人神圣的历史使命。在对知识的探索和追求的过程中，我始终坚守着一种国际视野、整体观念、历史思维以及比较方法，力图对二元经济转型的国际研究更加深入与具体。然而，由于二元经济转型涉及的内容十分宽广，笔者水平有限和同类研究资料的不足，书中会存在一些不妥和疏漏之处，恳请各位读者不吝赐教，加以批评指正。

孙亚南

2016 年 3 月